史料と旅する
中世ヨーロッパ

図師宣忠/中村敦子/西岡健司
［編著］

ミネルヴァ書房

史料と旅する中世ヨーロッパ

目　次

序　章　史料を紐解き，過去の世界に旅しよう
……………………………図師宣忠・中村敦子・西岡健司……1

　　1　過去の世界に触れるために……………………………………1

　　2　そもそも史料とは？………………………………………………2

　　3　本書の構成………………………………………………………3

　　4　本書の使い方……………………………………………………6

第 I 部　権威と統治

第1章　王は「強かった」のか？………………………中村敦子……10
　　──ノルマン征服とウィリアム征服王──

　　1　概　説…………………………………………………………10
　　（1）中世ヨーロッパの王　10
　　（2）ノルマン征服とその舞台　11
　　（3）教科書にみるイングランド王　12

　　2　史料と読み解き………………………………………………14
　　（1）手がかりとしての証書史料　14
　　（2）王の存在とは　20

　　3　ワーク…………………………………………………………24

第2章　イコノクラスムのはじまりとレオン3世………小林　功……28
　　──8世紀のビザンツ帝国をとりまく世界──

　　1　概　説…………………………………………………………28
　　（1）教科書でのイコノクラスム　28
　　（2）イコノクラスムはなぜはじまったのか　29

　　2　史料と読み解き………………………………………………30
　　（1）『テオファネス年代記』の記述から　31
　　（2）『簡約歴史』の記述から　38

目　次

（3）2つの史料の異同　40

　　③　ワーク ………………………………………………………………… 44

第3章　聖性・儀礼・象徴 ………………………………………… 藤井真生 … 46
　　──中世後期チェコの国王戴冠式次第より──

　　①　概　説 ……………………………………………………………………… 46

（1）中世ヨーロッパのキリスト教化　46

（2）キリスト教的儀礼　47

（3）教科書における聖性と儀礼　48

　　②　史料と読み解き ………………………………………………………… 49

（1）連　禱　54

（2）塗　油　55

（3）権　標　55

（4）誓　約　56

　　③　ワーク ………………………………………………………………… 57

史料への扉 1　アイスランド・サガ──過去の真実を物語る ………… 松本　涼 … 62

史料への扉 2　史料としてのビザンツ文学 ……………………………… 上柿智生 … 66

第II部　教会と社会

第4章　辺境にみる西欧カトリック世界 …………………… 西岡健司 … 70
　　──13世紀スコットランドの一証書を通して──

　　①　概　説 …………………………………………………………………… 70

　　②　史料と読み解き ………………………………………………………… 72

（1）教皇の権威とカトリックの階層的秩序　75

（2）宗教的指導者かつ領主としての教会人　78

（3）修道院の普及と多様性　81

　　③　ワーク ………………………………………………………………… 85

iii

第5章　正統と異端のはざまで……………………図師宣忠……88
　　　——南フランスの異端審問記録にみる信仰のかたち——

　　　1　概　説………………………………………………………88
　　　（1）キリスト教の正統と異端　88
　　　（2）教科書記述にみる異端カタリ派　89

　　　2　史料と読み解き……………………………………………92
　　　（1）異端者の追跡　99
　　　（2）審問官による尋問　100
　　　（3）異端者の行方　102

　　　3　ワーク………………………………………………………103

第6章　魔女裁判って中世ですよね？………………轟木広太郎……105
　　　——例話集にみる魔術と悪魔——

　　　1　概　説………………………………………………………105

　　　2　史料と読み解き……………………………………………107
　　　（1）史料の枠組みからみえること　110
　　　（2）具体的な表現を掘り下げる　112

　　　3　ワーク………………………………………………………118

第7章　「十字軍」とは何か？……………………………櫻井康人……120
　　　——12世紀の公会議・教会会議決議録より——

　　　1　概　説………………………………………………………120
　　　（1）教科書における「十字軍」の記述　120
　　　（2）日本における「十字軍」の記述の問題　123

　　　2　史料と読み解き……………………………………………124
　　　（1）12世紀の公会議・教会会議にみる「十字軍」　124
　　　（2）「十字軍」の本質　128
　　　（3）「十字軍」の目的と対象　129

目　次

　　3　ワーク……………………………………………………………131

史料への扉3　社会を通して大学を，大学を通して社会を読む

　……………………………………………………中田恵理子……136

第Ⅲ部　都市と農村

第8章　都市と領主の付き合い方………………………青谷秀紀……140
　　──中世のフランドル地方をめぐって──

　　1　概　説……………………………………………………………140
　　（1）中世ヨーロッパの自治都市　140
　　（2）教科書における中世のフランドル（都市）　142

　　2　史料と読み解き………………………………………………144
　　（1）『ヘント編年誌』にみるフランス・フランドル（都市）関係　144
　　（2）君主間の関係　150
　　（3）君主・都市間の関係　151
　　（4）集団の曖昧なかたち　154

　　3　ワーク……………………………………………………………155

第9章　つながり合う都市………………………………佐藤公美……158
　　──ロンバルディア同盟にみる「都市同盟」の意味──

　　1　概　説……………………………………………………………158
　　（1）都市史と国家史のはざま　158
　　（2）「都市同盟」を解剖する　161

　　2　史料と読み解き………………………………………………164
　　（1）レガリアについて　171
　　（2）コンソレについて　171
　　（3）フォドゥルムについて　172
　　（4）地域のリアルなすがた　173

③　ワーク ………………………………………………………………… 174

第**10**章　都市と農村のあいだ ………………………… 髙田京比子 … 177
　　──北イタリア・バッサーノの条例集にみる自治──

　　　①　概　説 …………………………………………………………………… 177
　　　（**1**）中世都市の成長と自治権の獲得　177
　　　（**2**）都市と農村の自治　179
　　　（**3**）北イタリアの半都市的集落　180

　　　②　史料と読み解き ……………………………………………………… 182
　　　（**1**）バッサーノの条例集の概観　182
　　　（**2**）条項の具体例とその読み解き　185
　　　（**3**）バッサーノの自治をめぐって　190

　　　③　ワーク ………………………………………………………………… 194

第**11**章　抑圧された農民？ …………………………… 田中俊之 … 196
　　──中世ドイツの農村社会──

　　　①　概　説 …………………………………………………………………… 196
　　　（**1**）3つの情景　196
　　　（**2**）農民をどのようにイメージしてきたか　198

　　　②　史料と読み解き ……………………………………………………… 199
　　　（**1**）踊る農民たち　199
　　　（**2**）時代背景を探る　204

　　　③　ワーク ………………………………………………………………… 209

史料への扉 **4**　公証人記録──名もなき人々の生きた痕跡を探る ……… 髙田良太 … 214

付録　中世ヨーロッパに関する史料の和訳図書リスト　218
索　　引　242

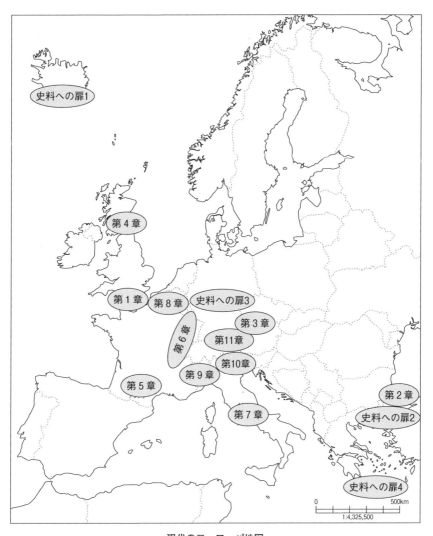

現代のヨーロッパ地図

序　章
史料を紐解き，過去の世界に旅しよう

図師宣忠・中村敦子・西岡健司

1　過去の世界に触れるために

　はじめての土地を旅するとき，自分の足で巡る愉しみは格別である。旅の醍醐味はその風土を五感で感じられることにある。だが，何の道しるべもなしに闇雲に歩き回ったのでは，せっかくの見所を逃してしまいかねない。そこで，旅の導きとしてガイドブックを片手に先達が見出したオススメのスポットをたどってみるのはどうか。1人で歩くよりも発見や気づきが多くあるはずだ。

　本書は中世ヨーロッパという過去の世界への旅路を示すガイドブックとして編まれたものであり，史料を紐解きながら歴史的に中世を読み解くためのアプローチを紹介している。もちろんタイムマシンでもない限り，実際に中世の世界に「旅する」ことができるわけではない。だが，史料の読み解きを通じて適切な手続きに則った歴史的想像力を働かせることで，私たちは「過去の世界に触れる」ことができる。

　「過去の世界に触れる」とはどういうことか。少し具体的にいい換えてみよう。高校世界史の教科書や大学で学ぶ西洋史の概説書には「通説」とされる歴史叙述が載っている。それを読んで，過去の世界が「そのようにあった」と受け止めてきた人も多いのではないだろうか。もちろん教科書なのだから，内容をそのまま受け入れても無理はないのだが，あえてもう一歩踏み込んで，「なぜ」「そのように」書かれているのかを考えてみよう。それぞれの歴史叙述にはそれを組み立てるための材料（＝史料）が必ず存在している。「通説」は，そ

れらの史料を分析し，議論を通じて歴史像を作りあげてきた歴史家たちの研究の積み重ねの上に提示されるものなのだ。それでは，個々の歴史像の背後にはどのような史料が「隠れて」いるのだろうか。本書の各章は，それぞれに史料をとりあげ，そこから何が読み解けるかを考えてみるという流れになっている。断片的であっても史料にアプローチしてみながら歴史研究の過程をたどることで，教科書の歴史叙述の奥行きを感じ，歴史研究の多様な可能性を意識できるようになる。それが本書が意味する「過去の世界に触れる」ということなのだ。

② そもそも史料とは？

　歴史を紐解く上で「史料」とは何だろうか。近年の歴史学では過去への問いかけ方が多様になるのに応じて，じつに多種多様な史料が想定されるようになってきた（ここでいう史料には，いわゆる文字史料のほか，図像や遺物・遺跡などの非文字資料も含む）。つまり史料とは，人間の行動や思考が残した様々な痕跡であり，過去の世界に迫るための手がかり（＝証拠）となるものである。歴史研究はかつて文字史料のみにもとづく傾向が強かったが，過去を明らかにする証拠として非文字資料にも目が向けられるようになってきた。扱われる代表的な史料類型としては，叙述史料（年代記などの歴史記述や文学作品など）や文書史料（法・行政文書など）といった主要な文字史料のほか，図像資料や，考古学資料などが挙げられる。本書ではそのすべてを網羅することはできないが，これまでの教科書の歴史叙述のもとになった主要な史料群をとりあげている。それらの史料から中世ヨーロッパ世界の何が見えてくるのか。
　ここで中世への旅に出かける際に，史料に関して気をつけるべき3つの心得を指摘しておこう。

　　その1　誰が何のためにその史料を生み出したのか，文脈に注目すべし。
　　その2　バイアス（偏向）を含まない史料はないと肝に銘じよ。
　　その3　史料が何を語っているかと同時に，何を語っていないかを考えよ。

序　章　史料を紐解き，過去の世界に旅しよう

　先ほど多様な史料類型があることに触れた。史料のタイプが違うということはそこに含まれる情報の性質も異なるのだが，逆にいえば，あるタイプの史料の特性を把握できれば，同じタイプの史料を読む際の注意点がみえやすくなるということだ。

　近年，SNS の普及を背景にメディア・リテラシーの必要性が唱えられる中，バイアスを取り除いて中立な情報を得ることが重要だとする声を聞くことがある。ただし，私たちの身のまわりの世界を読み解く上で，バイアスのかかった情報は，必ずしも捨て去られるべきものではなく，逆に利用できるものでもある。（マスメディアであれ，匿名の個人であれ）誰が何のために発信しているのか，私たち自身が情報の特性を把握してこそ，バランスよく物事をとらえることにつながる。それは歴史を読み解く上でも同じである。それぞれの史料に固有のバイアスは，その史料の特性を示す重要な要素である。それぞれのバイアスを踏まえながら史料を相互に突き合わせて解釈することで，歴史像が形作られるのだ。

　史料に書かれていることが「真実」とは限らない。君主を称揚する目的で「盛って」書かれる史料もあれば，拷問の恐怖のもとで無理やり心にもないことを言わされた記録や，偽文書のような史料もある。しかし，嘘の情報だから無用なわけではない。その史料が生み出された背景を解き明かすためにバイアスがその糸口になるのだ。

　歴史は史料にもとづく。ただし，過去のすべてが史料に残されるわけではなく，火事や意図的な破棄などにより史料が失われてしまう事態も起きうる。それでも，歴史家はときに断片的な史料とじっくり向き合い，それらの史料をつぶさに読み解き，過去の人々の営みに迫ることができる。本書ではみなさんと一緒にそのプロセスをたどってみよう。

③　本書の構成

　ここで本書の構成を簡単に紹介しておきたい。本書は全11章からなり，「権

威と統治」「教会と社会」「都市と農村」という3つの部に分かれている。各部，各章の詳細は目次を見てもらうとして，各部で取り組む大まかなテーマは次のとおりである。

第Ⅰ部　権威と統治──支配する力を支えるものとは

　中世は現代的な意味での民主主義を知らなかった。人々の上に立ったのは皇帝や王といった支配者たちである。では，人々はなぜある人物を支配者とみなし，その命令に従ったのだろう。そもそも，君主の権威はそれを支持し，従う者たちがいなければ成立しないが，人々が従う理由は，君主が特別な家系出身だからか，戦争に強いからなのか，あるいは，人々が信じる神が支配者とみなしたからなのだろうか。いずれにせよ，君主の命令は，君主を支持する人々の了承が前提であり，君主はそれらを見極めながら命令を下す必要があった。君主は超自然的な存在である神が自分を支持してくれると信じ願う一方，支持を失うかもしれないという恐怖におびやかされもした。神の力を可視化した図像を利用し，教会の手助けを得て神に祈ることは，神の支持をつなぐために君主がとりうる一つの手段だったのだ。第Ⅰ部でとりあげる史料群は，君主の権威を支える様々な力とそのバランスをどのように語っているだろうか。

第Ⅱ部　教会と社会──人々とキリスト教の関係とは

　中世ヨーロッパ社会をいろどるキリスト教は，中世人の生活の至るところに影響を及ぼした。信仰の自由が基本的に認められている現代と違い，中世ヨーロッパにおいては，キリスト教の神の思し召しにもとづいて，誰もが守るべき社会の規範が形成されていた。西ヨーロッパではカトリック教会，東では東方正教会が，神の意思を地上に実現するべく，人々の生活を制御しようと奮闘する。組織としての教会は，聖職者や修道士たちをその担い手として，教会裁判や異端審問という現実的な手続きを通じて，人々の心と行動をコントロールしていく。人々の暴力的エネルギーに，十字軍というお墨付きを与えて方向づけようとすることもあれば，一部の人々を排除すべき異端，あるいは悪魔と通じ

序　章　史料を紐解き，過去の世界に旅しよう

る魔女とみなして激しく糾弾することもあった。第Ⅱ部では，教会人が教会人の立場で書いた史料の裏側に見え隠れする教会と世俗社会とのせめぎあい，あるいは両者が協力する多面的な関係を読みとってみたい。

第Ⅲ部　都市と農村──町に住むとは，村に暮らすとは

中世ヨーロッパ社会の人口の9割以上は支配される側の人間だった。そしてそのほとんどは農民として農村に生活し，それ以外のわずかな人々がまばらに存在する都市に住んだ。中世半ば以降になると，じわじわと経済力をつけた都市が，農村とは異なる存在感をみせつけるようになる。経済力は政治力に発展し，力をつけた都市とその都市を支配する君主，あるいは近隣君主との関係が変化していく。自立した都市はまた，都市間で同盟を組むこともある。同盟を組んだ都市は，都市を越えた新たな政治体へと変化するのだろうか。また，「経済力をつけ政治的に自立した都市」と「領主に支配された農村」とは対比されることが多いが，それほどはっきり対置できるものだろうか。たとえば，その中間的存在，都市でもあり，農村でもあるような存在はあったのか，あったとすればどのような特質をもっていたのか。さらには「領主に支配され虐げられていたかわいそうな農民」という像ははたして正しいのだろうか。第Ⅲ部では，中世都市や農村に生きた人々の実際を探る。残された史料は断片的でしかない。だが，その断片が語る人々の生活世界は壮大である。

本書には以上3部を構成する全11章のほか，「史料への扉」と題した4本のコラムも配した。それぞれのコラムは，各章とは異なる地域・時代へと独自の史料から新たな扉を開いてくれるだろう。

これらの章・コラムは必ずしも年代順に並んでいるわけではない。基本的にどの章・コラムから読み進めてもらっても構わない。教科書の記述の背景を探る章もあれば，教科書では十分に触れられないポイントを掘り下げたり，教科書記述の問題点を追究したりする章もある。一つの史料をじっくり読み込むという章もあれば，複数の史料を比較したり，組み合わせて考えてみたりする章

5

もある。いわば，目的地の異なる旅のルートが様々に提示されているというわけだ。それぞれのルートの長さ（章の分量）はほぼ均一だが，起伏の激しさ（難易度）は一様ではない。中世ヨーロッパに関するテーマや史料を網羅することはもちろん不可能であるが，中世世界に至るいくつかの道筋をたどってみることで，「旅」を愉しんでもらいたいと思う。

　なお，各章の執筆者は，国立・私立のそれぞれの大学で中世ヨーロッパ史を専門とする教員として授業に取り組んでいる。各自の教育実践にもとづいて執筆された各章は，それぞれの個性が滲み出た叙述となっており，内容の統一を徹底することはしていない。大学で学ぶ歴史学の授業の多様性に触れてもらう機会にもなることを期待している。

4　本書の使い方

　各章は，「概説」「史料と読み解き」「ワーク」で構成している。読み進めてもらうにあたって，それぞれのパートの特徴を整理しておきたい。

　（1）「概説」では，高校世界史の教科書（ないしは大学で学ぶ概説書）の記述をとりあげ，読者のみなさんにとって比較的なじみのある説明を導入としている。そこで説明されているできごとや事象が，なぜそのように叙述されるのか，それらはどのような情報にもとづいているのか，「問い」を立てて考えてみることから始めよう。

　（2）次いで，「史料と読み解き」では，とりあげる史料の概要を説明し，その史料の日本語訳をある程度まとまった分量で提示した上で，史料の読み解きを進めていく。長めの史料引用が続くので，最初は戸惑うかもしれないが，まずは自由に想像を膨らませてあれこれ考えながら読んでみてほしい。その後の史料の読み解きでは，その史料がどのような文脈で生み出されたのかを踏まえ，史料の特性を把握し，そこから何が読み取れるかを解説している。今度はじっ

序　章　史料を紐解き，過去の世界に旅しよう

くりと解説に沿って，史料の読み解きを追体験してみよう。

　また，各章で扱うテーマに関する近年の歴史研究の進展を踏まえて，史料を
読んでいて様々に気づく点にも触れている。史料から歴史像がいかに組み立て
られるのかを考えてみよう。なお，史料の日本語訳においては，なるべく読み
やすさを優先し，訳者による最小限の補足説明を〔　〕ないし脚注で示している。

　（3）「ワーク」では，「史料の読み解き」を経て「過去の世界に触れる」体
験をしたみなさんが，自分自身の足で歴史研究に踏み出すための課題を提示し
ている。

　●地図や辞典を調べてみるワーク：歴史の文献を読んでいく際には，地理状
況の把握や専門用語の理解が大変重要なため，出てきた地名を地図で確認し
たり，専門用語の意味を辞書で確認したりしながら読み進める習慣をつける
とよいだろう。現代の地図としては〈Google マップ〉が便利だが，歴史地
図は各時代の理解に必要な情報を抽出してくれているので見やすいこともあ
る。必要に応じて使い分けてみよう。辞典も同様に，ネットで検索をかける
のが手軽でよい場合もあるが，出版されている各種辞典を読み比べてみると
意外な発見もある（いつ書かれた辞典なのかは要チェック）。図書館の参考図書
のコーナーに行ってみよう。

　●参考文献を読んで考えを深めるワーク：各章で扱われるテーマについて，
本書の説明はあくまで導入に過ぎない。もう少し知りたいと思う部分が必ず
あるだろうから，その好奇心を無駄にする手はない。関連する文献は数多く
あり，それらを読み進めることで，理解の幅がどんどん広がっていくはずだ。
史料にもとづいた歴史叙述という点を意識しながら参考文献にあたってみよ
う。

　●史料を読み解くワーク：史料を読みこなすには，知識だけではなく慣れも
必要なため，経験値を積み重ねることが大切である。「史料と読み解き」の
解説を踏まえ，同様のアプローチで別の史料を読み解いてみよう。

中世ヨーロッパ史を探究するための材料や手段をなるべく具体的に提示したので，ぜひチャレンジしてみてほしい。本書を読みながら遠慮なく付箋を貼り，線を引き，発見や疑問点を書き込み，そして文献を探しに出かけよう。本書は棚に並べておくものではなく，旅に携えていくものだから。

＊　＊　＊

　最後にいくつかの注意事項を示しておきたい。本書で高校世界史の教科書を引用する際には，2024年度使用（令和4年検定済）の「世界史探究」の教科書を用いている。また，『聖書』の引用には，「新共同訳」を採用している。本書でウェブサイトのURLを紹介する際に，最新の「閲覧日」の表示をそれぞれの箇所では割愛しているが，いずれも2024年9月5日時点の情報である。また，関連史料の画像を公開しているサイトについては，章末にQRコードを示して，簡単にアクセスできるようにした。ぜひ中世の人々が残した痕跡に触れてもらいたい。

　巻末には，史料を日本語に訳した図書のリストを掲載した。中世ヨーロッパ史で卒業論文を書こうという学生には，ラテン語などの原語はもとより英語などの現代欧文訳にいきなりチャレンジするのはハードルが高い。しかし，先達が解説や注を付してくれている日本語訳史料があれば，史料をもとに自分で考えていくステップを踏めるはずだ。歴史的思考を存分に働かせながら，中世ヨーロッパ世界に自らの足で降り立ち，歩き回ってみてほしい。史料が生み出された現場に立ってみると，どのような景色が見えてくるだろうか。願わくは，本書が中世ヨーロッパ世界に関心をもつ人たちのよき道しるべとならんことを。

第 I 部

権威と統治

ノルマン征服を描いた11世紀の「バイユーのタペストリ」より
征服前夜のウィリアム（中央）。兄弟たちと戦略を語り合っているところだろう（Lucien Musset, tr. by Richard Rex, *The Bayeux Tapestry*, Woodbridge, 2005, p. 213）。

┤ 第 1 章 ├

王は「強かった」のか？
── ノルマン征服とウィリアム征服王 ──

中 村 敦 子

1 概 説

（1）中世ヨーロッパの王

　中世ヨーロッパの王とはどのような人々だったのだろう。アーサー王物語群や『ニーベルンゲンの歌』などに登場する中世ヨーロッパの王や貴族たちのイメージならわかる，またそれらに影響を受けた映画やアニメ，ファンタジー小説やゲームを知っている，という人は多いのではないだろうか。物語の王は鎧兜を身に着け，馬に乗って剣を振るう。王冠を頭に載せ，玉座に座って臣下に命令する。正義の味方か，暴君か。華麗な衣装をまとって豪華な宮殿に住み，舞踏会や宴会の日々を送る優雅な人々か。

　だが，これらは中世ヨーロッパの王の現実ではない。実際の王，とくに本章の時代の王は想像以上に過酷な生活を送っていた。華麗な衣装や豪華な宮殿とは縁遠く，生活の多くを，支配している領土の各地をめぐり戦場で軍を率いることに費やす。壮大な宮殿に住む王のイメージは後の時代のもので，中世の王は家臣たちを引き連れ，各地を移動していた。移動先では，狩りをしたり，領地から貢納物をとりたてたり，領民を監督したりする。そして重要な仕事の一つは，集会を開いて様々な問題を解決すること，とくに人々の間のもめごとを調停すること，つまり紛争解決の作業だった。裁判と呼んでもいい。

　人間社会に争いはつきものである。中世ヨーロッパも例外ではなく多くの紛争が起こった。治安維持を職務とする警察も，司法の専門家組織である裁判所

10

もなく，まだその原型らしきものがみられるに過ぎない。いさかいは容易に暴力沙汰になりえたし，長期化し，さらなる紛争へとつながった。では，王はどのようにそれらのもめごとに対処したのだろうか。

　ここで，中世ヨーロッパの実際の場面におりたってみよう。舞台となるのは11世紀後半のイングランド，そして主人公はノルマンディ公ギヨーム2世すなわちウィリアム征服王（在位1066～87年）である。まず当時のイングランドの政治状況をみておきたい。

（2）ノルマン征服とその舞台

　11世紀後半といえば，日本では平安時代の後半，摂関政治が終わりにさしかかり，院政期へと移り変わる頃である。同じ頃，ユーラシア大陸を挟んで反対側の島グレートブリテン島ではイングランド王位をめぐる緊張が高まっていた。1066年1月にイングランドを支配していたアングロ・サクソン王家のエドワード証聖王（在位1042～66年）が死去。子どものいないエドワードの跡を，王妃の兄弟ハロルドが継承した。ハロルドは，イングランドの最有力家系ゴドウィン家の出身である。貴族たちの集会でハロルドは王位を認められ，戴冠式を行い王となった。

　ハロルドに対し，ノルマンディ公ギヨーム2世が王位継承の権利を主張した。彼はイングランドの対岸，北フランスのノルマンディ地方を支配する有力諸侯である。当時のフランスは，フランス王はいたものの，ノルマンディ公だけでなくアンジュー伯やアキテーヌ公といった大諸侯が広大な領地を自立的に支配していた。ギヨームはエドワードの遠縁にあたり，ノルマンディで長期間滞在していたエドワードから後継者に指名されていたと主張した。彼はノルマンディ内外から広く軍を集め，英仏海峡を渡ってイングランドに遠征した。同時に，北欧の王もイングランド王家との関係を理由に王位をねらう。

　1066年9月に北欧から押し寄せた大軍を破ったハロルドは，10月，イングランド南部ヘイスティングズの戦いでノルマン軍と対峙する。激戦を制したギヨームは同年冬，戴冠しイングランド王となる。ウィリアム1世（征服王）であ

第 I 部　権威と統治

る。この歴史上の出来事はノルマン征服あるいはノルマン・コンクェストと呼ばれる。1087年の死まで，彼はイングランド王であると同時にノルマンディ公でもあり続け，双方の地を支配した。

　本章では，ウィリアム征服王とその時代を舞台に，次の３つの要素を考えることにしよう。第一に，中世ヨーロッパの「王」はどのような存在だったのか。第二に，それを知る手がかりとしての史料をどう読むのか。研究書を読み，当時の世界が専門家によりどのように考えられているかを参照するのはもちろん重要である。だが，それらを参考にしつつ，当時の人々の残した史料を探り，自分で考えるところに発見がある。本章では，１通の文書史料をとりあげよう。第三に，ウィリアム征服王の置かれた実際の状況も考えておくことにしたい。

　さて，ウィリアム征服王とその時代について調べたいとなれば，まずインターネットで「ウィリアム征服王」「ノルマン征服」など検索する人が多いだろう。ネット情報を鵜呑みにはできないが，参考文献が挙げられた誠実なサイトも多い。図書館で関連する本を探すことも重要である。だがまずは手元の高校の世界史教科書を確認してみよう。

（3）教科書にみるイングランド王

　11世紀後半イングランドについて，教科書には以下のような説明がある。
「スカンディナヴィア半島やユトランド半島には，ゲルマン人の一派（北ゲルマン）に属するノルマン人が住んでいた。彼らの一部は８世紀後半から，商業や海賊・略奪行為を目的として，ヨーロッパ各地に本格的に海上遠征をおこなうようになった。ヴァイキングとして恐れられた彼らは，細長くて底の浅いヴァイキング船に乗り，河川をさかのぼって内陸深くに侵入した。10世紀初め，ロロが率いる一派は，北フランスに上陸してノルマンディー公国を建てた。ここからさらにわかれた一派は，12世紀前半，南イタリアとシチリア島に侵入し，両シチリア王国（ノルマン＝シチリア王国）を建国した。また大ブリテン島のイングランド（イギリス）に成立していたアングロ＝サクソン王国もノルマン人の侵入に悩まされ，９世紀末にアルフレッド大王が一時これを撃退したものの，

第1章　王は「強かった」のか？

1016年にはデーン人（デンマーク地方のノルマン人）の王クヌート（カヌート）に征服された。その後，アングロ＝サクソン系の王家が復活したが，1066年にノルマンディー公ウィリアムが王位を主張してイングランドへ攻め込み（ノルマン＝コンクェスト），ウィリアム1世として即位してノルマン朝を開いた」（山川出版社『詳説世界史』，98〜99頁）。

　叙述はその後，「イギリスとフランス」の章にとぶ。「イギリスは，ノルマン朝がウィリアム1世の征服によって建てられたことから，例外的に最初から王権が強かった」（同128頁）。それから，叙述はノルマン朝の次の王朝であるプランタジネット朝へと話はつながっていく。

　別の教科書もみてみよう。「ノルマン人の一派でユトランド半島にいたデーン人は，アングロ・サクソンの国イングランドの東岸に侵入した。9世紀末には，アルフレッド大王によってこの侵入がくいとめられ，半世紀間の平和がつづいた。しかし，11世紀前半にはデンマークのクヌートが侵入し，イングランド王となった。一時はアングロ・サクソン系の王が復権したが，やがてノルマンディー公ウィリアム（ギヨーム）が1066年にイングランドを征服して，ウィリアム1世としてノルマン朝を開いた（ノルマン・コンクェスト）。反攻する諸侯貴族はおさえられ，王権の強いイングランド独自の統治制度の基礎がすえられた」（東京書籍『世界史探究』，124頁）。

　ここでも同様に，1066年のノルマンディ公ギヨームによるノルマン征服でイングランドにノルマン朝が成立し，そこでは王権が強かったと述べられている。

　では，一般・大学生向けの概説書ではどうだろうか。「イングランド王として即位したウィリアム1世（征服王）によって始まるノルマン朝は，イングランド史の大きな転換点とされる。征服王朝ノルマン朝は，国王が大きな支配力を持つ集権的封建国家であり，1085年にはイングランド全体の検地がおこなわれ，その調査記録ドゥームズデー・ブックが作成された。ノルマンディの貴族

---

(1)　ドゥームズデー・ブックは，ウィリアム征服王下のイングランドの土地調査の結果がまとめられた大きな冊子である。王は1085年イングランド各地に使節団を派遣

第 I 部　権威と統治

は英仏海峡をまたいで領地を有し，イングランド文化にフランス文化を融合さ
せていった」(服部良久・南川高志・山辺規子編『大学で学ぶ西洋史［古代・中世］』
ミネルヴァ書房，2006年，211〜212頁)。やはり，征服王朝ノルマン朝は国王が大
きな支配力をもつ集権的封建国家であると書かれている。上記で挙げる教科書，
概説書のどちらにも書いてあるのが，王権が強かった，あるいは国王が大きな
支配力をもつ，という王の権力に関する特徴である。

　では，この「王の権力」とは何だろうか。王なのだから，人々が命令に従う
のは当然，だろうか。そもそも，王は，戦争に行ったり，狩りをしたり，宴会
に参加する以外何をしているのだろうか。これらは史料から手がかりを得るし
かない。だが，印刷機も紙もなく，そもそも読み書きのできる人間が貴重だっ
た11世紀のヨーロッパで作成された文書は現代と比較すれば圧倒的に少ない。
さらに，時を超えて現代まで伝来している数は想像を絶する少なさである。そ
のわずかな情報から何を読み取れるだろうか。[2]

[2]　史料と読み解き

(1) 手がかりとしての証書史料

　ここでは，ある証書史料をとりあげる。[3]この時代の証書とは，所領や権益を
与えるなど，何らかの法的行為を記した文書としておこう。[4]この証書は，1085

　　　し，現地の情報を収集させた。1066年のエドワード証聖王の段階と調査の時点にお
　　　ける土地の保有者，土地の価値や住人数，家畜の数などを調査させ，集めた情報が
　　　まとめられた。11世紀という時代に，これほど多くの地域について具体的な土地の
　　　状況を知ることができる類いまれな情報源である。
　(2)　なお，本章ではモノを対象とした考古学的史料は扱わないが，中世考古学の発展
　　　はめざましく，文書史料を扱う歴史学との協力関係も構築されている。
　(3)　この史料はデイヴィッド・ベイツ編集のウィリアム征服王の証書集に掲載されて
　　　いる。D. Bates (ed.), *Regesta Regum Anglo-Normannorum: The Acta of William I
　　　(1066-1087)*, Oxford, 1998, no. 144. 現代の研究者は過去の様々な史料を様々な目
　　　的で集め，整理し，解説を加えているが，本証書集もその一例である。

第1章　王は「強かった」のか？

年，ウィリアム征服王がノルマンディのフェカン修道院という大修道院にイングランドのスタニングという土地を与えることを示す書類である[5]。おそらくイングランド内で発給されている[6]。フェカン修道院はノルマンディ北部に位置し，ノルマンディ公家とつながりの強い伝統ある修道院だった。日本の支配層が神社仏閣に所領権益を寄進したように，中世ヨーロッパの支配層も教会に熱心に寄進する。

　与えられた土地スタニングはイングランド南部の豊かな領地である。つまり，イングランド王でありノルマンディ公であるウィリアム征服王が，ノルマンディの修道院にイングランド南部の領地を与える，という内容である。

　そしてまた，この証書は当時の原本が残存している稀有な例の一つである[7]。この頃の証書史料の多くは失われ，ほとんどは写ししか残っていない。写しが残るにせよ，写し間違いや省略もあり，現在に伝わる証書（の内容）が発給された本来の姿ではないことが多い。発給された形態のままにみえても，内容と証書の物理的特徴がそぐわないなどの理由から偽文書と呼ばれる場合もあり，読解の際には注意しなければならない。

---

(4)　証書には多様な種類があり，時代や地域によっても異なるため，ここでは一般的な説明にとどめる。証書については後述する「ワーク」で紹介する文献が参考になるし，本書の「第4章」「第7章」なども参考にしてほしい。

(5)　修道院は，修道士たちが共住して祈りの生活を営む組織であり，学問や信仰の拠点である。それに対し町や村に存在し，一般信徒を導く教会は在俗教会と呼び，司教や司祭などの聖職者が礼拝等の宗教儀式を担う。修道院長，大司教や司教は高位聖職者として大領地を支配し，宗教的のみならず政治的にも大きな影響力をもっていた。

(6)　中世ヨーロッパの王は各地を巡回しつつ証書を発給した。発給場所や発給の年月日は王の巡回場所を示唆する貴重な情報となるが，証書にそれらの記載がないことも多い。その場合は他の情報から推測する必要がある。

(7)　中世ノルマンディの証書を扱うサイト SCRIPTA に6496番として掲載されている（SCRIPTA, Acte 6496. https://mrsh.unicaen.fr/scripta/doc/sc_6496.html）。写真も掲載され，この証書の現存する2通の原本の両方の写真をみることができる。なお本章では上記注(3)の Bates, *The Acta of William I*, no. 144の文言を和訳している。

15

第Ⅰ部　権威と統治

　さらに通常，証書は短く内容は断片的で，証書が伝える法的行為をめぐる事情の一部を教えてくれるに過ぎない。ウィリアム征服王は「千年後に中世ヨーロッパ史を学ぶ学生のために詳しく説明を書いておこう」と考えて証書を作ってはいない。現代人が理解するためには，現代人の側が，その証書に書かれた内容だけでなく作成された事情やどのように保管され利用されてきたのか，そして証書本体そのものなど背景を含めてとらえなければならない。したがって，ここでも適宜補足しながら考えてみよう。

　まずは，証書の文言を確認したい。この頃のイングランドでは現地の言葉である古英語で証書を書く習慣があったが，ウィリアム征服王治世の間に証書を書く言語は，古代ローマ帝国の公用語であり中世ヨーロッパ共通の教会・行政・学問の言語であるラテン語に置き換わっていった。また，ノルマンディでは証書はラテン語で書かれていた。この証書もラテン語で書かれたものであり，現代日本語に訳して読むことになる。中世ヨーロッパにおいて話し言葉は地域の俗語，書き言葉はラテン語という状況は一般的であった。

【史料１】

　主の受肉より1085年，神の恩寵により，①ノルマン人たちの君主でありイングランド人たちの王である余ウィリアムは，神への畏れと愛に打たれ，フェカンの聖三位一体教会に②奉献物を与える。その教会には③エドワード王がスタニングとその荘園〔マナ〕に付属する領地をすべて喜んで与えていたのである。余から，エドワード王と余，そして余の妻マティルダの魂の安寧，さらに余の息子たちの魂の安寧のため，法的権益と慣習的賦課，そして裁判権とともに〔その領地を〕与えよう。そして，④フェカンの教会がエドワード王の治世に上記の領地を保有していなかったにせよ，余の治世に同教会がスタニングに保有していたなんであれすべてを同教会に与える。その上⑤フェカンの修道院長のウィリアムと修道士たちに，ベリの領地を，そこにおける訴訟と正義とともに与えそれを将来も維持するように。そしてまた余によってフェカンがその荘園を完全に平穏に保有するように，上記の教会に余は与え認める。彼らが余に，⑥ヘイスティングズにおいて彼らがエドワード王の時代に保有していた権益について行った嘆願の替わりである。その保有が今後も続くように。また同荘園がヘイスティングズからの権益の収入より価値があったかもしれないが，余はそれでもその荘園全体と，それに付属するすべてを，同教会に，

第1章　王は「強かった」のか？

法的権益と慣習的賦課と裁判権とともに与える。しかし，もし〔ベリがヘイスティングズほど〕それほどの価値がなければ，同じ額に〔なるよう〕上乗せ分を余は同教会に支払うつもりである。そして余はこの寄進が⑦将来においても侵害されず，<u>有効であることを望む。</u>余ウィリアム王は，聖なる十字架の標，そして余の印璽でもって，王の権威とともに承認する。そして，余の有力者たちの手によって補強されるように委ねよう。イングランド王ウィリアムのサイン。彼の息子で伯ウィリアムのサイン。大司教ランフランクのサイン。モルタン伯ロバートのサイン。アラン伯のサイン。ヒュー・ド・モンフォールのサイン。ボードワン・オブ・エクセターのサイン。ヒュー・ド・グランムニルのサイン。

　まずは，本文にあふれるキリスト教的色彩に気づく。主の受肉とは，イエス・キリストが人間としてこの世に生まれたことを意味し，つまり紀元元年から数えて何年かである。神の恩寵，神への愛などの文言もある。下線①でウィリアム征服王は，ノルマン人たちの君主であり，イングランド人たちの王である自分，といういい方をする。彼はノルマン人，イングランド人といった人々の集団の王として意識されていた。当時の王たちは国境に囲まれたある国家を支配するというより，その地に住む人々の長だった。現代のように国境が地図上にはっきり示される時代はまだ先である。

　下線②の奉献物は宝物やお金であることもあるが，フェカンがそこから収入を得られるような領地や教会施設，何かの税を払わなくてもよい権利（免税権），通行税をとる権利など，様々な収益の源となる権益が一般的である。下線③では，領地スタニングと，そこに付属している様々な権益も与える，としている。だが実際は，寄進されたはずの土地や権益の利用を，その寄進を認めない勢力から妨害される可能性があった。[(8)]王からの寄進，あるいは有力者の寄進を王が認めるということであれば，寄進が確実となる可能性は高かっただろう。そして，魂の安寧のために，エドワードがすでに与えていたであろう権益を，ウィリアム征服王が改めてフェカン修道院に与えると明記する。[(9)]「魂の安寧のため」

──────────────

(8)　寄進等による権利の移動が実際に問題となった例については本書「第4章」参照。

17

第 I 部　権威と統治

等キリスト教的世界観にもとづいた文言がここにも出てきており，神の御業が
隅々にまでいきわたっていると考えた当時の人々の意識を物語る。この証書が
特別信心深いわけではない。

　そして，征服王は「エドワード王の治世にフェカンがスタニングを保有して
いなかったにせよ…与える」と述べた（下線④）。エドワード証聖王時ではなく，
自分の治世においてフェカンが現実に保有している状態を今後も認める，とい
う条件である。権益の内容については「保有していたなんであれ」と述べるの
みであり，ここからはわからない。その後，下線⑤では修道院を代表する人物
として，フェカンの修道院長の名前が出てくる。修道院は修道士たちによる集
団組織であり，修道院長の権威は絶対だった。続いてベリという領地とその訴
訟と正義，つまり裁判を行う権利を与える，とある。裁判は多くは収入につな
がり，裁判権は利益を生む権益であった。ベリはイングランド南部サセックス
州の土地である。「それを維持するように」は，一時的でなく永続的な権益の
付与を示す。

　フェカンはヘイスティングズにも権益を保有していたらしい（下線⑥）。だが，
文言からすると，フェカン修道院がヘイスティングズの権益を自分たちのもの
と主張したのに認められず，代わりにベリの領地が与えられたのではないか，
という可能性がみえてくる。しかも，もし収入が少なければ上乗せして与える，
という有利な条件もつく。しかし，証書の中にはなぜそうなったかの経緯の説
明はない。

---

　(9)　付随する法的権益，慣習的賦課とは，一般的にはその土地を支配する人間が利用
　　することができると伝統的，慣習的に認められている収入を得る権利である。たと
　　えば，その土地に付属している農民たちを裁く裁判権が認められていることがある。
　　これにより裁判によってその集団のもめごとを解決し，罰金を科すことができる。
　　罰金は通常その土地を保有している領主のものとなる。
　(10)　というのは，11世紀においては，ドゥームズデー・ブックのような例外を除き，
　　ある土地が誰のものかという情報が現代社会のように統一的に残されていないため，
　　ここで扱う証書史料のように断片的な情報からたどっていくしかない。

第1章　王は「強かった」のか？

　証書の最後に，ウィリアム征服王はフェカンに対し，スタニングとそれに付随する権益の保有を改めて保証し，将来にまで確実なものとすると宣言した（下線⑦）。十字架への言及は，神の名によって保証することを示し，余の印璽とあるのは，征服王自身が，印璽が示す彼の権威によって保証するという宣言を表す[11]。ただし，この証書の印璽は失われている。

　最後にはずらずらと人名が連なる。これは証人リストと呼ばれ，通常証書末尾に並べられる人名のリストである。有力者たちの名で，彼らが王の宮廷集会に集い，そこで証書の内容を承認したと考えられる。また本証書には，十字の印がそれぞれの名前の脇に書いてある（本章の③ワークを参照）。本証書の文言や証人たちの名は書記が書いたと思われるのに対し，十字は大きさの違いやブレなどから書記ではなく本人が書いたものであろう。支配層であれ，文字を書くことは当時一般的ではなかった。

　証書の内容にある法的行為は，王が「○○せよ」といえばそうなる，というほど簡単に実行できない。有力者たちが集まる王の集会で，ある問題について検討され，決定され，そして承認し周知する，という作業がなされなければならない。この証書はその結果が書き記されたものである。これらの有力者たち

---

(11)　印璽（印章）とはいわば正式な公印の役割を果たすような，図案のついた蠟の封印である。本章でとりあげる社会では，蠟を溶かして，丸型や楯型などの型をとりコインチョコのように固めた印璽が一般的である。蠟が乾き，表裏の型をはずすと蠟の印璽が現れる。図案としては，片面に玉座に座った王の姿，もう片面は馬上の王の姿をかたどるものなどがある。それを添付することで正式な王の証書であることを示すのだが，獣皮紙にインクで手書きされた1枚の書類である証書に印璽をどのように添付するかも様々である。例としては，証書の下部の真ん中あたりに幅2～3センチほどの切り込みを入れ，そこに細い獣皮紙の帯や紐を差し込んで通す。そして，その上と下の帯を溶けた蠟で満たした印璽の型で挟む。蠟が固まれば，紐ネクタイが留め具で止められたように帯が固定される，というわけである。だがこの時代のもので，現在まで印璽のついた原本が残っている例は希少である。なお，注(7)で紹介したサイト SCRIPTA の最初の頁で印璽のついた証書の写真をみることができる。

第 I 部　権威と統治

は，証書の内容を承認し，王とともにその実現を保証する圧力となることを期待されている。リストには，王の証書であれば，王，王妃，そして王の息子たちの名，高位聖職者，有力貴族の名などが並ぶ。証書により名前の数はまちまちだが，証書に現れる名前は，当時誰が生きていたのか，誰が頻繁に宮廷に出入りしていたのか，力をもっていたのか，その人の役職などを推測する重要な情報となる。

（2）王の存在とは

　次に，本章のテーマである「王の存在」に注目しながら，もう一度全体を見渡してみよう。「土地（とそれに付随する権益）を与える（認める）」という法的行為を表すこの証書の文言はキリスト教的色彩に満ちている。中世は，1世紀の地中海東岸に発するキリスト教が，古代ローマ帝国をへてヨーロッパに次第に普及し，日常生活の中にゆっくりと浸透していった時代だった。世界は神の意思で構成されており，王の支配は神によって認められたものという理解が前提となっていた。神の意思で王位に就いた征服王は本史料の中で，エドワード王，自分，そして妻，息子たちの魂の行く末を案じその安寧を願う。フェカン修道院を大事にするのも，ノルマンディ公家と同修道院のつながりや社会状況に配慮するのはもちろんだが，やはり神の存在を感じるからであろう。ウィリアムはキリスト教君主としての信仰心をもっていた。

　証書史料が与えてくれるのは断片的な情報のみであることにも気がつく。上述したように，本証書には，寄進された権益の具体的内容や，この状態に至った経緯などは書かれていない。年代記などの長期にわたって書かれる叙述史料と異なり，書類・文書として発給される証書は，ある紛争・交渉のある段階でのある決着を示すものであって，書かれた情報はえてして断片的である。背景となる争いや交渉が長期的だったり複雑だったりすれば，複数の段階で様々な内容の証書が発給される。実は，本証書が関わるフェカン修道院とスタニング

───────────────

　(12)　王権と神，教会との関係については本書「第3章」を参照。

第1章 王は「強かった」のか？

の件に関しては，他にも複数の証書史料が残っている。たとえば，真正性は疑われているが，エドワード証聖王がフェカン修道院に発給したとされるスタニングを寄進する証書がある[13]。一方，ウィリアム征服王支配下でフェカンに対しスタニングをめぐって争った他の勢力（フランスのある有力修道院と，その修道院と関係のある有力貴族家系である）との間の紛争に関わる証書の写しも伝来している[14]。

　本章で紹介した証書を読むだけでは他の勢力の存在はよくわからないが，少なくともこの証書では，エドワードに与えられたスタニングを，さらに征服王にその寄進の保証を求めることで保有を確実にしようとしたフェカンの意図がうかがわれる。わざわざ征服王が寄進を再確認したところに，フェカンのスタニング保有に関し，他から圧力がかかっていた可能性を読みとることができる。ようやく，この証書の背景の長期的な紛争・交渉のにおいが感じられるのである。だが，フェカンによるスタニングをめぐる複雑なやりとりそのものを探る作業は興味をひかれるものの，別の機会にゆずることにしたい。

　さて，本証書は，ノルマンディの有力修道院がイングランドの所領を得るという内容である。土地をフェカンまで運ぶことはできないから，フェカン修道院がスタニングに管理者を送り込み，その収益を得ていたのであろう。イングランド南部スタニングの地は広大で豊かな所領であり，またヨーロッパ大陸につながる商業の拠点でもあった。フェカンにとってその収益は大きな意味があっただろう。フェカン修道院はノルマン征服以前のエドワード証聖王の時代に王からスタニングの寄進を受けたのだが，ノルマン征服後になるとフェカンのみならず多くのノルマンディの有力修道院がイングランドの所領の寄進を受け

---

(13) P. Sawyer, *Anglo-Saxon Charters*, London, 1968, S1054. なお，現在はピーター・ソーヤーによるこのリストをもとにしたアングロ・サクソン証書オンラインカタログ The Electronic Sawyer をインターネットサイトでみることができる。本証書については，同カタログサイトの no.1054 (https://esawyer.lib.cam.ac.uk/charter/1054.html) を参照。

(14) Bates, *The Acta of William I*, no. 146.

21

第Ⅰ部　権威と統治

た。征服王につき従った大陸出身の貴族たちの多くにイングランドの土地が与えられ，彼らは自分たちの故郷の修道院に新たに得た土地を寄進したためである。征服王が支配するノルマンディとイングランドで頻繁な行き来があることがわかる。

　ところで，1085年という時期にこの証書は発給されている。征服王は齢60に近づき，すでに老境に入っていた。内憂外患に悩まされ苦しい晩年だった。北欧勢力によるイングランド大攻撃の可能性が不安をあおる。自分の後継者のはずの長男ロベールとは不和が続き，よいパートナーであった王妃マティルダはとうに逝っていた。自分の右腕だった異父兄弟であるバイユー司教のオドとは対立，彼を投獄して数年たつ。故郷ノルマンディの地にあり，先祖代々つながりをもつ有力修道院であるフェカン修道院への寄進の背景に，王の神への祈りを感じることができるかもしれない。

　では，もう一度最初にたてた問いを振り返ろう。中世ヨーロッパの王の支配とは何か，という問題である。

　中世ヨーロッパの王は何もせずとも強い権力をもち自分の意のままに命令することができるような存在ではなかった。本章ではとりあげなかったがウィリアム征服王は，一大事業であるノルマン征服にあたり，フェカンをはじめ教会施設で祈りを捧げ，神の加護を願っていた。はるばるローマ教皇に使者を送り遠征の支持を得てもいた。征服という大事業を成し遂げたこと自体，神の支持を示しているということはできるだろう。だが，勝利したにせよ，支配の正統性の問題は常にウィリアム征服王を不安にした。それをうちけすかのように本証書の中で，自分はエドワード証聖王の正統な後継者であるとして，自分の王位の正統性を主張する意識を強く表明している。

　また，証書史料の最後に並ぶ世俗あるいは教会の有力貴族たちの名前は，フェカンに有利な判決となったこの結果を支持する人物たちを示す。彼らはノルマンディなど大陸出身の有力貴族たちで，前述のように多くはイングランドにも所領をもつ。連なった名前は，彼らがウィリアム征服王の宮廷集会に出席し，これらの判断の場に出席し，それを支持したことを示している。いくら王が自

22

第1章 王は「強かった」のか？

分の意志を実行しようとしても，彼ら有力貴族たちの同意と協力がなければ実現できない。彼らの支持があることをこのようにはっきり示すことが正統性を保証する助けであり，王の判断も彼らの支持が前提だった。

とりあげた教科書，概説書は「征服により成立した」イングランド王の権力の強さを述べていた。だが，ここにある「強い権力」は，自らの意志を強引に行使する力を意味するのではない。中世の王に期待されていた調整する力，という枠の中である。王権神授説を信奉する近世以降の王たちが主張したような（もちろん，絶対王政期の王権も様々な制約のもとにあったのだが），民衆にも教会にも支配されない，という存在とは異なっている。たしかに，隣国フランスの当時の王と比較すると，ウィリアム征服王が直接支配し，命令をいきわたらせることができた王領地は広大であった。だが，ここで扱った証書からは，神の支援を求め，支配の正統性を主張し，また調整役をつとめつつ，有力貴族たちに配慮しながら判断を下した，という王の立場がにじみでているのである。

さて，これまで教科書や概説の叙述と当時の世界をつなげる手がかりとしてウィリアム征服王証書をとりあげ，王の存在，証書史料，そして当時の状況について考えてきた。

この証書の背景となる当時のイングランドは，1066年のノルマン征服という事件にともない社会が変化しつつある時期だった。征服戦争を経験する。大陸フランスから支配層が大挙してやってくる。ノルマン人の君主が王位に就く。ノルマン人貴族たちはイングランドの支配層となり，王も含めた支配層は大陸ノルマンディと行き来する。ウィリアム征服王の集会に出席する有力者たちのほとんどはヨーロッパ大陸出身者だった。大陸ヨーロッパとイングランドとの間で，文化や情報が今まで以上に行きかうこととなる。一方，これらの影響を直接受けるのは支配層であり，イングランドの農民たちにとっては，支配層が変わっただけだったかもしれない。

* * *

本章が王の支配について考えるためにウィリアム征服王の証書から引き出し

第Ⅰ部　権威と統治

た様々なポイントは断片的な情報に過ぎず，得られた像は当時の世界のごく一部である。そしてこれらは11世紀末のノルマンディとイングランドにまたがる社会というある世界を舞台にしており，すべての社会にあてはまるものではない。さらに，ここで提示された読み解きとは異なる解釈の可能性ももちろん，あるだろう。「王の支配」という言葉が含む内容は，様々な研究，そして他の数多くの史料と照らし合わせて考察することで，より深く考えることができるはずだ。

③　ワーク

（1）証書に出てくる地名を地図で探してみよう

　フェカン Fécamp ／スタニング Steyning ／ベリ Bury ／ヘイスティングズ Hastings

　これらの地名は〈Google マップ〉で検索できる（ただし，カタカナ表記がここに挙げたものと一致するとは限らない）。また，これらは前出のドゥームズデー・ブックにも掲載されている[15]。インターネット上にはいくつかドゥームズデー・ブックのサイトがある。たとえば下記の英語サイトでドゥームズデー・ブックの中に上記の地名が出てくるかどうか，検索してみよう。

　　＊Open Domesday　https://opendomesday.org/
　　　ハル大学のドゥームズデー・ブック研究プロジェクトをもとにしたサイト。
　　＊https://www.nationalarchives.gov.uk/help-with-your-research/research-guides/domesday-book/
　　　ドゥームズデー・ブックに関するイギリスの公文書館のサイト。

（2）証書に登場する人々について調べてみよう

　ウィリアム征服王や王妃マティルダ，エドワード証聖王，大司教ランフランクは事典や概説書にはどのように書かれているだろうか。下記の文献などを参

---

(15)　注(1)参照。

考に調べてみよう。

＊松村赳・富田虎男『英米史事典』研究社，2000年。
＊田中英夫『英米法辞典』東京大学出版会，1991年。
＊青山吉信『イギリス史1』（世界歴史大系）山川出版社，1991年。
＊ウェンディ・デイヴィス編（鶴島博和日本語版監修・監訳）『ヴァイキングから
ノルマン人へ』（オックスフォードブリテン諸島の歴史　3）慶應義塾大学出版
会，2015年。
＊バーバラ・ハーヴェー編（鶴島博和日本語版監修，吉武憲司監訳）『12・13世紀
1066年〜1280年頃』（オックスフォードブリテン諸島の歴史　4）慶應義塾大学
出版会，2012年。

（3）関連する事象，用語の意味をたどってみよう

　ランフランクはカンタベリ大司教の地位にあった。このカンタベリ大司教とはどのような地位だろうか。ここでも本書「第4章」が参考になるだろう。また，荘園（マナ）とはどのような領地を指すのだろうか。上記の文献などを参考にし，これらを自分で説明してみよう。また，疑問に思う点はないかを考えてみよう。

（4）証書とはどのような文書だろう

　史料は，その中に含まれる文字情報だけでなく，物理的形態も手がかりとなる。証書史料の写真を参照し，気がついた点を挙げてみよう。たとえば，本章でとりあげた証書は前述のようにサイト SCRIPTA の no. 6496 で写真をみることができるが，そのうちの一つ（資料番号7H2151）では，本章②で指摘した証人リスト中の十字の印を確認できる。また，証書の説明を下記に挙げた文献で調べてみよう。証書は多様であるため自分で複数の説明を読み，証書史料を利用した研究に触れ理解を深めたい。ワーク（6）で挙げた文献はその例であり，実例として参考になる。

＊高山博・池上俊一編『西洋中世学入門』東京大学出版会，2005年。
＊ヨーロッパ中世史研究会編『西洋中世史料集』東京大学出版会，2000年。
＊鶴島博和・春田直紀編『日英中世史料論』日本経済評論社，2008年。

第Ⅰ部　権威と統治

　　＊渡辺節夫訳著『国王証書とフランス中世』知泉書館，2022年。

（5）この頃の王の役割について

　下記の文献を読み，王の支配やその役割について気がついた点，疑問に思った点を文章にまとめてみよう。

　　＊デイヴィッド・ベイツ「第2章　1160年頃までの王権，統治，そして政治生活」，ヘンリー・サマーソン「第6章　王権，統治，そして政治生活　1160〜1280年」バーバラ・ハーヴェー編（鶴島博和日本語版監修，吉武憲司監訳）『12・13世紀　1066年〜1280年頃』（オックスフォードブリテン諸島の歴史　4）慶應義塾大学出版会，2012年。

（6）王はどのように紛争に関わったのだろうか

　本文ではノルマン征服後のウィリアム征服王の時代を扱った。ここでは，アングロ・サクソン期イングランドの王の役割について，下記の参考文献をもとに，気がついた点，疑問に思った点を挙げてみよう。また，参考文献中の証書を読み，自分で出来事の流れを再構成してみよう。

　　＊森貴子「中世初期イングランドの紛争解決——Fonthill Letter を素材に（1）」『愛媛大学教育学部紀要』63巻，2016年，275〜284頁，同「中世初期イングランドの紛争解決——Fonthill Letter を素材に（2）」64巻，2017年，255〜271頁。

第1章 王は「強かった」のか？

図1-1　ウィリアム征服王の像
彼が生まれたノルマンディの都市ファレーズに19世紀半ばに建てられた（Wikimedia Commons）。

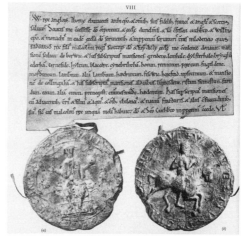

図1-2　ウィリアム征服王の印璽
リット（令状）と呼ばれる証書は下部に切り込みを入れ，紐にして印璽を添付する（T. A. M. Bishop, P. Chaplais, *Facsimiles of English Royal Writs*, Oxford, 1957, PL VIII.）。

【史料1】で示した証書は，中世ノルマン証書を収集したサイト SCRIPTA の証書番号6496に掲載されている。原本は Archives de Seine-Maritime の証書番号7H12と7H2151。

https://mrsh.unicaen.fr/scripta/doc/sc_6496.html

27

第2章

イコノクラスムのはじまりとレオン3世
—— 8 世紀のビザンツ帝国をとりまく世界 ——

小 林 　 功

1 　概　説

（1）教科書でのイコノクラスム

　ビザンツ（東ローマ）帝国が，高校世界史の教科書で大きくとりあげられることはあまりない。とりあげられるとしても 6 世紀のユスティニアヌス 1 世（在位527～565年）治世の再征服や法律編纂事業，あるいは聖ソフィア教会の再建などが中心である。 7 世紀以降がまったく無視されているわけではないが，多くの場合はイスラームの出現（ 7 世紀）やトルコ人の西進（11世紀），第 4 回十字軍（1204年）など，他の人々や国家について語る時に（脇役として）登場することが多い。

　多くの教科書で重要なできごととして紹介される 8 ～ 9 世紀のイコノクラスムにも，同様の傾向があることは否定できない。

　イコノクラスムは，皇帝レオン 3 世（在位717～741年）治世にはじまった。キリスト教信仰の実践においてイコン（聖像，聖画）を使用し，崇敬することが旧約聖書に書かれているモーセの十戒の一つである「偶像崇拝の禁止」に反しているとして，抑圧する政策・主張である。イコンの使用や崇敬は，一時的な復活（787年）と再度の禁止（815年）などを経つつ，843年に最終的に復活した（ただしイコノクラスムの支持者はしばらく残る）。

　イコノクラスムは，高校の世界史教科書では以下のように紹介されている。

キリスト教徒は以前からキリスト・聖母・聖人の聖像を礼拝していた。これが偶像崇拝を禁じたキリスト教の初期の教理に反すると考えられたこと，また偶像をきびしく否定するイスラーム教からの批判にこたえる必要にせまられたことから，726年にビザンツ皇帝レオン3世は聖像禁止令を発布した。ゲルマン人への布教に聖像を必要としたローマ教会はこれに反発し，東西の両教会は対立と分裂を強めることになった。

（山川出版社『詳説世界史』，95〜96頁）

726年，レオン3世がイコン（聖像）崇敬に反対すると，聖像を活用した布教に努めていたローマ教会との対立が深まり，教会の東西分裂が促された。その後，イコン崇敬は復活したが，9世紀前半にふたたび禁止と解除がくりかえされた。

（東京書籍『世界史探究』，61頁）

ローマ教会との対立を引き起こした事件として，教科書がイコノクラスムを扱っていることがわかるだろう。

（2）イコノクラスムはなぜはじまったのか

だが現在，ギリシアやロシア，ブルガリアなど，東方正教会（いわゆる「ギリシア正教」）の影響力が強い地域で教会に行くと，数多くのイコンが掲げられ，信者たちが熱心に崇敬している場面をしばしば目にする。イコンは信仰，そして社会の中に完全に根づいている。したがってイコノクラスムが否定され，イコン崇敬が認められたことは，現在の東欧・バルカン地域の社会に大きく影響する大きな事件だったのであり，東欧・バルカン地域の文化・信仰の基盤となっているビザンツ帝国の歴史の中でイコノクラスム，そしてイコン崇敬のもっている意味を考える必要がある。

イコンがキリスト教徒によって広く使用・崇敬されるようになったのは6世紀頃からである。そして691〜692年にビザンツ帝国の首都コンスタンティノープルで開催された教会会議で，イエス・キリストの肖像画を描くことが公式に

第Ⅰ部　権威と統治

承認された。したがってレオン 3 世の時代にはイコンの使用・崇敬はまだ，比較的新しい慣行だった。

　ではなぜ，レオン 3 世はイコノクラスムを開始したのだろうか。教科書に記述があるように，イコン崇敬が偶像崇拝にあたるから，という説明がしばしばなされる。だがこれだけでは，「なぜ 8 世紀に，教会人ではなく皇帝によってイコノクラスムが推進されたのか」が説明できない。もっと説得力のある理由・説明ができないだろうか。

② 史料と読み解き

　はじめに，レオン 3 世について簡単に紹介しておきたい。レオン 3 世は小アジア南東部のゲルマニケイア（現 カフラマンマラシュ）の出身である。ゲルマニケイア周辺は，レオンが生まれた 7 世紀後半にはビザンツ帝国とイスラーム（ウマイヤ朝）との国境地域であった。レオンは故郷を離れ，徐々に出世していく。そして717年に皇帝にまで昇りつめた。

　この717年という年は，ウマイヤ朝が総力をかけてコンスタンティノープルの攻撃を開始した年である。レオン 3 世はコンスタンティノープル防衛戦の指揮をとり，718年にイスラーム軍の撃退に成功した。「イスラームを撃退し，勝利した皇帝」というイメージが，レオン 3 世の地位や権力を強固にすることになったのは間違いない。そしてキリスト教徒の国家であるビザンツ帝国にとって，イスラームに対するレオン 3 世の勝利は，「神がレオン 3 世を認め，守ってくれている」というイメージを生み出したことだろう。このようなレオン 3 世がはじめたのが，イコノクラスムである。

　レオン 3 世とイコノクラスムについて述べている史料をこれからみていくが，一つ注意しなければならないことがある。それは，レオン 3 世の時代に書かれた文献史料が非常に乏しい，ということである。とくに歴史記述に関しては現存するものがない。そのため，レオン 3 世の時代になるべく近い時期の歴史書を参照することになるが，それが以下で紹介する『テオファネス年代記』と

第2章 イコノクラスムのはじまりとレオン3世

『簡約歴史』である。

　著者のテオファネスとニケフォロスが主に活躍したのはイコン崇敬が一時的
に復活していた時期（787～815年）で，2人とも熱心なイコン崇敬派であった。
そのため，レオン3世に対するテオファネスとニケフォロスの評価には一定の
バイアスがかかっていることを念頭におきながら，史料を読む必要がある。

（1）『テオファネス年代記』の記述から

　『テオファネス年代記』はテオファネス（818年没）という修道士によって編
纂・執筆された，1年ごとに記述するというスタイルをとる歴史書（年代記）
である。彼はコンスタンティノープルで官僚として勤務していたが，早くに職
を辞して修道士となっていた。一方この頃，イスラーム支配下のパレスティナ
に滞在経験のあったある修道士が，天地創造からはじまる歴史書を執筆してい
たが，284年までの部分を完成させたところでこの世を去ってしまった。テオ
ファネスはこの修道士が集めた史料を引き継ぎ，自分自身の知識や経験なども
踏まえて，284年から813年までの歴史書を編集・執筆した。ここでとりあげる
のは，レオン3世時代，イコノクラスムの開始に至るまでの記述の一部である。[1]
なお，史料原文はギリシア語で書かれている。

【史料1】

　この年，フェニキア沿岸のラオディケイア出身のあるユダヤ人にして魔術師が
①イジドのところにやってきて，彼の支配下にあるキリスト教徒の教会にあって崇
敬されている尊崇すべきイコンを破壊すれば，彼は40年間アラブ人を支配すること
になると彼に言明した。愚かなイジドは彼に説得されて聖なるイコンに対する包括
的命令を宣言した。だが我らの主であるイエス・キリストの恩寵や純潔たるその母
やすべての聖人たちのとりなしによって，同じ年にイジドは，彼のサタンのような
命令が多くの人々の耳に入るよりも先に死んでしまった。レオン帝は非道で無法な
悪しき考え方に同じく参加し，我々に対する数多くの悪事の原因となった。彼はべ

---

(1)　Theophanes Confessor, C. de Boor (ed.), *Chronographia I*, Leipzig, 1883, pp.
401-409から抜粋して訳出した。

第Ⅰ部　権威と統治

　セルという名の無教養な同志を見つけた。彼はシリアで捕虜となったキリスト教徒
の出で，キリスト教信仰を捨ててアラブ人の教説の徒となり，長い時間が経つ前に
奴隷状態から解放されてローマ人の国家〔ビザンツ帝国〕にやって来ていた。彼は
肉体の壮健さと悪しき考え方への同意ゆえにレオンに信頼された——彼こそが，皇
帝による大いなる悪行の仲間となったのである。すべての不浄さで充たされ，無教
養さの仲間として生きている②ナコレイアの主教も，彼の悪しき一味となった。

　下線①のイジドとは，ウマイヤ朝のカリフ，ヤジード 2 世（在位720～724年）
のこと。フェニキアは当時，ウマイヤ朝の支配領域の一部であった。ユダヤ人
は「魔術師」と表現されているが，キリスト教徒に対して害悪をもたらす存在
であることを強調するための（偏見に満ちた）表現。イジドに対して「愚かな
／知恵のない（ἀνόητος）」という形容詞がついているのも，イスラーム教徒に
対するテオファネスの侮蔑の念が現れている。

　テオファネスによると，ヤジード 2 世は自らの支配領域のキリスト教徒（こ
の時期，シリア・パレスティナ地域の住民の大半はキリスト教徒）に対して，イコン
崇敬を禁止，あるいは制限する命令を出したことになっている。そして実際に
ヤジード 2 世の時代に，イコンや図像の使用・崇敬に対する一定の圧迫が国家
レベルで行われたようである。

　下線②のナコレイア主教の名前はコンスタンティノス。彼は，レオン 3 世が
イコンに対する厳しい態度を示す前からイコン崇敬に対して批判的立場をとっ
ていた聖職者の一人で，後で述べるコンスタンティノープル総主教ゲルマノス
も彼の主張に早くから苦慮していたことが，ゲルマノスの書簡からうかがえる。

【史料 2 】
　この年，不信心なるレオン帝は神聖にして尊崇すべきイコンの破壊に関する発言

（2）　ベセルという人物が実在したことは他の史料からも確認できる。ただし，ベセル
　　がレオン 3 世の宗教政策にどの程度，そしてどのように関わっていたのかは不明。
（3）　ここで「破壊」と訳した καθαίρεσις というギリシア語は，「撤去，除去」と訳す

第2章　イコノクラスムのはじまりとレオン3世

を行った。それでそのことを知った③ローマ教皇のグレゴリオスはイタリアとロー
マからの納税を阻み，信仰に関する書簡をレオンに送ったが，それには皇帝は信仰
に関する発言をすべきではなく，聖なる教父たちによって作りあげられた古来から
の教会の教義を改変すべきではない，とあった。

　下線③で言及されるローマ教皇は，グレゴリウス2世（在位715～731年）。
「グレゴリオス」は「グレゴリウス」のギリシア語表記。『テオファネス年代
記』ではグレゴリウス2世と次のグレゴリウス3世（在位731～741年）の区別が
なく，一人の人物とされている。

【史料3】

　この年，すなわち第9インディクティオ[(4)]の夏の時分に，かまどの火のような噴煙
がテラ島とテラシア島[(5)]のあいだの海深くから数日間噴き上がった。それはすぐに厚
みを増して，燃え盛る炎の輝きによって石となった。またすべての煙が炎のような
姿を示した。そして地から生み出されたものの大量さゆえに丘のように大きな軽石
が小アジア全域やレスボス島，アビュドス〔ダーダネルス海峡に面した小アジア北
西部の港町〕，そしてマケドニア沿岸にまで到達した。そのためこの地域の海面全
体が浮いている軽石で埋め尽くされた。非常に大きな炎の中に，以前には存在しな
かった陸地が姿を現してヒエラという島と一体化した。先述したテラ島とテラシア
島がかつて噴火したように，神への敵対者であるレオンの時代にまさに同様のこと
が起きたのである。

―――――――――――

　こともできる。
(4)　インディクティオは3世紀末，ディオクレティアヌス帝（在位284～305年）時代
　　に導入された財政年度。9月1日からはじまり，8月31日が年度末となる。当初は
　　5年周期だったがすぐに15年周期となり，15年で1周する年代表記法としても定着
　　した。
(5)　テラ島は，現在はサントリーニ島あるいはティラ島の名前で知られる，エーゲ海
　　に浮かぶ島。巨大火山の山頂部が海から顔を出している島で，テラシア島（現　ティ
　　ラシア島）も同じ火山の山頂部の一部。ヒエラ島は現在のパレア・カメニ島。こ
　　れらの島々では古代から大噴火が何回かあり，アトランティス大陸のモデルと考え
　　られることもある。

33

第Ⅰ部　権威と統治

【史料4】

　レオンは彼に対して向けられた神の怒りを自身に都合よく解釈して，厚顔無恥にも尊崇すべき聖なるイコンに対する戦いを仕掛けた。その際に神を信じぬ，そして同じくらい愚かなベセルが彼の側に立った。2人ともきわめて無教養かつまったくの無知であったので，彼らから数多くの悪が生じた。帝都の数多くの人々は，彼を攻撃しようと考える者も出るほど新たな教えに苦しめられた。大カルケ門(6)に掲げられていた主のイコンを撤去しようとした皇帝の手の者たちを何人か殺した人々もいたが，彼らの多く——とくに生まれがよく教養ある人々——は敬虔さゆえに身体刑や鞭打ち刑，追放刑，罰金刑といった処罰を受けた。また，聖なるコンスタンティノス大帝の時代から現在まで保持されてきた学校や敬虔なる学問が失われた。サラケノイ〔サラセン人＝イスラーム教徒〕の心をもったレオンはこうしたことを，他の多くの良きこととともに破壊する者となったのだ。

【史料5】

　このような時，神聖なるものへの熱意につき動かされたヘラス〔ギリシアの意；ここではアテネ周辺地域を指す〕とキクラデス諸島の人々が，大艦隊とともに彼に対して結束して反乱を起こし，コスマスなる人物を戴冠させるために連れていった。またヘラスのトゥルマルケス〔軍の高官〕のアガリアノス，そしてステファノスが軍を指揮した。彼らは第10インディクティオの4月18日に帝都に襲来し，ビュザンティオン〔コンスタンティノープルの旧名で，「帝都」もコンスタンティノープルを指す〕の人々と対峙して敗北した——彼らの船は人工の火(7)によって焼かれてしまった。彼らの中には海の深みに沈んでいった者たちがいたが，その中には武具を着けたまま自ら入水したアガリアノスもいた。一方で生き残った者たちは救出されて捕らえられた。そしてコスマスとステファノスは斬首された。それで不信心なるレオン，そして彼と心を同じくする者たちは敬虔なる人々への迫害を激化させて悪事に拍車をかけた。

【史料6】

　その第10インディクティオの夏の時分，④同胞への不吉な勝利の後，ビテュニア

──────────

(6)　カルケ門は，コンスタンティノープルの大宮殿にあった門の一つ。

(7)　「人工の火」はいわゆる「ギリシアの火」。一種の火炎放射器で，木製だった当時の船に対しては大きな効果をもっていた。中世としては驚異的な武器。

〔小アジア北西部，コンスタンティノーブルの対岸にあたる地域〕のニカイアに対
して2人のエミールが率いるサラケノイの大軍が軍事行動を起こした。アメルは
15,000人の軽装兵を率いて侵入し，〔ニカイア〕市を包囲した。そしてマウイアス
が別の8.5万の兵を率いて続いた。彼らは攻城戦を長期間続けて城壁の一部を破壊
したが，この地で崇敬されていた聖なる教父たちの教会に神に対するふさわしい祈
りが行われたため，彼らはこの都市を制圧できなかった。畏敬されるべき彼らの図
像は現在に至るまで，彼らと志を同じくする人々によって崇敬されている。
　それから，アルタバスドスのストラトル〔官職名〕であったコンスタンティノス
という人物が，設置されていたテオトコスのイコンを見て，石を手にしてイコンに
向かって投げて〔イコンを〕砕き，落ちてきたら踏みつぶした。すると彼は幻影を
目にすることになったが，そこでは彼の脇に女王〔マリア〕が立っていて，彼にこ
う言った。「私に対して何とも大胆なことを行ったということを，あなたはわかっ
ていますか？　まことに，あなたは自分自身の頭にも，それを行うことでしょう。」
翌朝サラケノイが城壁に迫って戦いが起きると，この哀れな男は勇敢な兵士である
かのように城壁に突進したが，攻城具から発せられた石に直撃された。それで彼の
頭と顔は砕かれ，彼の瀆神にふさわしい報いを受けることとなった。そして数多く
の捕虜と戦利品を集めて，〔サラケノイは〕撤退した。
　神は不信心な者〔レオン〕に対して，同胞に対する勝利が──彼が誇っていたよ
うに〔彼の〕敬虔さゆえではなく──神に帰せられる何がしかや深遠な裁きゆえで
あったことを示した。聖なる教父たちの都市からアラブのあのような大軍を撃退で
きたのも，そこで崇敬されていたきわめて正確な彼らの図像を通しての彼らのとり
なしゆえであり，そしてまた暴君への非難と許しがたい裁き，そして敬虔な人々の
保証ゆえだったのである。だがこの不信心な男は聖なるイコンの⑤相対的崇敬だけ
でなく，きわめて聖なるテオトコスやすべての聖人たちのとりなしについても拒否
した。そしてこの忌まわしい男は聖人たちの聖遺物を，彼の教師であるアラブ人と
同じように憎悪した。それから暴虐にも，祝福されしゲルマノス──コンスタンティ
ノーブル総主教──を苦しめ，彼以前のすべての皇帝や総主教そしてキリスト教
徒を，聖なる尊崇すべきイコンの崇敬によって偶像崇拝を行っていると批判した

(8)　アルタバスドスは，レオン3世の盟友で娘婿だった人物。
(9)　テオトコス（θεοτόκος）は「神を産んだ者」「神の母」という意味で，マリアの
　　こと。「（天の）女王／女主人（δέσποινα）」もマリアの尊称としてしばしば使われ
　　る。

第Ⅰ部　権威と統治

──彼は不信心とまったくの無教養ゆえ，相対的崇敬に関する議論を把握できなかったのである。

　下線④の「同胞への不吉な勝利」とは，ヘラスとキクラデス諸島の人々の反乱の鎮圧にレオン 3 世が成功したこと【史料 5】を指す。ニカイア（ニケーア，現 イズニック）は，コンスタンティヌス大帝の時代に最初の全地公会議（キリスト教徒の全体から代表が集まって開催される教会会議）であるニカイア第 1 公会議が開催されたことで知られる。またイコノクラスムを一旦終結させたのは，787年にニカイアで開催された全地公会議（ニカイア第 2 公会議）であった。エミールは『テオファネス年代記』をはじめとするビザンツ帝国の史料では様々な意味で使用されるが，ここでは遠征軍の軍指揮官を指す。アメルとマウイアスは，アラブ軍の軍指揮官の名前である。

　下線⑤の「相対的崇敬（σχετικῆς προσκύνησις）」とは，イコンそれ自体を信仰の対象として崇拝するのではなく，イコンに描かれているキリストやマリア，聖人などの実体に対してイコンを通じて崇敬を行う（から偶像崇拝ではない）という，イコン崇敬派が主張する論理を指す。

【史料 7】
　ビュザンティオンでは，正当な教義のために先頭に立って戦う者にして崇高なる聖人⑥ゲルマノスが，その名の通りのレオンという名の野獣(10)，およびその支持者たちと全力で戦っていた。第一のローマでも，きわめて聖なる使徒的な人物にして第一の使徒であるペトロと座を共有する者であり，言葉と行動によって光り輝く者であるグレゴリオスが，ローマとイタリア，そして西方全土をレオンへの政治的・教会的な従属状態，そしてレオン支配下の帝国から離反させた。シリアのダマスコスでは，マンスールの息子で聖職者かつ修道士，最上の教師である⑦ヨハネス＝クリュソロアスが生活と言葉の点で光輝を放っていた。ゲルマノスが彼〔レオン〕によって〔総主教の〕座から追われると，グレゴリオスは多くの人々によく知られている書簡で彼を明確に非難し，またヨハネスも東方の主教たちとともにこの異端者

────────────

(10)　「レオン（Λέων）」は人名だが，ギリシア語で「ライオン」をも意味する。

第2章　イコノクラスムのはじまりとレオン3世

をアナテマ〔破門〕に処した。

　第13インディクティオの1月7日火曜日，不信心なるレオンは崇敬すべき聖なるイコンに敵対するシレンティオンを19アクビトンのトリブナリオンで開催し，きわめて聖なる総主教ゲルマノスを，聖なるイコンへの反対に同意するよう彼を説得するつもりで召喚した。だがこの勇敢なるキリストのしもべは，彼の忌まわしく誤った教義にまったく納得しなかった。そして真実の言葉を正しく述べた上で総主教の地位を放棄し，オモフォリオン〔パリウム，肩衣〕を脱ぎ捨て，教え諭す多くの言葉の後にこう言った。「もし私がヨナ〔旧約聖書「ヨナ書」の登場人物〕であったなら，私を海へ放り投げよ。皇帝よ，全地公会議なしに，信仰に関する新たな変更を行うことは私にはできないのだ。」そして彼の先祖伝来のプラタニオンという邸宅に隠退した。彼は14年5カ月と7日間，総主教の地位にあった。そして同じ1月の22日に，この祝福されしゲルマノスの偽りの弟子にしてシュンケロス〔総主教の補佐を行う教会の高位の役職〕，そしてレオンの不信心に同意したアナスタシオスを，地上の権力への渇望ゆえにコンスタンティノープルの偽りの主教に叙任・任命した。するとローマの聖なる第一人者であるグレゴリオスは，先述したようにアナスタシオスをリベッルス〔叙任文書〕とともに否認し，書簡を発してレオンを不信心であると非難し，ローマを全イタリアとともに彼の帝国から離反させた。それで暴君は怒り狂い，聖なるイコンに対する弾圧を強化した。そのため数多くの聖職者や修道士，そして信心深い俗人が正しい信仰の言葉ゆえに危険にさらされ，殉教者の冠を授けられることになった。

　下線⑥に出てくるゲルマノスは，754年に開催されたイコノクラスム推進の

⑾　シレンティオンは，皇帝の御前で開催される会議。19アクビトンは，コンスタンティノープルの宮殿内にあった建物。宴席用の長椅子（アクビトン）が19台設置されていたことが名前の由来である。トリブナリオンは19アクビトンの前にあった広場で，大人数が集まる儀礼などで使用された。

⑿　プラタニオンの邸宅は，もう少し後の史料ではコンスタンティノープル市内のコーラ修道院（現　カーリエ博物館）のこととされる（45頁の図2-1）。なお，コーラ修道院が6世紀にはユスティニアヌス1世一族の所有地だったことや，ゲルマノスというユスティニアヌス1世の一族に多くみられる名前（さらに，ゲルマノスの父親はユスティニアノスという名前だった）から，ゲルマノスはユスティニアヌス1世一族の子孫だった可能性がある。

第 I 部　権威と統治

ための教会会議で破門されている。一方で787年のイコン崇敬の再確認後は，イコン崇敬を守るためにレオン 3 世に抵抗した英雄的人物として称賛されるようになっていくが，史料から判断する限りではレオン 3 世と全面的な対決姿勢をとって，イコン崇敬の擁護のために行動していたわけではないようである。レオン 3 世も，ゲルマノスを説得しようと努力していたことが本史料からうかがえる。レオン 3 世が説得をあきらめてコンスタンティノープル総主教から解任した後も，ゲルマノスはプラタニオンの邸宅での平穏な隠退生活を認められている。

　下線⑦のヨハネス＝クリュソロアスは，一般に「ダマスクスのヨハネス」として知られる人物のことである。史料の「ダマスコス」は，ダマスクスのギリシア語表記。彼はウマイヤ朝支配下のシリアで生まれ，ウマイヤ朝に官僚として仕えていた。引退後に修道士となり，ビザンツ帝国で起きたイコノクラスムに対しても激しい批判を加えたため，ゲルマノスと同様に754年の教会会議で破門されている。彼の著作はその後のイコン崇敬派の理論の基礎の一つとなっていった。ヨハネスがレオン 3 世を破門したという記述は誤りで，別の人物の行動と混同している。また，テオファネスは彼の父親の名前をマンスールとしているがこれも誤りで，実際にはマンスールはヨハネス自身の本名である。

（2）『簡約歴史』の記述から

　『簡約歴史』は，コンスタンティノープル総主教ニケフォロス 1 世（在位806～815年）によって執筆された，602年から769年までをカバーする歴史書である。ニケフォロスもテオファネスと同じく官僚であったが，806年にコンスタンティノープル総主教に抜擢された。『簡約歴史』は彼が総主教になる前，8 世紀末（780年代？）に書かれたと考えられている。ここでは，先に紹介した『テオファネス年代記』と同じ時期をとりあげている箇所を紹介する。[13] なお，この史

---

(13)　Nikephoros Patriarch of Constantinople, C. Mango (ed.), *Short History*, Washington D.C., 1990, ch. 59-62.

38

料も原文はギリシア語で書かれている。

【史料8】

　クレタ海に位置するテラとテラシアと呼ばれる島々でこの時期に起きたことについて，無視するのは適切ではない。夏季に海の深みから大量の噴煙が噴き上がった。そして広範囲で空気が濃密になっていくとそこから炎が燃え上がり，炎の後に軽石のような巨大な石を大量に噴出した。そしてその石が島のようなものを形成して，同じように深い場所から噴出したといわれている――上述したテラ島・テラシア島も同様である――ヒエラという島と，陸上部が一体化した。まき散らされた大量の石で周辺の全海域が埋め尽くされ，そこからアビュドスやアシア〔小アジア半島のエーゲ海沿岸地域で，「アジア」の語源〕沿岸部にまで到達した。その周辺の海流も熱せられており，触ることもできなかった。

　皇帝はこれらのことを聞くと，それを神の怒りの徴であるとみなし，そのような災難がなぜ生じたのか熟慮したという。そしてそれからついに，正しい信仰に対峙して聖なるイコンの破壊を計画した。それは彼が誤って，このような不可思議な凶事が起きたのはイコンの設置と崇敬のせいであるとみなしたからであった。そして彼の考え方を人々に広めようとした。だが多くの人々は教会に対する冒瀆行為に対してひどく悲歎した。そしてそれゆえにヘラスとキクラデス諸島の住民がこのような瀆神行為を認めず皇帝に対して反逆し，大艦隊を集めてコスマスという名の人物を自分たちで皇帝とした。そして帝都へと向かった。首都の人々も戦いに加わり，彼らの艦船の多くを燃やした。彼らは敗北したのを見て皇帝のところに投降した。彼らの指揮官の一人にアガリアノスという名の人物がいたが，彼はこうした状況を見て自らが助かることを絶望視し，武具を着けたまま深い海に自ら身を投げた。コスマスとステファノスという他の人物は捕らえられ，斬首された。

　次の夏，サラケノイの騎兵の大軍が再びローマ人の支配領域に侵入してきた。その軍を率いていたのはアメロスとマウイアスという名のサラケノイであった。そしてビテュニアの第一の都市，すなわちニカイアまで侵入してきた。彼らは都市をしばらく攻囲したが，成果を得られず撤退した。

　この後皇帝は首都のたくさんの人々を宮殿に集め，当時首都の聖職者の長〔総主教〕であったゲルマノスも召喚して，聖人たちのイコン〔の破壊／除去〕に関して承認するよう強いた。彼はそれを拒否し，自らの職位をも投げうってこう言った。「全地公会議なしに，信仰に関する文書を公にすることはできません。」彼はそれから父祖伝来の邸宅で余生を過ごした。彼の後任の聖職者の長には，大教会の聖職者

第Ⅰ部　権威と統治

であったアナスタシオスが任じられた。それ以降，皇帝の考え方に同意しなかった敬虔な多くの人々は，数多くの罰や責苦にさいなまれることになった。

（3）２つの史料の異同

　ここまで，『テオファネス年代記』と『簡約歴史』における，レオン３世とイコノクラスムに関連する記述を読んできた。この２つの史料について，史料の特質を踏まえて注意すべき点をみておこう。

①　共通する構成

　『テオファネス年代記』と『簡約歴史』で同一の事件について記述している箇所は，構成がほぼ共通である。つまり『テオファネス年代記』での

　　テラ島・テラシア島の大噴火【史料３】

　　　→レオンがイコンに対する敵意を示す【史料４】

　　　→ヘラス・キクラデス諸島の人々の反乱と鎮圧【史料５】

　　　→サラケノイの軍勢がニカイアを攻撃【史料６】

　　　→イコンの擁護を続けるコンスタンティノープル総主教ゲルマノスを解任

　　　　して，後任にアナスタシオスを任命し，イコン崇敬派に対する弾圧も強

　　　　化【史料７】

という記述の流れが，『簡約歴史』【史料８】と同じである。【史料３】のテラ島・テラシア島の噴火の記述のように，描写もよく似ている。

　このようなことが起きた理由としては，

　　＊『テオファネス年代記』が，先に成立していた『簡約歴史』を情報源と

　　　した

　　＊『テオファネス年代記』と『簡約歴史』が，同じ史料を情報源とした

の２つの可能性が考えられるが，一般的には後者であると考えられている。そして当然ながら，『テオファネス年代記』と『簡約歴史』の双方が使用した情報源の史料（以下，「共通史料」とする）は，『簡約歴史』が編集される以前に成立していたはずである。

40

第2章　イコノクラスムのはじまりとレオン3世

② テオファネスが追加した記述

一方『テオファネス年代記』にしかない記述も多く，『テオファネス年代記』の分量は『簡約歴史』よりもはるかに多い。その理由は，『簡約歴史』では使用されていない史料がいくつか使われているからである。

たとえば【史料1】の記述は『簡約歴史』にはないが，イスラーム支配下のシリアにいたキリスト教徒であるテル・マーレのディオニュシオス（845年没）が書いた歴史書などでは，ヤジード2世によるイコンなどの破壊命令が言及されている。したがって情報源となったのはおそらくはイスラーム支配下のシリアで書かれた史料であり，テオファネスはパレスティナ（シリアに近い）に滞在していた修道士が収集した史料を引き継いで，【史料1】の部分を執筆したと想定できる。

【史料2】のようなローマ教皇に関係する記述は，シリア由来ではない異なる情報源を使用したと考えられる。だが全体として，レオン3世時代のローマ教皇に関連するテオファネスの記述には信頼性に欠ける情報が多い。たとえば以前は【史料2】の記述などを根拠に，レオン3世がイコノクラスムを開始したことへの反発の結果として，イタリア半島に対するビザンツ帝国の政治的影響力が低下したと考えられていた。しかし近年では，ビザンツ帝国への納税に対するイタリア地域の住民やローマ教皇の反発やビザンツ帝国の影響力低下と，イコノクラスムは直接には関係しないという説が有力となっている。

【史料4】にある，カルケ門に掲げられていた主（キリスト）のイコンが726年夏に撤去されたという記述は，長らく726年のイコノクラスム開始の根拠とされていた。だがこの話は『テオファネス年代記』およびほぼ同じ時期に書かれた聖人伝が初出で，『簡約歴史』を含む8世紀の著作からは確認できない。そのため，近年ではこの話は『簡約歴史』の成立した8世紀末から，『テオファネス年代記』の成立した810年代前半までの時期に考え出されたフィクションで，事実ではないという見解が有力になっている。

【史料6】では，サラケノイによるニカイア攻撃という部分は『簡約歴史』と共通しているものの，独自の記述が大量に追加されている。このうち，マリ

41

アのイコンを破壊・侮辱した兵士コンスタンティノスに関する記述は，もはや
歴史記述というよりは物語である。これはレオン3世をおとしめるため，イコ
ン崇敬派によって創作されたものと考えられる。全体としてテオファネスは，
レオン3世（やイコン否定派）をおとしめ批判するために，イコン崇敬派が創作
したフィクションをも利用しているといえる。

③　イコノクラスムの開始時期

　最初にみたように教科書では，イコノクラスムは726年にレオン3世が聖像
禁止令を発布したことによってはじまったとされている。だが，カルケ門のイ
コン撤去は事実でない上，レオン3世が726年にイコンに関して他に公的な命
令を出したり，何らかの具体的行動を起こしたことは確認できない。それゆえ，
イコノクラスムの開始を726年とすることには根拠がない。あえて「政策とし
てのイコノクラスムの開始時期」をいうなら，ゲルマノスが解任された730年
だろうか。ただし730年よりも前から，ナコレイア主教コンスタンティノスの
ようなイコン否定派の活動が盛んになっていたことには注意が必要である。

④　「神の怒り」とイコノクラスム

　『簡約歴史』ではサラケノイのニカイア攻撃（727年）の報告の次に，ゲルマ
ノスの総主教解任（730年）が語られる。したがって，記述が3年ほど飛んでい
ることになる。

　『テオファネス年代記』は年ごとの記述なので，『簡約歴史』のように年が飛
ぶことはないが，しかし実は『簡約歴史』が飛ばしている時期の記述は，シリ
アで書かれた歴史書に由来するウマイヤ朝の軍の遠征活動の記録が大半である。
テオファネスもニケフォロスも，「共通史料」以外に国内の情報源をあまりも
っていなかったようである。

　このような「記述の飛び」の存在から，「共通史料」が一定の意図のもとで
レオン3世時代に起きたできごとをピックアップして並べている可能性が考え
られる。

ピックアップされているのは

　(A)テラ島・テラシア島の噴火（天変地異）

　(B)ヘラス・キクラデス諸島の人々のコンスタンティノープル攻撃（反乱）

　(C)サラケノイの攻撃（敵が国土の奥深くまで侵入）

　(D)ゲルマノスの解任（最高位の教会人が皇帝に反抗）

と，いずれもレオン3世にとっては好ましい事態ではない。(D)はレオン3世が自ら断行したものであるが，(A)～(C)はレオン3世にとってダメージとなるできごとばかりである。したがって「共通史料」はレオン3世の悪い側面を強調して，レオン3世をおとしめようとしているといえる。また，(A)・(B)がイコノクラスムと結びつけて語られていることも無視できない。(C)は明確には結びつけられていない（テオファネスは兵士コンスタンティノスのエピソードを挿入して結びつけている）が，(B)と(D)のあいだに挟み込むことによってイコノクラスムとの関連がイメージづけられる構成になっていると思われる。

　そして【史料4】の「彼（レオン）に対して向けられた神の怒り」という記述からわかるように，「共通史料」はこれらのできごと，とくに契機となった(A)を「レオン3世に対する神の怒りの証拠」と考えている。

　しかし，もう一つ想定しなければいけないことがある。それは，レオン3世も(A)を「神の怒り」と考えていたという可能性である。それは【史料8】の「皇帝はこれらのことを聞くと，それを神の怒りの徴であるとみなし，そのような災難がなぜ生じたのか熟慮した」という箇所からうかがえる。最初に述べたように，レオン3世は717～718年のイスラームによるコンスタンティノープル攻撃を撃退した皇帝であり，神がレオン3世を認めているというイメージを得ていたと思われる。にもかかわらず「神の怒りの徴」が現れたことに，レオン3世が大きな衝撃を受けたことは想像に難くない。なぜ神は怒ったのか。この問いに対するレオン3世の回答が，イコノクラスムだったのかもしれない。

第Ⅰ部　権威と統治

3　ワーク

（1）以下の場所は，どこにあるだろうか

　歴史地図帳や〈Google マップ〉などで調べてみよう。カタカナ表記の揺れや地名の変化に気をつけること。

　　コンスタンティノープル／テラ島／ダマスクス／ニカイア

（2）イコンとはどのようなものだろうか。イコンの画像を検索して探してみよう

　＊鐸木道剛・定村忠士『イコン──ビザンティン世界からロシア，日本へ』毎日新聞社，1993年。
　＊瀧口美香『キリスト教美術史──東方正教会とカトリックの二大潮流』中公新書，2022年〔とくに第四章〕。
　にも，数多くのイコンがカラーで紹介されている。

（3）イコノクラスムやイコンをめぐる議論はレオン3世の時代以降，どのように進められただろうか

　＊中谷功治「聖像（イコン）と正教世界の形成」大黒俊二・林佳世子責任編集『西アジアとヨーロッパの形成──八〜一〇世紀』（岩波講座世界歴史）岩波書店，2022年，203〜222頁。
　＊ジャン＝クロード・シェネ（根津由喜夫訳）『ビザンツ帝国の歴史──政治・社会・経済』白水社，2024年。
　＊ジュディス・ヘリン（井上浩一監訳）『ビザンツ──驚くべき世界帝国』白水社，2010年。
　などを参考にして調べてみよう。

（4）イコノクラスムをのりこえた東方正教会では現在，どのような信仰が実践されているのか調べてみよう

　＊クリメント北原史門『正教会の祭と暦』群像社，2015年。
　＊中西裕人『孤高の祈り──ギリシャ正教の聖山アトス』新潮社，2017年。
　などが参考になるだろう。

第2章　イコノクラスムのはじまりとレオン3世

（5）『簡約歴史』と『テオファネス年代記』の編集年代の差（約20〜30年）は，それぞれの記述にどのような特徴をもたらしているだろうか

図2-1　コーラ修道院（現 カーリエ・ジャーミー）

コンスタンティノープル総主教ゲルマノスが隠退した場所ともされる。現存する建物の大半は12世紀以降のもの（著者撮影）。

　【史料1〜7】で使用した『テオファネス年代記』の写本は数多く伝わっているが，それらの中でもとくに古いものとしては，以下の2つが挙げられる。
　（1）オックスフォード大学クライスト・チャーチ・カレッジ所蔵のギリシア語写本（Christ Church College Wake gr. 5）：9世紀後半の筆写
　　【史料1】の部分はリンク先の260r の，下から7行目後半から始まる。
　　https://digital.bodleian.ox.ac.uk/objects/e873ecff-7b8d-4826-a1dd-62e4e2ac1c8f/
　（2）ヴァチカン図書館所蔵のギリシア語写本（Vat. gr. 155）：9世紀後半の筆写
　　【史料1】の部分はリンク先の293v の，下から10行目から始まる。
　　　　　　　　　　　　　　　https://digi.vatlib.it/view/MSS_Vat.gr.155/
　【史料8】で使用した『簡約歴史』の写本も複数伝わっている。一例として，ヴァチカン図書館所蔵のギリシア語写本（Vat. gr. 977）：10世紀の筆写
　　【史料8】の部分はリンク先の203r の，上から4行目から始まる。
　　　　　　　　　　　　　　　https://digi.vatlib.it/view/MSS_Vat.gr.977/

45

第3章

聖性・儀礼・象徴
――中世後期チェコの国王戴冠式式次第より――

藤 井 真 生

① 概　説

（1）中世ヨーロッパのキリスト教化

　フランク国王クローヴィスが496年にローマ教会が正統とするアタナシウス派に改宗したことを画期として，キリスト教は地中海圏から次第にアルプス以北へも広まっていき，おおよそ1000年頃には東のスラヴ社会や北のスカンディナヴィア世界でも受容されるに至った。中世ヨーロッパ世界は，ローマ帝国の伝統とキリスト教的観念にゲルマン的文化が融合した社会とされるが，とりわけキリスト教がその社会的慣習や文化の基盤をなしていたことに疑いの余地はない。キリスト教化とは，異教の神がイエスに置き換わり，教会制度が発達したことだけを意味するのではない。社会全体がキリスト教的な価値観や聖性にみちあふれるようになったことを意味するのである。

　キリスト教の代表的な思想に「天国と地獄」の観念がある。人々はみな祖先や自身の魂が死後に天国へ行けることを願うようになった。もう一つ，キリスト教信仰の中で重要なのが聖人崇敬である。古代には殉教者が信徒の手本として称揚された。しかし，キリスト教が公認・国教化された後は殉教の発生がまれになり，殉教者に代わって，生前に宗教的な徳を積み死後に奇跡を顕した者が重要となる。両者は併せて聖人と呼ばれるようになった。彼らは畏怖の対象でもある神と人々の間を仲介し，様々な人的集団や空間の守護聖人となった。たとえば，幼子イエスを背負って川を渡った伝承をもつ聖クリストフォロスは

第3章　聖性・儀礼・象徴

旅人や船乗りの，異教徒の学者を論破したと伝えられるアレクサンドリアの聖カタリナは学者や教師の守護聖人とされる。また，竜退治で有名な聖ゲオルギウス（ジョージ）はイングランドの，聖パトリキウス（パトリック）はアイルランドの守護聖人であることも比較的知られているだろう。教会は特定の聖人に奉献され，その名を冠している（聖マリア教会など）。

（2）キリスト教的儀礼

　キリスト教は人生の各段階にも密接に関与した。誕生後すぐに受ける洗礼，結婚，そして臨終の際の終油（本来は病人から悪しきものを追い払って癒す行為だが，臨終時に行われるようになった）の秘跡は，キリスト教徒として生き，死ぬために不可欠な儀礼であった。これを欠くと地獄へ行くと信じられていたからである。こうした宗教的な意味をもつ儀礼は個人の生活だけではなく，支配者に関わる公的な場面にもみられる。その顕著な事例が，冒頭で言及したフランク国王クローヴィスの改宗である。教科書や資料集にも必ず彼の洗礼場面が掲載されており，目にしたことのある読者も多いだろう。ただし，キリスト教化以降の君主は成人後に改宗することはないため，国王にとってはむしろ戴冠が重要な儀礼となっていく。また，騎士の叙任や臣従礼なども封建社会においては不可欠な儀礼であった。これらの儀礼行為を通じて，人々はその関係性を可視化していったのである。

　こうした儀礼行為には象徴物をともなうことが一般的であった。後でみるように，戴冠では王冠，騎士叙任では剣が登場する。王冠は権力や威厳，名誉の象徴であり，剣は単なる武器ではなく世俗権力の象徴であった。例としてクローヴィスの改宗場面をみてみよう。山川出版社は3種類の「世界史探究」を出しているが，それぞれに図像を変えている。『新世界史』（89頁）の象牙彫りレリーフの中央には，裸になって水に身体を浸し，隣の聖職者に水をかけられている人物が描かれている（受洗）。この人物の図像には，聖なる香油瓶をくわえた鳩が近づいている。この鳩は聖霊の象徴とされる。『高校世界史』（86頁）と『詳説世界史』（95頁）は年代記の挿絵（図3-1）を掲載しているが，ど

47

第Ⅰ部　権威と統治

図3-1　クローヴィスの洗礼
（山川出版社『詳説世界史』，95頁）

ちらにおいてもクローヴィスは王冠を，司教は司教帽をかぶることにより，その立場を示している。こうした身分を表すモノも象徴物の一つである。香油瓶を運ぶ鳩は，挿絵でも上方に姿を現している。こうした象徴を利用して登場人物の地位やその場での役割を視覚的に伝えているのである。これらは決して図像の中だけで用いられているのではなく，実際の行為においても機能していた。

また，象徴物は儀礼の場だけではなく，聖人崇敬においても重要な役割を果たしている。さきほど紹介した聖カタリナは拷問されたときのエピソードから車輪をもって描かれることが一般的である。こうした象徴物は持物（アトリビュート）と呼ばれ，絵画や彫刻に描かれた聖人を判別する際の手がかりとなる。たとえば，初代教皇とされる使徒，聖ペトロは，本書「第4章」（77頁）の引用にもあるように，イエスに授けられた天国の門の鍵を持物としており，他の使徒から区別することができる。

（3）教科書における聖性と儀礼

以上のように，中世ヨーロッパ社会を理解するためにはキリスト教的な聖性と儀礼，そして象徴にまで踏み込んで読み解く必要がある。しかし，政治的な流れや社会経済の変化を追うことを主目的とする高校の世界史では，こうした事象について学ぶ機会はほとんどない。大学生向けの概説書でもこれらのトピックに焦点をあてたものはあまりなく，神崎忠昭『ヨーロッパの中世』（慶應義塾大学出版会，2015年）が，第17章「人の一生」で秘跡や聖人崇敬に言及している程度である。

ただし，儀礼に関わる情報が教科書にまったくないわけではない。実は，山

第3章 聖性・儀礼・象徴

川出版社に加えて，第一学習社，帝国書院，東京書籍のすべての教科書が，中世初期の「カール大帝の戴冠」（800年）と中世後期の「金印勅書の発布」（1356年）を記載している。そして山川の2種類と東京書籍『世界史探究』で図像を載せているのが，中世盛期の「騎士の叙任式」である（帝国書院『新詳世界史探究』は騎士叙任ではなく臣従礼の場面を使用）。各教科書会社は図像資料を用いながら，また資料集などで補いながら，その一端を紹介しようと試みているとはいえよう。

　カールの戴冠は西ローマ帝国，そしてキリスト教世界の保護者たる皇帝の復活を意味していたが，後で確認するように，各国の王も王国内のキリスト教徒の保護者としての役割を期待されていた。また，「金印勅書」は，神聖ローマ帝国で選帝侯の領邦君主としての主権を確定したものとして説明されるが，皇帝選出の手続き，つまり君主を生み出すための儀礼を規定したものでもある。さらに，後述するように，騎士叙任の手続きは国王戴冠のそれと部分的に重なっている。これら3つは，幅広くとらえれば，国王戴冠式に関わりのある儀礼行為といえる。

　以下では，「金印勅書」の発布で知られる皇帝カール4世が定めたチェコの「国王戴冠式式次第」を用いて，中世ヨーロッパ社会における聖性・儀礼・象徴の関係を紐解いていく。戴冠式とは，即位予定者が高位聖職者から王冠を頭に載せてもらい，国王となる通過儀礼である。ここから聖性が読み取れるのは，早い段階から国王に俗世を超越した聖性を与える聖別式が組み込まれ，併せて成聖式とも呼ばれるようになっていたためである。なお，以下に掲載した図3-2と図3-4の2点に登場する皇帝ハインリヒはカールの祖父にあたる。どちらも皇帝戴冠を描いており，チェコ国王の戴冠ではないが，当時の雰囲気を伝える図像資料である。

② 史料と読み解き

　ここでとりあげるのは，皇帝カール4世がチェコ王カレル1世（在位1346〜

第 I 部　権威と統治

78年）として編纂させた，チェコ王国における戴冠式の式次第である[(1)]。以下では，カレルという表記で統一する。

　戴冠したことで有名なのは前述のカール大帝であるが，歴代のフランク王や皇帝も即位する際には基本的に戴冠式を行っていた。他の地域の国王も，これを模倣して同様の儀礼をとりこんでいく。チェコの国王戴冠式については，カレル以前の詳細はわからないものの，13世紀くらいには一定の手続きが定められていたとされる。皇帝でもあったカレルは，これに加えて1000年頃に成立した神聖ローマ帝国の式次第，そして自身が幼少時に滞在していたフランス王国の式次第を，チェコの伝統にとりこんだ。この式次第は，その後ポーランドやハプスブルク家の儀礼にも参照されている。

　この「戴冠式式次第」によれば，(A)戴冠式前夜の祈禱，(B)朝の行進，(C)説教，(D)適性審査，(E)歓呼，(F)連禱，(G)浄めの祈り，(H)ミサの開始，(I)聖油の行進，(J)頭・胸・肩・腕の塗油，(K)王の着衣，(L)手の塗油，(M)聖別の叙誦，(N)肩衣・剣・腕輪・指輪の引渡し／剣の奉献と請出し／王笏と宝珠の引渡し／戴冠，(O)教会会議の祝福，(P)着座，(Q)（王への）忠誠誓約，(R)（王の）誓約，(S)王妃の祝福／塗油／王笏・杖・指輪の引渡し／戴冠／着座，(T)軍旗の祝福，(U)「マタイによる福音書」とミサの続き，(V)神の子羊の前での祝福，(W)王服・国王権標を着ける際の祈禱，という順番で式が進行していく（記号は研究者が区分したもの）。以下に，いくつかの行為の規定を訳出する。

【史料 1 】（F）連　禱

　〔祈禱が〕終わると，公〔＝国王即位前の候補者〕と大司教は，その他の司教たちとともに〔祭壇の前に〕身を投げ出し，連禱を朗じる。…
　世界の救世主よ，我らの願い聞き届けたまえ／聖母マリアよ，我らのために祈りたまえ／聖ミカエルよ，我らのために祈りたまえ／聖ガブリエルよ，我らのために祈りたまえ／聖ラファエルよ，我らのために祈りたまえ／聖なる天使たちよ，我らのために祈りたまえ／洗礼者聖ヨハネよ，我らのために祈りたまえ／聖ペトロよ，

───────────
(1)　Ordo ad coronandum regem Boemorum, in J. Kuthan & M. Šmied, *Korunovační řád českých králů*, Praha, 2009, pp. 220-267.

50

我らのために祈りたまえ／聖パウロよ，我らのために祈りたまえ／聖アンデレよ，我らのために祈りたまえ／聖ヤコブよ，我らのために祈りたまえ／聖ヨハネよ，我らのために祈りたまえ／聖トマスよ，我らのために祈りたまえ／聖フィリポよ，我らのために祈りたまえ／聖ヤコブよ，我らのために祈りたまえ／聖バルトロマイよ，我らのために祈りたまえ／聖マタイよ，我らのために祈りたまえ／聖シモンよ，我らのために祈りたまえ／聖タダイよ，我らのために祈りたまえ／聖マティアよ，我らのために祈りたまえ／聖ルカよ，我らのために祈りたまえ／聖マルコよ，我らのために祈りたまえ／聖なる使徒および福音者たちよ，我らのために祈りたまえ／聖ステファノよ，我らのために祈りたまえ／①聖ヴィート〔ウィトゥス〕よ，我らのために祈りたまえ／②聖ヴァーツラフよ，我らのために祈りたまえ／聖ヴォイチェフ〔アダルベルト〕よ，我らのために祈りたまえ／聖ゲオルギウスよ，我らのために祈りたまえ／聖ベネディクトゥスよ，我らのために祈りたまえ／聖なる殉教者たちよ，我らのために祈りたまえ／聖シルウェステルよ，我らのために祈りたまえ／聖マルチヌスよ，我らのために祈りたまえ／聖ニコラウスよ，我らのために祈りたまえ／②聖プロコプ〔プロコピウス〕よ，我らのために祈りたまえ／聖なる証聖者たちよ，我らのために祈りたまえ／聖マグダラのマリアよ，我らのために祈りたまえ／聖マルガレータよ，我らのために祈りたまえ／聖カタリナよ，我らのために祈りたまえ／聖バルバラよ，我らのために祈りたまえ／②聖ルドミラよ，我らのために祈りたまえ／聖ドロテアよ，我らのために祈りたまえ。…

　大司教は述べる。「③どうかあなたの目の前の僕（しもべ）を，あなたの正義と慈愛と聖性において認め，お守りください。我らの願いを聞き届けたまえ。どうかこの僕を王としてお選びください。我らの願いを聞き届けたまえ。どうか彼を祝福し，高めてください。我らの願いを聞き届けたまえ。どうか彼を皇帝の高みまで登らせてください。我らの願いを聞き届けたまえ」。

【史料2】（J）頭・胸・肩・腕の塗油

　続誦とともにハレルヤが終わると，④大司教は頭，胸，肩，腕の塗油に進む。この塗油は一続きで行われなければならない。〔大司教は〕まず頭に油を十字の形に注ぎ，述べる。「⑤私は聖別された油によりあなたを王として塗油する。父，子，そして聖霊の名において。アーメン。あなたとともに平和を。あなたの魂とともに」。

第Ⅰ部　権威と統治

【史料3】（L）手の塗油
　衣服が祝福されるとすぐに，〔大司教は〕それらを彼に着せる。そして〔公の〕④手に塗油する。

【史料4】（N）肩衣・剣・腕輪・指輪の引渡し
　⑥大司教は以下のように述べながら，公に王の肩衣〔パリウム〕をかける。「四角形をした肩衣を受け取り，それを通じて世界の四方が神の権能の下にあること，天から支配権を委託された者以外には，誰も幸福に支配することができないのだということを理解しなさい」。
　さらに以下のように述べながら，大司教は剣を祝福する。「主よ，どうか我らの願いを聞き届けたまえ。あなたに隷属するこの僕が渇望する剣を，あなたの高貴な右手により祝福し，聖別してください。〔この者が〕⑧教会，寡婦，孤児，神に仕えるすべての者〔聖職者〕を，異教の残酷さ，また危惧，恐怖，不安に囚われた者たちから守護し，保護するかぎり。我らが主キリストを通じて。
　この後⑦〔公は〕司教たちから剣を受け取り，剣とともに王国全土を委託されたことを理解し，大司教は以下のように述べる。「司教たちの手から剣を受け取りなさい。彼らは，たとえそれに値しないとしても，聖なる使徒たちの代理とその威厳により聖化されている。あなたは王として任じられ，⑧聖なる神の教会を守護する祝福された職務に神より定められている。詩篇作者が予言したことを思い出しなさい。「勇士よ，腰に剣を帯びよ。それはあなたの栄えと輝き」〔「詩編」45章4節〕。そこで⑧同じ力〔剣〕により公正を実行し，不正の氾濫を力強く打ち砕くように。

図3-2　ハインリヒ7世の皇帝戴冠
(M. Margye, M. Pauly, W. Schmid (ed.), *Der Weg zu Kaiserkrone*, Trier, 2009, p. 41)

聖なる神の教会とその信徒のために戦い，守りなさい。キリスト教徒が偽りの信仰の下にいる人々よりも多く呪われ，滅ぼされることのないように。寡婦と孤児を愛情深く助け，守りなさい。荒れ地を復興させ，復興されたものを維持しなさい。不正を罰し，正しく定められたものを承認しなさい。…
　帯剣すると，〔公は〕同じ

第3章　聖性・儀礼・象徴

ように⑦腕輪を受け取る。大司教は以下のように述べる。「⑦この腕輪を誠実，賢慮，神による包容の証として受け取りなさい。目に見える敵，目に見えない敵に対するあなたの行いのすべてが，城壁となって彼らを護ることを自覚しなさい」。

　指輪の祝福が続く。…

⑦〔大司教が〕指輪を〔公の〕指にはめ，以下の祈禱を述べる。「⑦王の威厳をもつ指輪を受け取りなさい。これを通じて自らの内に普遍的な信仰の印を認めなさい。なぜなら，今日と同じように，それはあなたを王国と人々の頭，支配者として定めるからである。それゆえ，⑧キリスト教世界とキリスト教信仰を保証し，永続させる者であるように。諸王の王とともに務めに成功し，信仰において祝福されるように。栄誉と名誉が永遠である者を通じて。アーメン」。

　〔公は〕帯剣した剣を抜き，それを神の祭壇にささげる。出席している他の者よりもすぐれて偉大な伯が剣を請け出し，彼の前へ差し出す。

　⑦大司教が〔公に〕笏を宝珠とともに授けるとき，以下のように述べる。「⑦王の権力を示す笏，そして杖，すなわち力ある直杖を受け取りなさい。それらによりあなたは自身を正しく導くことができます。そうして⑨神があなたに任せた聖なる教会と人々，すなわちキリスト教徒を，王として不信仰者から守るのです。不正を正し，正義と結びなさい。真っ直ぐな道を維持できるように，あなたの支援により整えなさい。…

　⑦力ある公正の杖を受け取りなさい。⑧あなたはそれにより敬虔な者に喜びを与え，偽る者に恐れを与えることを自覚しなさい。迷える者に道を示し，つまずいた者に手を差し伸べなさい。傲慢な者を破滅させ，慎ましい者を立ち上がらせなさい。我らの主イエス・キリストが扉をあなたに開くように。ご自身で次のように述べられている。「わたしは門である。わたしを通って入る者は救われる」（「ヨハネによる福音書」10章9節）。

　王ないし王妃の王冠の祝福。…

　⑨聖水が王冠に少しずつ注がれる。大司教ないし司教により香が焚かれる。その後，大司教はそれをすべての司教の補佐の下に〔公の〕頭に載せる。彼らは述べる。「すでにあなたの頭の上におかれている王冠を受け取りなさい。それはたしかに取るに足らないものたちではあるが，司教たちの手によりおかれた。⑩聖なる栄誉と名誉，勇敢な行為の明白な証であることを自覚しなさい。そしてそれを通じてあなたは我らの奉仕に参加していることを忘れないように。我らは内側で魂の牧人，管理者としてみなされる。あなたは外側において公正なる神の崇拝者，神よりあなたに与えられ，使徒とすべての聖人の代理人である我々の権能によりあなたの支配に

53

第Ⅰ部　権威と統治

ゆだねられたキリストの教会と王国を，すべての敵から力強く保護する者であることを自覚しなさい。常に有用な執行者，有能な支配者として知られなさい」。

【史料5】(R) 誓　約

　玉座の前，神と聖職者と人々の前で，王の誓約が行われる。「神と天使の前で，このときより永遠に，⑪神聖なる神の教会と私に任された人々のために，律法と正義，平穏をその権能と知識に従って実行し，維持すること，その際に然るべき慈悲を考慮して，我らの臣下の助言を得てより良い成就をなすことを誓約し，約束する」。

　それでは，国王戴冠式儀礼にみられる聖性と象徴との関係を確認していこう。

（1）連　禱

　「連禱」とは，先唱者に応じて参加者が嘆願を唱えていく祈りを意味する。ここでは公（即位予定者），大司教，司教たちが，係の後に続いて祈りを捧げていく。彼らは，救世主イエスと聖母マリアに続き，大天使3人，そして洗礼者ヨハネとイエスの弟子である12使徒，使徒パウロ，四大福音書記者のルカとマルコ，さらに最初の殉教者ステファノや先述のゲオルギウス，四大殉教聖女などの名前を挙げ，その加護を願っている。司教マルチヌスやニコラウス，修道院長ベネディクトゥス，マグダラのマリアなども，地域を問わず人気のある聖人である。一方で，ヴァーツラフやヴォイチェフ，プロコプ，ルドミラはチェコに出自をもつ聖人（下線②）である。ヴィート（下線①）はもともと南イタリアの聖人だが，ザクセン経由でチェコに伝わると，土着の神と名前が似ていたことから大いに崇敬されるようになった。このように，キリスト教世界で普遍的に崇敬を集める聖人に加えて，チェコ固有の聖人に，彼らの「正義と慈愛と聖性において」「王として」認めてくれるように祈願したのである（下線③）。なお，「皇帝の高み」とあるのは，チェコ王兼神聖ローマ皇帝であったカレルが，両方の位を息子に世襲させようと企図していたことを示す。彼らの唱和は大聖堂内を聖なる雰囲気でみたしたが，聖化という点では次の行為も注目に値

第33章 聖性・儀礼・象徴

する。

（2）塗 油

「塗油」は，聖なる香油を塗ることにより対象を祝福し，聖なるものへと変換する秘跡である。洗礼，堅信（乳児期の洗礼後に一定の期間をおいて，キリスト教徒であることを自覚させる），叙階（聖職者を叙任する），終油の秘跡，あるいは教会の献堂式や祭壇の奉献式などにおいて行われ，対象となる者，空間，事物と聖霊との結びつきを強めた。公は頭，胸，肩，腕，そして手に塗油されている（下線④）。大司教の文書には「王として」とあるものの，世俗の君主として聖化が必要なわけではなく，叙階と同じく司祭としての聖性を帯びさせるための儀礼である（下線⑤）。もちろん，国王が司祭としての聖務を実際に行使できるわけではないが，これにより神と人との間に立つ資格を示したのである。頭への塗油は司教と同じ扱いになるため，教会側も反対するところであったが，13世紀にフランス王がそれを押し切って実行しており，カレルもその伝統を取り込んだものと考えられる。

　紙幅の都合でカットしたが，【史料2・3】では塗油行為に続き，古代イスラエルの王ダビデとソロモンの塗油の場面が引用されている。聖性をもつ国王の理想像である両者の名を挙げ，新王を彼らになぞらえる意図がうかがえる。

（3）権 標

　続いて「権標」とは，権力者の地位を表象する標識，ここでは国王の地位を示すシンボルを意味する。中でも王冠，王笏，宝珠（球体の上に十字架を載せたもの）は国王のみが所有できる象徴物であり，レガリア（国王大権）と呼ばれる。他に剣，腕輪，指輪が挙げられ（下線⑦），大司教がそれぞれの象徴性を説明している（下線⑧）。いずれも権力を象徴するモノである。とくに「教会，寡婦，孤児，神に仕えるすべての者」を守る剣は，皇帝や国王の世俗的な権力を象徴する。杖もまた権力の象徴であるが，世俗の権力者の剣に対して，教皇や司教が司教杖を手にして描かれることも多い。ただしここでは，杖は「権力と正

55

第 I 部　権威と統治

義」を象徴しており，司祭としての権能を示すものではない。これらの授与とともに述べる大司教の文言に，国王が期待される役割を読み取ることができる（下線⑧）。なお，肩衣は聖職者が身につけるものであり，直前の「(M)聖別の叙誦」で公が司祭として聖別されたことを示す衣装である（下線⑥）。

　さて，祝福を受けたそれらの王権を示す権標をすべて身に着けたのちに，いよいよ王冠を頭に載せ，ここに至ってようやく「公」ではなく「王」と呼ばれた（下線⑨）。戴冠時にも教会の保護が言及され，王はイエスや使徒，諸聖人の代理人として，自身の王国において支配を行うものとされた（下線⑩）。キリスト教世界の君主——王に限定されないが——は，文書の中で自身のことを「神の恩寵により国王である余〇〇」と名乗る。中世の国王がいかにキリスト教的な価値観の中に位置づけられ，それに従って振る舞っていたのかがよくわかるだろう。このように国王は教会を保護しなければならないが，教会の側でも支配の正当性を国王に与えており，両者は相互依存の関係にあった。

（4）誓　約

　最後に，王の「誓約」がなされる。ここにはキリスト教世界の国王に要請されている資質が明確に示されている。教会および神から委ねられた信徒たちを，法と正義に則って守り，彼らに平和を安堵すること，これこそが中世の国王の責務であった（下線⑪）。式の前半に行われる「(D)適性審査」の内容も，これに対応したものとなっている。

　なお，「適性審査」に次いで行われる「歓呼」，そして「戴冠」後の「着座」は，古代の部族社会以来の伝統である。11世紀前半の年代記記事によれば，チェコの君主（この当時は大公）は，叔父に手を引かれて玉座に登り，集まった人々は即位に同意する声をあげた。この「着座」と「歓呼」という行為が重要であった。このときの同意の声＝歓呼は，「キリエ・エレイソン（主よ，憐れみたまえ）」であったと伝えられており，いちおうはキリスト教色が認められるものの，教会聖職者が儀式を主導している様子は確認できない。ところが，11世紀後半に，皇帝から一代限りの王号を認められた際の記述では，皇帝はチェ

コ君主に塗油と戴冠を行うよう帝国大司教に命じている。ここに至ってチェコの即位式に，①塗油，②権標（王冠），③戴冠という要素が前面に出てきたのである。この後も歓呼の描写はなくならないが，参加者に認められることよりも，塗油により聖性，つまりキリスト教的な正統性を得ることが重視されるようになる。また，高位聖職者――マインツ大司教，のちにプラハ大司教――が儀式を執り行い，戴冠することも決まりごとになっていく。「歓呼」と「着座」の間に多くの行為が挟まれるようになり，それらはすべて教会の関与するところであった。

　以上のように，世俗権力者を生み出す国王戴冠式という儀式の中には，神と教会との関係を深めるべくその者に聖性を与える，すぐれて宗教的な行為が含まれていた。儀式の執行者たる大司教たちと国王候補者は，神だけではなく多くの聖人に祈り，その身に対する加護を願った。このとき，聖人は誰でもよいわけではなく，国王としての理念にもとづいて選ばれていた。国王候補者は塗油を受けることで司祭と同様な聖性を身につけ，そして祝福された各種の権標を順番に与えられ，徐々に世俗の候補者から聖なる国王へと変身を遂げていく。その権力や聖性は象徴物により可視化され，参加していた世俗の貴族たちもその証人としての役割を果たしたのであった。

3　ワーク

（1）聖人誕生の背景

　地域固有の聖人崇敬には，その地域のキリスト教化が進展したことを示す場合がある。以下の事典などを使って北欧・東中欧（チェコ：ヴァーツラフ，ハンガリー：イシュトヴァーン，ノルウェー：オーラフ，デンマーク：クヌート，スウェーデン：エーリク）と西欧（フランク：ダゴベルト，ブリテン島：エドウィン，オズワルド，エドマンド，ブルターニュ：ヨドクス，ブルゴーニュ：ジギスムントゥス）の聖なる君主の活動時期を調べ，それぞれの地域でキリスト教化が進展した時期を比較してみよう。

第Ⅰ部　権威と統治

＊オットー・ヴィマー（藤代幸一訳）『図説聖人事典』八坂書房，2011年。

＊マルコム・デイ（神保のぞみ訳）『図説キリスト教聖人文化事典』原書房，2006
年。

＊ドナルド・アットウォーター／キャサリン・レイチェル・ジョン（山岡健訳）
『聖人事典』三交社，1998年。

（2）聖人崇敬の特徴

多くの場合，聖人は特定の属性をもつ集団から崇敬を集めている。以下の文
献や，中世に編纂された聖人伝集を調べ，どのような集団から，どのような加
護を願われているか，調べてみよう。

＊植田重雄『守護聖者──人になれなかった神々』中公新書，1991年。

＊L・S・カニンガム（高柳俊一訳）『聖人崇拝』教文館，2007年。

＊ヤコブス・デ・ウォラギネ（前田敬作・今村孝訳）『黄金伝説』（全4巻）（平凡
社ライブラリー）平凡社，2006年。

（3）聖人崇敬の地域性

また，13世紀のフランスの「国王戴冠式式次第」で祈禱の対象となっている
聖人リストは，今回紹介した14世紀チェコのものとは少し異なっている。チェ
コ固有の聖人である聖ヴァーツラフ，聖ヴォイチェフ，聖プロコプ，聖ルドミ
ラ，聖ヴィートに代わって，聖ドニ（ディオニシウス），聖ゲルマヌス，聖アマ
ンドゥス，聖レミギウス，聖ヒラリウスなどに祈りが捧げられている。（1）
に挙げた事典などを使ってこれらの聖人を調べ，なぜフランスの「国王戴冠式
式次第」で名前が挙げられているのか，考えてみよう。

（4）国王権標

図3-3はカレルが描かせたカール大帝の姿である。以下の文献を読んで彼
の持物（少し色あせて見づらいが，頭上にも注目）や楯の紋章が象徴するものを調
べ，どのような人物として表現されているのか，確認してみよう。

＊ハンス・K・シュルツェ（五十嵐修・浅野啓子・小倉欣一・佐久間弘展訳）『西
欧中世史事典Ⅱ』ミネルヴァ書房，2005年（とくに1章6節「帝国の象徴」）。

第3章　聖性・儀礼・象徴

＊柳宗玄・中森義宗編『キリスト教美術図典』吉川弘文館，1990年。
＊ゲルト・ハインツ＝モーア（野村太郎・小林頼子監訳）『西洋シンボル事典』八坂書房，2003年。

（5）国王の儀礼

中世国王の行う儀礼には，支配が制度的に未発達な社会においてその威厳を被支配者に知らしめるための役割があった。また，中世盛期の教皇も国王と同じように即位儀礼を整備した。以下の文献から，戴冠式以外の国王儀礼とその役割について調べ，教会制度の頂点に立つ教皇による聖性の演出と比較してみよう。

図3-3　カール大帝像
(J. Fajt (ed.), *Magister Theodoricus: Dvorní malíř císaře Karla IV*, Praha, 1997, p. 417)

＊池上俊一『儀礼と象徴の中世』岩波書店，2008年。
＊甚野尚志「ローマ教皇の即位儀礼──中世盛期における定式化」歴史学研究会編『幻影のローマ』青木書店，2006年。
＊G・バラクロウ（藤崎衛訳）『中世教皇史』八坂書房，2012年（改訂増補版，2021年）。

（6）戴冠式後の行事

チェコの国王戴冠式は，プラハ大司教座のある聖ヴィート大聖堂内で行われることが想定されていた。式次第によれば，その場には大司教，大司教補佐，司教たち，高位聖職者，諸侯，貴族が参加することになっていた。カレルは式次第を定める以前に即位したが，以下に引用したのは，戴冠時の年代記（2種類）の記事である。[(2)]

---

(2) Kronika Františka pražského; Kronika Beneše z Weitmile, in *Fontes rerum Bohemicarum IV*, Praha, 1884, ed. J. Emler, pp. 448, 514-515.

第Ⅰ部　権威と統治

> 【史料6】　『フランチシェク年代記』
> 　1347年，王は王妃ブランカ陛下とともに，聖母マリアの誕生日前の直近の日曜日〔9月2日〕に，プラハ教会でプラハ大司教殿によるミサの際に，多くの司教の援けを得て戴冠された。その場には多くの諸侯，有力者，領主がいた。

> 【史料7】　『ベネシュ年代記』
> 　この年，ローマ王カレル陛下はティロルからプラハへ戻り，大きな喜びをもって高貴な諸侯，高位聖職者，聖職者，民衆に迎えられた。祝福された聖母マリアの誕生日前の直近の日曜日に，妻ブランカ陛下とともに，尊敬すべき師父，初代プラハ大司教アルノシュト殿により，幸福かつ盛大にチェコ王国の国王と王妃として戴冠された。…
> 　この日，チェコ王国の領主たちがやってきて，自分の身分に応じて，連なる立派な馬に乗って新王に対する務めを果たした。彼らは慣習に従って食卓で給仕した。

図3-4　皇帝ハインリヒの戴冠後の宴会
(M. Margye, M. Pauly, W. Schmid (ed.), *Der Weg zu Kaiserkrone*, Trier, 2009, p. 81)

　式次第からは，聖職者が一定の役割を果たしていることがわかる。また，【史料6】からは世俗有力者の参加も確認できる。【史料7】の後半の描写は戴冠式終了後の宴会と考えられるが，おそらく大聖堂内での戴冠式には臨席できなかった領主たちにも役割が与えられている。新たな国王と家臣とが対面的に交流することが重要だったためである。以下の文献を参照しながら，宴会（図3-4）のもつ機能について考えてみよう。

　＊池上俊一『儀礼と象徴の中世』岩波書店，2008年。
　＊藤井真生「カレル4世の『国王戴冠式次第』にみえる伝統と国王理念の変容」神崎忠昭編『断絶と新生』慶應義塾大学出版会，2016年。

第3章　聖性・儀礼・象徴

（7）国王戴冠式と騎士叙任式

騎士叙任式は国王戴冠式における剣の授与に由来するといわれている。その
詳細な手順については，史料的に確認することが困難だが，中世の文学作品の
中に一定のパターンを読み取ることができる。13世紀初頭の騎士道文学作品に
よれば，(A)王妃からの騎士服の贈与，(B)高名な騎士からの馬の贈与，(C)王から
の小姓の分配，(D)ミサ，(E)司祭の祝福，(F)佩剣，(G)王からの楯と槍の贈与，
(H)団体騎馬競技という順番で行われていた。騎士が佩く剣は事前に（あるいは
佩剣後に）教会で祝福が与えられていたようである。

　以下の文献から剣を聖別する際の祝福の言葉を調べた上で，チェコの「国王
戴冠式式次第」の手続き，中でも権標の引渡しおよび誓約内容における相違点
を抜き出し，国王固有の役割について考えてみよう。

* ＊ヨアヒム・ブムケ（平尾浩三ほか訳）『中世の騎士文化』白水社，1995年（第4
  章2節「刀礼」）。
* ＊Ｊ・Ｍ・ファン・ウィンター（佐藤牧夫・渡部治雄訳）『騎士』東京書籍，1982
  年。
* ＊マルク・ブロック（堀米庸三監訳）『封建社会』岩波書店，1995年（第2巻第1
  篇第3章「騎士身分」）。

```
史料への扉 1
```

アイスランド・サガ——過去の真実を物語る

　サガとは何か。まずはその中身を覗いてみよう。次に挙げるのは『ソルギルスと
ハヴリジのサガ』の一節で，アイスランド北西部にあるレイキャホーラル農場で
1119年に行われた結婚の宴に関する記述である。その宴ではダンスや，レスリング
に似た競技であるグリーマなど，多種多様な娯楽が提供された。その中にサガの語
りもあった。

　そこで語られた話の中には，今では多くの人々が反論し，知らない振りをするよ
うなこともあった。人は得てして真実に気づかず，作り話を真実と思い，真実を
疑うものだからである。スカールマルネスのフロールヴルは，ヴァイキングのフ
ロングヴィズルと戦士王オーラーヴル，ベルセルクのスラーインによる墓荒し，
そしてフロームンドゥル・グリプソンについてのサガを，多くの詩をまじえなが
ら語った。このサガをかつてスヴェッレ王〔1177年から1202年のノルウェー王〕は
楽しみ，そのような嘘のサガが一番おもしろいと評した。しかし人々は，自らの
家系をフロームンドゥル・グリプソンまでたどることができる。このサガはフ
ロールヴル自身が編纂した。宴ではその後，司祭インギムンドゥルがバレイ島の
スカルド詩人オルムルのサガを語り，多くの詩も引用し，サガの終わりにはイン
ギムンドゥル自身が作ったみごとな短詩を詠んだ。そして，多くの学識ある者た
ちはそのサガを真実とみなしている。

(Guðrún Ása Grimsdóttir ed., *Sturlunga saga* I, Íslenzk fornrit XX,
Reykjavík, 2021, pp. 31–32)

この記述から何がわかるだろうか。たとえば，サガの語りが娯楽の一種であったこ
と，フロールヴルのような語り手が存在したこと，語り手がサガを編纂すること，
詩が典拠として引用されること，そして「嘘のサガ」という言葉が示すように，サ
ガが真実を語っているかについては意見の相違があったことなどが挙げられる。ま
た，このサガが書き残されたのは1240年頃と考えられているため，「今では多くの
人々が反論し」の「今」が指す13世紀中頃と，サガの描写対象である1119年とでは
アイスランド人の間でも考え方が異なった可能性もみえてくる。サガが歴史の史料
として使えるかについては長く複雑な議論があり，この一節は実はその議論の要点

史料への扉1　アイスランド・サガ

図1　西部フィヨルド
文中に出てくるレイキャホーラル農場も位置しているアイスランド北西部のフィヨルド地帯の一部（著者撮影）。

図2　ストゥルルング時代最大の戦いであるオルリュグススタジルの戦いが行われた場所
（著者撮影）

を示すためによく引用されている箇所なのだ。はたして，サガが語るのは嘘なのか，それとも何らかの真実を含んでいるのだろうか。

　サガ（saga）とは主に12世紀後半から14世紀のアイスランドで書き残された散文物語の総称である。古アイスランド語によって書かれ，大小合わせて200篇以上が現在まで伝わっている。アイスランドの歴史は870年頃～930年頃に，ノルウェー人を中心とした移住者が無人島に住み着くことではじまった。その後1000年頃に全住民がキリスト教に改宗し，12世紀になると教会がもたらしたラテン語の筆記技術によって書物の執筆がはじまる。人口も少なく聖職者と俗人の境も曖昧だったアイスランドでは，すぐにラテン語ではなく俗語のアイスランド語で書くのが主流になった。サガの執筆も12世紀後半にはじまり，13世紀以降に盛んとなる。もともとサガは「語られたもの」全般を指す一般名詞でその内容は様々であり，現在では物語の主題によっていくつかのジャンルに分けられている。代表的なものは北欧の王侯の事績を伝える「王のサガ」，司教の伝記である「司教のサガ」，9～11世紀のアイスランド人の生き様を語る「アイスランド人のサガ」，12～13世紀の事件に取材した「同時代サガ」，アイスランド植民以前の北ヨーロッパで活躍した英雄の事績を語る「古代のサガ」，イングランドやフランスの宮廷文学を翻訳・翻案した「騎士のサガ」である。冒頭に引用した『ソルギルスとハヴリジのサガ』は1300年頃に編纂された『ストゥルルンガ・サガ』の一部で，ジャンルとしては「同時代サガ」に含まれる。

　サガが歴史的事実を伝えているのか，それとも創作なのかという問題は過去100

63

第 I 部　権威と統治

年以上にわたって研究者たちを悩ませてきた。これはアイスランドだけでなくその故郷であるノルウェーやスカンディナヴィア，さらに広く古代ゲルマン人の歴史にも関わる大問題だった。キリスト教改宗以前の北ヨーロッパには文字史料が少ないが，サガはそのような時代についても語っているため，もしサガが事実を伝えているならば貴重な証言になるからである。また，もしサガの内容が遠い過去からの口頭伝承にもとづいているのであれば事実を反映している可能性が高いと考えられ，口頭伝承との関係も議論の中心にあった。このようなサガの起源をめぐる論争には現在も完全に決着がついたとはいえないが，とくに1970年代以降の口承文学研究の発展や文化人類学的手法の導入，アナール学派を中心とした歴史学の革新などの学際的・国際的な潮流を受けた結果，今では歴史か文学か，口承か創作かといった二項対立を乗り越えようとする動きが強くなっている。このような研究史の中でも「同時代サガ」は執筆された時期と記述対象の時期が近いため，他のジャンルのサガに比べれば史料としての信頼性は高いとされてきた。はたしてそうだろうか。

　再び『ストゥルルンガ・サガ』に戻り，『ゲイルムンドゥルの話』を読んでみよう。

　　彼ら兄弟はノルウェー王の国に二船でともに航海した。そのときノルウェーはハーラル美髪王〔9世紀後半から10世紀前半のノルウェー王。最初にノルウェー全土を統一し，その支配を避けて多くの有力者が国外へ移住したという伝承がある〕が支配していた。兄弟はそこで休戦地を見つけようと考え，共同航海を解消した。王はこのことを聞くと，彼らの滞在を快く思わなかった。彼らが自分に敵対する戦力を集めようとしないとも限らないと考えたのである。ゲイルムンドゥルがハーラル王の圧政を恐れてアイスランドへ来たという者もいるだろう。だが，私は聞いたことがある。彼ら兄弟がヴァイキング遠征から戻ったときにはアイスランドへの航海ほどの栄誉はないともっぱらの噂であり，まさにこの理由のために，ゲイルムンドゥルはノルウェーに着いたその夏にすぐさま船出したというのだ。

　　　　　　　　　　　　　　　　　　　　　　　　　　　　　　　　　　(*Sturlunga saga* I, p. 6)

この話は『ストゥルルンガ・サガ』の編纂時点である1300年頃に執筆されたと考えられているが，ここに登場する「私」，すなわちサガの筆者はおそらく植民者ゲイルムンドゥルの子孫で，家系の名誉のため定説を覆そうとしている。まさに，「伝承の海」から新たなストーリーを生み出す試みといえるだろう。「伝承の海」とは

64

史料への扉1　アイスランド・サガ

2000年代以降に注目された仮説で、これによると、サガの背景にはアイスランドで書物の作成がはじまる以前から口承あるいは外国の書物によって伝えられ、人々に共有されていた過去に関する無数の伝承が存在していたと考えられる。その中からある時点で語り手／筆者が情報を選び出してストーリーを紡ぎ、聴き手／読者も自らが共有する情報を補いながらサガを楽しんでいた。つまり『ゲイルムンドゥルの話』の筆者にとって定説の書き換えは決して創作ではなく、より真実と思われる物語を採用したに過ぎない。だからこそサガには通常「作者」の名が伝わっていないのである。このように、複数の過去の真実を内包しているのがサガの世界である。語りの対象がゲルマン民族移動期のような遠い過去でも数十年前でも、あくまでも祖先の時代に実際に起こったできごとを語っているという意識は共通していた。

　サガを史料として用いるのはたしかに難しい。史実を検証するために比較できる他類型の文字史料は少なく、考古資料は近年進展が著しいものの地域や時代の偏りもあり利用範囲が限られている。しかし、それでもサガを読むと1000年以上も前の人々の暮らしや生きた感情に触れられる感覚がある。物語としてのおもしろさを活かした上で、いかに実証に耐えうる歴史的事実をすくい出すか。そこにサガを使った歴史研究の醍醐味がある。　　　　　　　　　　　　　　　　　（松本　涼）

『ストゥルルンガ・サガ』の主要写本の一つ（AM 122 a fol.）。14世紀後半に作成され、もともとは180葉あったと考えられているが、現在は30葉と断片のみが残存している。

https://handrit.is/manuscript/view/is/AM02-0122a/0#mode/2up

史料への扉 2

史料としてのビザンツ文学

　ビザンツ帝国の研究に用いる史料について考えるとき，はたして文学が問題とな
るのか。たとえば文学をフィクション性や物語性が濃厚なものとイメージするかわ
りに，その範囲を単なる記録や情報伝達にとどまらずに表現意図にもとづき言語形
式が整えられ，受け手の享受に供されるものにまで拡げてみよう。そうすれば，帝
国の文人たちが公私にわたる折々の行事のために著した弁論的作品や讃歌に加え，
歴史書や一部の公的文書までもが広義の文学に当てはまるだろう。しかしその「文
学」（とくにギリシア古典の言語と文体を模範としたもの）は，「はるか昔に定まった
著述・弁論ジャンル別の創作理論と形式を墨守するあまりに個性欠如と時代錯誤に
陥っていて，その上時々の治世への阿諛追従の傾向も加わる。したがって鑑賞に適
さないばかりか歴史的事実を掘り出す際の障害物に満ちている」とみなされて，史
料としての使用についても警戒・敬遠される対象ではなかったか。

　以前のビザンツ研究における文学への評価，そして史料と文学にまつわる問題意
識は，大勢としておおむね以上のようなものであったといえよう（ただし渡辺金一
編訳『ビザンツ世界の思考構造——文学創造の根底にあるもの』岩波書店，1978年から
もうかがえる H・G・ベックの肯定的見解は，日本語で読めるという意味でも今なお貴
重なものとしてここに特記しておきたい）。しかし，社会史・文化史や関連諸学に刺
激された再評価の潮流が前世紀の終わりから継続しており，当時の文学観や美的規
準を考慮に入れた文学評価とともに，文学のあり方そのものをビザンツの文化と社
会を理解するための「史料」としてとらえる試みが行われてきた（その一つの集大
成として近年世に出た入門書として，S. Papaioannou (ed.), *The Oxford Handbook of
Byzantine Literature*, New York, 2021を挙げることができる）。こうした文学作品ある
いは史料の文学性に対する再評価・再検証の流れの中でもとくに文章の形式や表現
への分析を深めることで，テクストがジャンル混交の実験場であり，先行作品に加
えて当時の社会的文脈とも多重的な関係を取り結んでいることが判明しつつある。
その結果，従来は平板陳腐な模倣や引用が顕著な古典主義とみられていたものに創
造性や，より細やかなニュアンスが感知できるようになってきた。さらに，表現の
曖昧さや晦渋さであったものが，多義性によって意味を宙吊りにし通念を転覆しさ
えする独得の文学的，ひいては文化・社会的な効果として甦りはじめているのであ
る。

史料への扉 2　史料としてのビザンツ文学

　たとえばここで12世紀中葉のとあるロマンス（世俗的物語）をとりあげよう（な
お，12世紀に現れたビザンツ・ロマンス諸作品の英訳は，E. Jeffreys (tr.), *Four Byzan-
tine Novels*, Liverpool, 2012に収録されている）。テオドロス・プロドロモス作『ロダ
ンティとドシクリス』（M. Macrovich (ed.), *Theodori Prodromi de Rhodanthes et
Dosiclis amoribus libri IX*, Stuttgart – Leipzig, 1992）は韻文で書かれているものの，
設定とストーリーは古代ギリシア小説を踏襲している。ヘレニズム世界を舞台に愛
し合う男女が波瀾万丈の末に大団円に至る内容には一見いかなるビザンツ的な反映
もみられない。登場人物は異教の神々を信仰して儀式を行い，語り手もそれにキリ
スト教的な評価や解釈を差し挟むことなく叙述を進める。純然たるフィクションで
ある上に精度の高い古代模倣を特徴とする本作はしかし，古典研究を通して現在と
古代文明との文化的・社会的懸隔を明確に認識した歴史感覚という非古代的・人文
主義的要素を有している。それだけではなくこの作品は，多様な仄めかしを通して
教養層の公式的な権威と規範への屈折した態度，ひいてはこの時代のハイカルチ
ャーの形態を照らし出しているのである。以下でとくに印象的なシーンを，P・ロ
イロスの議論を導きの糸としつつ検討してみよう（P. Roilos, *Amphoteroglossia* ――
A Poetics of the Twelfth-Century Medieval Greek Novel, Cambridge (MA), 2005）。
　第4巻冒頭，主人公たちを捕らえている海賊の首領ミスティロスのもとにピサ王
の使節アルタクサニスが領土紛争の最終通牒書簡を届けに来るところから，物語は
娯楽的エピソードの部分に入る。玉座に高く座す首領の足下での拝礼と書簡の朗読
が行われた後，彼は特別な部屋に案内され，そこで彼を威圧するための奇想天外な
宴会が「サトラップ」のゴヴリアスのもてなしで開かれる。ビザンツ帝国の外交儀
礼のパロディが色濃いこの一連の進行の中で登場する子羊の丸焼きをアルタクサニ
スが切り分けはじめたところ，腹の中から雀が飛び立ち，ゴヴリアスは次のように
宣言する（154～163行）。

　　見よ　サトラップの中で最良の者たるアルタクサニスよ／最も偉大な我が主人の
　　力を／どのように自然を変容させ支配して（…）／子羊を奇しき雀の親とし／
　　炙り焼きしたての胎を／焼かれざる赤子　翼ある胎児の／生み手として　ただ言
　　葉のみによって顕すのかを

　この「奇跡的」な料理は子羊と胎を介して，神の子羊たるキリストを受胎したマ
リアについてビザンツ聖歌が描き出す，超自然的な炎を宿しても身を焼かれない神

第Ⅰ部　権威と統治

秘のイメージと結びつき，そのグロテスクな反転となる。続いて首領の超人的能力に関して，立派な兵士たちの鎧で守った腹にも子犬を孕ませられるだろうと際どいかたちで主張されると，アルタクサニスは懐妊の恐怖に戦きながら男が出産できるのかと問い，それに対してはゼウスがアテナやディオニュソスを自ら「出産」したことを論拠とした応答がなされる。これは設問に導かれた「論駁」・「論証」という弁論術の真面目なジャンルを，古代の理論では不適切なあり得ない設問から開始することでコミカルに変奏させたものともいえよう。さらに余興が催され，自刃を演じた道化をゴヴリアスが首領の名において「復活」させると，道化はリラを奏でつつ首領を太陽になぞらえて詩節ごとに「太陽よ，火の車輪もつ戦車を駆る者よ」（243行）と繰り返し歓呼する讃歌を長々と歌うのである。ここに至ってはこの挿話部の叙述に潜在していた現実世界の諸相を対象とする「不謹慎」さ，すなわちイエスに関して主張される神秘や奇跡の数々，地上世界における神の代理人として様々な力を帯びて行使する皇帝という観念，そして皇帝をそのような半ば神的な存在として演出し続ける宮廷儀礼を茶化すような態度は，単なる奇譚や喜劇の風味をこえてもはや明白であろう。

　以上，ロマンスという文学概念の中核に近いジャンルの作品からいささかの例示を行うことで，たとえフィクションであっても当該作品外の様々なコンテクストを参照していることを示すとともに，そうした結びつきによって触発される新たなニュアンスについても探索を行い，ひいてはそれが主たる意味と重なり合うことで生じる交響的な味わいに対しても示唆を試みた。ここで射程を現代の感覚では文学作品に該当しにくいものも含めたビザンツ期の著作物にまで再び広げてみた場合，それらテクストにおける文学的位相は当時の文化と社会の総体をしなやかに豊饒化する力を有していたのか，それとも教養層が古典主義と意味の未確定性を隠れ蓑として社会規範に辛くも抵抗する避難所だったのか，それが問題となろう。この問いに明快に答えることは困難であるが，いずれにせよビザンツ文学は擬古であるにしても古代とは異なる効果と機能を担うことになった。そして多くの史料に濃淡はあれ存在する文学的側面，ないし文人たちが培った趣味や「くせ」に留意し着目することで，より正確な史実の抽出に加えて文化・社会理解の新たな可能性も広がるだろう。

（上柿智生）

第 II 部

教会と社会

教区の人々から十分の一税を受け取る司祭（13世紀後半）
(Justin Clegg, *The Medieval Church in Manuscripts*, London, 2003, p. 54)

第4章

辺境にみる西欧カトリック世界

──13世紀スコットランドの一証書を通して──

西 岡 健 司

① 概　説

　中世の西ヨーロッパ世界は，政治的には相互に自立した多様な国々が並存した状態にありながらも，ローマ教皇を中心に一つのキリスト教世界を形成したとされる。ローマ＝カトリックと呼ばれるその世界は，いったいどのようなものだったのだろうか。本章では，カトリック世界の辺境に位置するスコットランドに焦点をあて，13世紀に作成された一通の文書を通して，その実態の一端について具体的にみてみることとしよう。

　まずは，高等学校の教科書が中世カトリック世界についてどのように説明しているのか，山川出版社『詳説世界史』を例にとって確認することからはじめよう。ただし，教科書が扱う範囲のすべてを網羅的に扱うことは難しいため，ここでは，ポイントを3点に絞ることとする。

　第一に，ローマ教皇およびローマ教会について，『詳説世界史』では6世紀末以降のこととして，次のように述べられている。「ローマ教会は西ヨーロッパに勢力を拡大し，とくにペテロの後継者を自任したローマの司教は，教皇（法王）として権威を高めるようになった」（95頁）。やがて，「ローマ＝カトリック教会が西ヨーロッパ世界全体に普遍的な権威をおよぼし」（117頁），「教皇権は13世紀のインノケンティウス3世の時に絶頂に達した」（118頁）。一方で，「教皇を頂点とし，大司教・修道院長・司教・司祭など，聖職者の序列を定めたピラミッド型の階層制組織がつくられ」（117頁），カトリック教会の体制が

第4章　辺境にみる西欧カトリック世界

整備されていった。

　第二に，人々に対する教会の影響力に関して，『詳説世界史』では以下のように説明されている。「中世の西ヨーロッパはキリスト教の時代であり，人々の日常生活全般にローマ＝カトリック教会の絶大な権威がいきわたっていた。出生・結婚・臨終など人生の重要な節目に際して秘蹟の儀式を授けることは，教会の重要な仕事であった。魂の救済ができるのは教会のみであるとされ，教会の外に追放される破門はきわめて重い罰であった」（134頁）。教会のこうした宗教的な役割については，現代人にも比較的想像しやすいと思われるが，一方で，教会は世俗的な面でも大きな影響力をもっていた。すなわち，「大司教や修道院長などは荘園をもつ大領主」でもあり，また，カトリックの階層制組織の「末端には各農村におかれた教区教会があり，…教会は農民から十分の一税を取り立て，独自の裁判権さえもっていた」（117頁）とされる。

　第三に，とくに修道院に関して，次のように記されている。「世俗を離れた修行の場である修道院も，大きな文化的役割を果たした。修道院運動は，6世紀にベネディクトゥスがイタリアのモンテ＝カシノに開いたベネディクト修道会に始まる。同会は清貧・純潔・服従のきびしい戒律を修道士に課し，以後，各地に広がった。その「祈り，働け」のモットーは，生産労働を奴隷の仕事と考えていた古典古代以来の労働に対する考え方を大きくかえた。12〜13世紀は，森林を切りひらいて耕地を広げる大開墾時代であったが，その先頭に立ったのはシトー修道会をはじめとする修道院であった」（134頁）。また，同頁の注には，「このほか著名な修道院運動」として，「民衆のなかに入って教化したので，托鉢修道会とも呼ばれる」フランチェスコ修道会やドミニコ修道会についても触れられている。

　以上，3つのポイントについて，改めて要点を整理しておこう。

①　ローマ教皇が「ペテロの後継者」として特別な権威を有するようになり，その教皇を頂点として西欧カトリック世界の階層的秩序が形成された。

②　教会人は，宗教的な指導者であると同時に，寄進された土地の領主として，税を徴収したり裁判権を行使したりするなど，世俗面でも強い影響力

71

第Ⅱ部　教会と社会

を行使した。

③　時代の経過とともに修道院が西欧に普及し，次々と新たな修道会を生み
　　出しつつ，民衆教化や開墾活動などを含め，聖俗両面において重要な役割
　　を果たした。

　それでは，こうした理解は，どのような史料にもとづいて得られているのだ
ろうか。以下では，実例として一つの史料をとりあげて，具体的に読み解いて
いくこととしよう。

2　史料と読み解き

　右に訳出した史料は，13世紀初めにスコットランドで生じたある争いに関し
て，教皇から裁きを委ねられた3名の修道院長が，ことの顛末を記して発給し
た「証書」と呼ばれる文書である。

　西欧カトリック世界では，12世紀になると，紛争の当事者がローマ教皇に直
訴した場合に，教皇が現地の高位の教会人複数名を臨時の特別な裁判官に任命
して紛争の解決にあたらせるようになった。この「教皇特任裁判」は，ローマ
から遠く離れた北辺のスコットランドにまで及んだのであり，同制度の普及と
いう現象そのものが，まさに教皇を頂点とする西欧カトリック世界の形成を示
す一つの証左でもある。

　さて，実際に史料を読む前に，証書に記された紛争の経緯を簡単に紹介して
おこう。スコットランド南部にあるメルローズ修道院と騎士ウィリアムとの間
で，後者が前者に与えたとされる土地の寄進の真偽をめぐって争いが発生した。
かつての寄進の事実を否定しようとする騎士に対して，メルローズ修道院が教
皇インノケンティウス3世に提訴したことから，スコットランドの3つの修道
院の院長が特任裁判官に任命された。審理の末に，メルローズ側の主張を基本
的に認める判決に至ったが，争いを温和に収めるために，ウィリアムにも一定
の譲歩がなされ，その結果を知らしめるための証書が作成されたのである。以
上を踏まえて，実際の史料を読んでみよう。なお，原文はラテン語である。

72

第4章　辺境にみる西欧カトリック世界

【史　料】⁽¹⁾

　この文書が及ぶ①聖なる母たる教会のすべての子らに，ダンファームリンとドラ
イバラの〔大〕修道院長P〔パトリック〕とG〔グレゴリ〕，ならびにコールディ
ンガムの〔小〕修道院長A〔アーノルド〕が，挨拶を〔送る〕。我々は，②以下の
⁽²⁾
文面の教皇猊下の勅書を拝受した。
⁽³⁾
　③神の僕たちの僕たる司教インノケンティウス〔3世〕は，④親愛なる子ら，
すなわちセント・アンドリューズ司教区のダンファームリンとドライバラの修道院
長たち，ならびに，コールディンガムの修道院長に，挨拶と⑤使徒の祝福を〔送
る〕。余のもとに届いた，⑥親愛なる子ら，すなわちシトー会のメルローズの〔大〕
修道院長と修道士たちの訴状が述べるところでは，⑦グラスゴー司教区のフーナム
の騎士ウィリアムが，〔かつて〕ある土地を慈愛の想いからメルローズ教会に譲与
していたのだが，今になって心変わりし，彼らから乱暴に奪い取っているという。
それゆえ，汝らの分別に対して，⑧使徒の文書でかくのごとく命じる。汝らは両当
事者を召喚し，双方から言い分を聴き，正しきことを上訴に優先して定め，⑨汝ら
が定めたことを教会の懲戒罰によって固く守らせるようにせよ。しかしながら，
〔事実を証言するよう〕指名された証人たちが，もしも好意や憎悪，あるいは恐怖
によって〔証言を〕辞退することがあれば，上訴なしに同じ厳格さでもって，真実
に証言を与えるよう強制すべし。⑩使徒の座から獲得されたいかなる文書も，真実

---

(1)　史料の原本はバクルー公爵の所有にあるが，現在はスコットランドの国立文書館
　　に寄託されており，閲覧も認められている（National Records of Scotland, GD55/133）。
　　原本には一部破損して読めない部分があるものの，後述するようにカーチュラリに
　　記録された複写があるため，全文の復元は可能である。なおメルローズ修道院の証
　　書を集めて刊行した史料集には，欠損部分を複写で補って収録されている（Cosmo
　　Innes (ed.), *Liber Sancte Marie de Melros*, Edinburgh, 1837, Vol. 1, no. 133）。

(2)　修道院の長を表すラテン語には "abbas"（英語の "abbot"）と "prior"（英語の
　　"prior"）の2つがある。日本語で訳し分ける場合には，前者を「大修道院長」，後
　　者を「小修道院長」とする慣例があり，本章でも初出時に〔大〕〔小〕を付して区
　　別を示すこととする。ただし，原語には大小という意味合いはなく，修道院の規模
　　がすべてを決めるわけではない。後者は前者に従属する立場のこともあるが，必ず
　　とはいえず，両者の区別を包括的に説明することは難しい。

(3)　次の段落は，教皇の勅書をそのまま書き写した引用である。史料の原文には段落
　　分けはないが，ここでは読みやすさを優先させて段落を設定し，引用部分を斜体に
　　している。

73

第Ⅱ部　教会と社会

と正義に害をなすことがないように。たとえ汝ら〔3名〕全員がこれらの遂行に参加できなくとも，その場合も汝らのうち2名がそれらを遂行するように。余の在位10年〔1207年〕の6月12日に，ヴィテルボにて与えられた。

　そこで，この勅書の権威によって両当事者が召喚され，裁判官に任命された我々の前で，上述の土地の所有および占有について，先述の修道院長と修道士たちの陳述がなされ，上の紛争は次の形でついに終結した。先述の⑪騎士ウィリアムは，自身が先述の修道院長と修道士たちに，自由で純粋な永遠の寄進において，既述の土地を授与したことを我々の前で誓って認めた。⑫これは，同土地に関する同騎士の証書と，主君たる王の確認の証書が完全に記しているとおりであり，それらを先述の修道院長と修道士たちは，我々の前で開示し朗読させたのである。一方で，先述の修道院長と修道士たちは，先述の騎士ウィリアムに対して，彼が生存している間は，同土地をメルローズ修道院からの自由な寄進物のように，同修道院から保有することを我々の前で認めた。ただし，同騎士ウィリアムの死後は，同土地がすべての権利とともに完全に，先述の修道院長と修道士たちの使用に移ることを条件として。さらに，先述の騎士ウィリアムは，⑬聖なる福音書に触れながら，身体の誓約をなした。すなわち，上述の合意の条件や文言に決して違うことなく，また，欺いたり騙したりせず，なんら謀略をめぐらすことなく，したがって，彼自身ないし介在者を通して，上述の土地に関して，上述の合意の条件や文言に反して，上述の修道院になんら害がなされることがないように。一方，先述の修道院長は，自身とその修道士たちを代表して，彼らが先述の合意を忠実に守ることを誠実に約束した。したがって，我々は⑭使徒の権威による裁判において，上述の合意を確認した。また，先述の騎士ウィリアムは，先述の修道士たちから所持していた証書を返還し，他には所持しておらず，もし彼が所持していることがわかっても，それは無効であり効力をもたないことを誓約した。証人は，⑮セント・アンドリューズとグラスゴーの司教であるウィリアム殿とウォルター殿，⑯ケルソーの〔大〕修道院長ヘンリ，ロジアンとダンケルドの大助祭ジョン師とヘンリ師，⑰ケルソーの修道士ヒューとウォルター，コールディンガムの修道士エリアスとウィリアム，⑱ニューサムとドライバラの律修参事会士トマスとウォルター，…〔さらに15名の証人の名前〕…，および，他の多くの者たち。

　それでは，概説の部分で提示した3つのポイントについて，それぞれ関連する史料の記述を順に確認していこう。

第4章　辺境にみる西欧カトリック世界

（1）教皇の権威とカトリックの階層的秩序

　『詳説世界史』において，西欧カトリック世界の頂点に立っていたとされる
教皇は，史料の中でどのように表されているだろうか。具体的に教皇を指示す
る語として，3つの言葉が用いられている。すなわち，「教皇」，「神の僕たち
の僕」，そして「使徒」である。

　まずは「教皇」についてみていこう。下線②では，裁判官に任命された修道
院長たちが，任命書の差出人を「教皇（猊下）」と記している。「教皇」を「教
皇」と表現するのは当然と思われるかもしれないが，ここには翻訳の問題が含
まれている。日本語の「教皇」は，いかなる文脈においても唯一「教皇」のみ
を指示する語として造られたものであるが，原文のラテン語はそうではない。
史料の原語は“papa”であり，この言葉はギリシア語に由来し，教会用語とし
ては修道院長や高位聖職者に対して広く用いられる呼称であった。ラテン語へ
の導入当初も，高位の教会人を指示する一般的な名称であり，決してローマの
司教（のちの教皇）のみを指すものではなかった。しかし，西欧カトリック世
界において，ローマの司教が唯一無二な存在としてその権威を確立していく過
程で，“papa”は特別に位置づけられたローマの司教を指示する特殊な用語，
すなわち「教皇」となる。具体的には，5世紀半ばから6世紀にかけて限定化
が進み，11世紀のグレゴリウス7世（在位1073〜85年）によって普遍化されたと
いわれる。証書が作成された13世紀においては，すでに長期にわたる慣用を経
て，“papa”が当然のごとく「教皇」として認識されていたため，ここでは迷
うことなく「教皇」と訳せる。ただし，この理解は，“papa”という言葉が中
世の史料においてどのような意味で用いられているか，通時的に把握して初め
て得られるものであることに注意をしておこう。

　では，当の教皇自身は，自らのことをどのように称しているだろうか。イン
ノケンティウス3世は，修道院長たちに宛てた自身の勅書の冒頭で，自称とし
て「神の僕たちの僕」という表現を用いている（下線③）。「僕（servus）」と

───────

(4)　教皇はローマの司教であるため，「司教（episcopus）」の肩書きも添えられている。

第Ⅱ部　教会と社会

いう表現は，一見すると頂点を意味するようには思えないが，そこに込められた意図は，聖書を参照することで理解される。「マルコによる福音書」10章43〜44節には，イエスが弟子たちに対して次のように語る場面が描かれている。

　「…あなたがたの中で偉くなりたい者は，皆に仕える者になり，いちばん上になりたい者は，すべての人の僕になりなさい。」

すなわち，「神の僕たちの僕」とは「いちばん上」の者を意味しているのである。この表現は，教皇グレゴリウス1世（在位590〜604年）が教皇の首位性を主張するために最初に用いたとされる。グレゴリウスは，聖書の言葉を効果的に引用しつつ，教皇がキリスト教世界の最上位にあることを主張したのであるが，教皇の自称としてすぐに一般化したわけではなく，先述のグレゴリウス7世が公式に採用し，定着していったようである。

　一方で，教皇は自身が与える祝福，自身の文書，自身の司教座を「使徒の祝福」（下線⑤），「使徒の文書」（下線⑧），「使徒の座」（下線⑩）と述べており，特任裁判官たちもまた，彼らの裁きを「使徒の権威による裁判」（下線⑭）と表現している。"papa" と同じく，「使徒（apostolus）[5]」も元来は「遣わされた者」を意味する一般名詞であり，排他的に「教皇」を指示する言葉ではない。たとえば，キリストの12人の弟子たちは「12使徒」と呼ばれる。それでは，なぜ「使徒」が「教皇」を意味するのか。ここでも用語の歴史を紐解く必要がある。

　「12使徒」のうち筆頭にあたる者として，ペトロ（ペテロ）という人物がいた。彼は東地中海世界で伝道活動を行ったのち，最後はローマで布教のさなかに殉教したとされる。そこからやがて，ペトロをローマの初代司教と位置づけ，歴代ローマ司教をペトロの後継者とみなす考えが生まれた。その過程は，上記の教皇権の確立の過程と並行している。ペトロの後継者たる教皇は，唯一「使

───────────

　(5)　史料の原文では，「使徒（apostolus）」から派生した「使徒の（apostolicus）」という形容詞が用いられている。

第4章　辺境にみる西欧カトリック世界

徒」の権威を受け継ぐ者とされ，結果として「使徒」は教皇の代名詞となったのである。ちなみに，聖書には，ペトロが使徒たちの中でも第一人者であり，イエスから特別な権威を与えられたことが明記されている。「マタイによる福音書」16章18〜19節によれば，イエスはペトロに対して次のように語ったとされる。

　「…あなたはペトロ。わたしはこの岩の上にわたしの教会を建てる。陰府の力もこれに対抗できない。わたしはあなたに天の国の鍵を授ける。あなたが地上でつなぐことは，天上でもつながれる。あなたが地上で解くことは，天上でも解かれる。」

使徒たちの筆頭であったペトロの「つなぎ解く力」を継承するローマ教皇は，他の司教たちの上に立ち，すべてのキリスト教徒を率いていく特別な存在として権威づけられていったのである。

　ところで，史料の中では，「母たる教会」に対して人々が「子ら」として関係づけられている（下線①）ほか，“papa”たる教皇に対して，修道院長や修道士たちも「子ら」として位置づけられており（下線④・⑥），擬制的な親子関係によって相互の立場が明示されている。さらに，「子ら」の間にも，『詳説世界史』に書かれているような大司教・司教・司祭といった職位に応じた序列が存在した。文書末尾に記載された証人のリストには，司教を筆頭に，明確な序列に従って人名が記されているのが確認される。とくに司教の肩書をもった最初の２名には，尊称として「殿」（原語は“dominus”で英語の“lord”に相当）が添えられており，格上の存在であることがわかる（下線⑮）。残念ながら，この史料の文面だけでは階層制の全貌をうかがい知ることはできないが，同種の証書史料の情報を重ねていくと，教会人の間に歴然とした序列が存在していたことが明らかとなるだろう。

　また，教皇の勅書において，空間的な立地を把握する際に，司教区の枠組みが用いられていることにも留意しておきたい。下線④では修道院（長）の所在

77

第Ⅱ部　教会と社会

地が，下線⑦では騎士（の所領）の所在地が，それぞれセント・アンドリューズ司教区，グラスゴー司教区の管内として示されている。スコットランドという王国名や世俗の行政区分である州への言及はなく，教皇の空間認識が，一つのカトリック世界を司教区によって分割管理したものであることがわかるだろう。

（2）宗教的指導者かつ領主としての教会人

　史料に記された紛争の争点は，騎士ウィリアムがメルローズ修道院に行った寄進であった（下線⑦・⑪）。史料の中で指摘されているように，ウィリアムが実際に土地を与えた際にも証書が作成されており，修道院はその証書を寄進の証拠として読み上げさせている（下線⑫）。幸いその証書の原本も現存しており，そこにはウィリアムが寄進した土地の領域が，具体的な境界線を述べるかたちで明記されている。[6] 修道院（修道士）が土地（荘園）の領主であったことは，こうした証書をみることによって具体的に知ることができる。

　ところで，ウィリアムの寄進は，スコットランド王ウィリアム1世（在位1165～1214年）も認めており，その王の証書も合わせて読み上げられた（下線⑫）。残念ながら，王の証書の原本は現存しないが，その文面は，複写で確認することができる。というのも，修道院は受け取った数々の証書を「カーチュラリ」と呼ばれる書冊にまとめて書き写して保存しており，13世紀後半と15世紀後半以降に作成された2冊のカーチュラリが現存しているからである。[7] カーチュラリは中世の多くの教会や修道院が作成しており，複写の扱いには注意を

---

(6)　NRS, GD55/131; Innes, *Liber Sancte Marie de Melros*, no. 131.

(7)　前者はスコットランド国立図書館（NLS），後者は大英図書館に収蔵されている（National Library of Scotland, Adv. MS. 34.4.11 / British Library, Harley 3960）。前者については，NLS が写本のデジタル画像をウェブサイトで公開している（章末87頁の URL と QR コードを参照）。本章で訳出した特任裁判官の証書は〔Image 22-23〕，騎士ウィリアムの寄進証書は〔Image 19〕，国王ウィリアム1世の確認証書は〔Image 20-21〕で確認できる。なお，刊本におけるウィリアム1世の証書は，Innes, *Liber Sancte Marie de Melros*, no. 132.

第4章 辺境にみる西欧カトリック世界

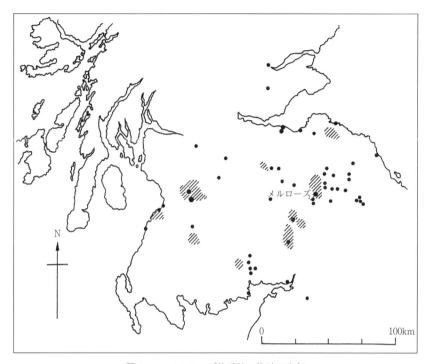

図4-1 メルローズ修道院の権益の分布
メルローズ修道院は，耕地や放牧地などに加えて，教区教会や都市内の不動産，あるいは塩田や漁業権など，多種多様な権益を保有していた。この地図は，特定の時期のものではなく，修道院が保有したことのある権益の所在地を累積的に表示したものである（Richard Fawcett and Richard Oram, *Melrose Abbey*, Stroud, 2004, pp. 210, 246, 256の地図をもとに作成）。

要するとはいえ，証書をまとめて後世に伝える貴重な史料となっている。メルローズの場合，証書の原本とカーチュラリの情報を合わせることで，修道院への寄進物の全貌をおおよそ把握することが可能であり，修道院が集積した権益の所在地を地図に表すと，図4-1のようになる。

『詳説世界史』では，修道院長が大領主であると述べられていたが，少しは具体的なイメージが掴めるだろうか。ちなみに，隣国イングランドでは，16世紀の宗教改革の過程で800以上の修道院がすべて解散されたが，その際に修道院が保持していた土地の規模は，国土全体の約3分の1に及んでいたともいわれる。中世の修道院がいかに大きな影響力を有していたかが想像されるだろう。

第Ⅱ部　教会と社会

　ところで，教会や修道院は，なぜそこまで人々から寄進を集めることができたのだろうか。『詳説世界史』の記述を振り返れば，「魂の救済ができるのは教会のみである」という点に一つの鍵がありそうである。先述の騎士ウィリアム自身の証書には，寄進の動機として，魂の救済の目的が明確に記されている。ウィリアムが救済を願った魂の持ち主は，まずは王家の人々であり，当代の王ウィリアム1世とその妃に加えて，先々代までの王と近縁の王族の名が記されたのち，王のすべての祖先と子孫にも言及される。ついで，騎士ウィリアム自身とその妻，および彼らのすべての祖先と子孫の魂の救済が同じように願われている。証書の最後のほうには，騎士ウィリアムと妻の死後，彼らの寄進した土地に建てられる聖母マリアの礼拝堂において，彼らと上記の人々すべての魂の救済を祈るミサを挙行するために，修道士たちが礼拝堂付司祭を手配するよう定められている。祈りの対象に王家の人々が含まれ，王が確認の証書を与えているのは，寄進した土地がそもそも王から与えられた封土であるためである。こうした魂の救済を願う寄進は，王から有力諸侯，下級騎士に至るまで共通した行為であり，領主層にも限られなかった（本書「第1章」16頁のイングランド王の証書や，「史料への扉4」215頁の公証人による遺言書を参照）。

　修道院が寄進によって獲得した権益は様々であるが，土地が寄進された場合，付随する権利の中に裁判権が含まれることもあった（同じく，本書「第1章」16頁の王の証書を参照）。もっとも，中世の教会は，世俗領主から個別に特権として与えられなくとも，そもそも一定の範囲の罪に対する裁判権を一般的に有していた。たとえば，教会や聖職者が関わる事件の裁判は基本的に教会の手に委ねられており，本件で問題となっている教会への寄進のほかにも，身近な例としては，婚姻に関する争いの裁きなども教会の管轄下にあった。『詳説世界史』にも結婚の「秘蹟の儀式」への言及があるように，カトリック世界においては，正式な婚姻は聖職者によらずには成立しえず，したがって，婚姻に関わる様々な争いは教会によって裁かれたのである。裁判の過程で生み出された史料をみていくと，教会が関与する裁判がきわめて多方面に及んでいたことが明らかとなり，「人々の日常生活全般にローマ＝カトリック教会の絶大な権威がいきわ

80

たっていた」という『詳説世界史』の説明が納得されることになろう。ちなみに，争点が世俗の問題か教会の問題かを明確に線引きすることは必ずしも自明ではなく，裁判権の管轄をめぐっても，中世を通じて時期的な変化があることを指摘しておこう。一言で「中世」といっても，常に動きのある時代であることを意識しておくのも重要である。

　裁判との関連で，キリスト教が中世の人々に与えていた影響力について，史料からもう一点確認をしておこう。証書内に書写されている教皇の勅書では，特任裁判官による裁きの結果を「教会の懲戒罰によって固く守らせるように」と命じられており，また，判決を導くための証人への尋問についても，「同じ厳格さでもって，真実に証言を与えるよう強制すべし」とされている（下線⑨）。この教会の懲戒罰の最も重いものが，『詳説世界史』に記載されている「教会の外に追放される破門」であった。教会は「出生・結婚・臨終など人生の重要な節目に際して秘蹟の儀式を授ける」存在であり，教会の共同体から除外されると，たとえば結婚することもできなければ，魂の救済の導きが得られずに地獄行きの切符を手にすることにもなる。現代とは違って医療や衛生環境の整っていなかった中世社会では，老若男女を問わず人々は常に死と隣り合わせに生きていたため，死後の行き先に対する関心は，私たちが想像する以上の影響力をもっていたとみられている。そうした心理的な作用は，「誓い」の重さにも関わってくる。騎士ウィリアムは，合意の内容を守ることを福音書に手をかけた「身体の誓約」をもって約束しているが（下線⑬），中世の人々にとって，誓いを破ることは重大な罪であり，「誓い」は現代以上に拘束力をもっていた。中世の史料を読んでいけば，こうした「誓い」の場面に頻繁に出くわすことになり，中世の「誓い」の文化の姿がみえてくるだろう（本書「第3章」54頁，「第5章」93，96〜97頁，「第9章」164〜165，168頁，「第10章」183，185頁を参照）。

（3）修道院の普及と多様性

　この証書には数多くの修道士が登場するが，彼らが属する会派は一様ではない。『詳説世界史』にもあるように，中世西欧の修道制の土台を築いたのはヌ

第Ⅱ部　教会と社会

ルシアのベネディクトゥス（480～543年頃）であり，その戒律に従う一般的な修道院はベネディクト派とみなされる。教皇特任裁判官を務めた３名の修道院長のうち，パトリックとアーノルドが属したダンファームリン修道院とコールディンガム修道院は，この伝統的なベネディクト派である。

　それに対し，紛争当事者のメルローズ修道院が属するシトー会は，中世中期の修道院改革運動の中でベネディクトゥス戒律を厳格に守ることを旨に組織された改革派の修道会となる。もう一人の特任裁判官を出したドライバラ修道院も同じく改革派であるが，こちらはシトー会とは異なってアウグスティヌス戒律に従うプレモントレ会であり，同会のメンバーは律修参事会士（canonicus）と呼ばれる（下線⑱）。加えて証書末尾の証人リストには，上記以外の修道会として，ティロン会のケルソー修道院の院長や修道士の名もみえる（下線⑯・⑰）。ティロン会もベネディクトゥス戒律を遵守する別の改革派の修道会である。ちなみに，ベネディクト派の修道士たちの修道服は黒く染められていたのに対し，シトー会をはじめとする改革派の修道士たちは，色染めしない白ないし灰色の修道服を着用した。[8]同じ修道士とはいえ，特任裁判の現場に居合わせた彼らの装いは一律ではなく，その多様性は，当時のスコットランドにおいて多彩な修道制が展開していたことを端的に示していた。

　証書が作成された13世紀のスコットランドにおける修道制の実態は，スコットランドがまさに一つのカトリック世界の動きの中に明確に位置づけられていたことを印象づけるものである。ただし，教皇の権威の確立過程を追う中で述べたように，一つのカトリック世界は，中世初期から中期にかけて漸次的に形成されたものであり，そのことを改めて修道制の展開から補足的に確認しておこう。

　上述のように，ベネディクト派の戒律を定めたベネディクトゥスがモンテ＝カシノに修道院を設けたのは529年のことであるが，その戒律が西欧全域に直

─────────────

(8)　シトー会士は「白い修道士」，ティロン会士は「灰色の修道士」，プレモントレ会士は「白い律修参事会士」とも呼ばれる。

第4章　辺境にみる西欧カトリック世界

ちに広まったわけではない。8世紀以降に大陸ヨーロッパでベネディクトゥス戒律の普及を推し進めたのが、カール大帝を輩出したカロリング朝フランク王国である。ローマ教皇と連携し、キリスト教的王権の下での西欧秩序の再編を目指したカロリング朝において、ベネディクトゥス戒律は修道院が共通して遵守すべき戒律として定着していったのである。一方で、スコットランドにおいて明確にベネディクトゥス戒律に従った修道院が設立されるのは、はるか後の11世紀後半のことであり、特任裁判官のパトリックが属したダンファームリン修道院が最初である。モンテ＝カシノ創建から実に500年以上の隔たりがある。

　スコットランドへのベネディクト派の波及の背景には、「ノルマン征服」という大事件が関わっている（本書「第1章」参照）。ノルマンディ公ウィリアムによるイングランド王位継承の結果、アングロ＝サクソン王家の王女マーガレットがスコットランドに亡命し、スコットランド王メイル・コルム3世（在位1058～93年）の妃となった。後に聖人に列せられるほど敬虔なキリスト教徒であったマーガレットは、イングランドからベネディクト派の修道士を招いてダンファームリンに修道院を建設したのである。その後、王家の後援を得て、スコットランドにもベネディクト派の修道院が広まることとなった。

　このように、スコットランドへのベネディクト派の波及は大きく遅れた上に、政治的な大事件を背景にしていた。それに対し、12世紀以降のシトー会をはじめとする改革派の修道院のスコットランドへの伝播は、明らかに様相を異にする。シトー会は、1098年にモレームのロベルトゥスがフランス中西部に創設した改革派の修道院であるが、半世紀も経たないうちにスコットランドに伝わっており、1136年にメルローズに最初のシトー会修道院が建設された。一方、1120年にフランス北西部に創設されたプレモントレ会についても、早くも1150年にはスコットランドのドライバラに修道院が建てられている。12世紀のスコットランドでは、カトリック世界の主流に同調して教会改革を推進する王家が修道院建設を主導しており、メルローズは代表的な王立修道院の一つである。ただし、修道院の建設は諸侯クラスによっても進められており、ドライバラは有力家系のモーヴィル家が建てた修道院であった。

83

第Ⅱ部　教会と社会

　ところで，シトー会とプレモントレ会は，ともにイングランドの修道院を媒介としており，メルローズとドライバラはそれぞれイングランド北部のリーヴォ修道院とアニック修道院から修道士を招いている。このようにフランスを起点とする修道院改革の波は，主にイングランドを経由して伝来したが，一方で，フランスと直接結びついた動きもみられた。ティロン会の場合は，1109年にティロンのベルナルドゥスがフランス北部に創建して間もなく，1113年にスコットランド王デイヴィッド 1 世（在位1124〜53年）がティロンから直接修道士を招いてセルカークに修道院を建設した。同院が1128年に移設されて成立したのがケルソー修道院である。

　12世紀以降の西欧北辺における修道院の建設ラッシュは，一つのカトリック世界の進展を端的に反映しており，スコットランドはその一員としての立場を固めつつあった。先にメルローズの事例を確認したように，各修道院は王侯貴族から多くの寄進を集めて広大な所領を形成し，有力な領主として強い影響力をもった。また，『詳説世界史』の記述にもあったように，修道院を中心とした土地の開発が進められ，国土の風景を大きく刷新していくことになるが，その具体的な様子を探るには，多数の証書を含めた史料の情報を集積していく必要がある。本章では，修道制の展開の一面を表層的に追ったに過ぎないが，史料にもとづいて個々の修道院の動向を一つひとつ把握していけば，カトリック世界の実態がより具体的にみえてくるだろう。

＊　　　＊　　　＊

　これまで，教皇特任裁判官がスコットランドで発給した一通の「証書」を通して，13世紀はじめの西欧カトリック世界の一現場を覗いてきた。『詳説世界史』の記述と照らし合わせてみると，その説明を裏づける形跡をそこかしこに確認できたのではないだろうか。一方で，たとえば「教区教会」の存在や「十分の一税」の徴収（69頁の扉絵を参照）などのように，この史料からはまったく知ることのできない側面もある。一つの史料から明らかにされる史実は限られたものであるが，個々の史料の情報が積み重なることで，やがては概説的な記

84

第4章　辺境にみる西欧カトリック世界

述が形作られる。ただし，翻って概説的叙述は，必ずしも個々の現場を万能に説明するものではないことにも留意しておきたい。本章の「証書」が示す現場の様子を念頭において，改めて『詳説世界史』の説明を注意深く検証すれば，なるほどと肯ける部分もあれば，あるいは，違和感を抱く部分もあることだろう。たとえば，「ピラミッド型の階層制組織」が確立していたのであれば，なぜ一修道院と一騎士の争いがローマ教皇に直訴されているのだろうか。あるいは，「世俗を離れた修行の場である修道院」という説明から，特任裁判官として紛争解決に奔走する修道院長の姿をイメージできるだろうか。一般化された叙述は，個々の史料をもとに築かれているとはいえ，概説はあくまで概説である。実際の現場はより複雑で，そこに立ってみると歴史的経験の豊かな多様性に魅了される一方で，一般化の困難に直面せざるを得ない。史料を通じて個別的な現場に触れる体験を積み重ねてこそ，概説の意味を本質的に知ることにもなるだろう。

3　ワーク

（1）聖書を参照する

　本文中でも紹介したように，西洋史の文献においては，しばしば『聖書』からの引用がなされることがあり，一定の知識が必要となる。『聖書』は大部な著作であるため，理解を深めていくには時間を要するが，まずは略読して概要を把握した上で，引用に接するたびに引用箇所の本文を丁寧に確認する習慣をつけるとよいだろう。もし手元に刊本がなくとも，『聖書』は日本聖書協会のウェブサイト（https://www.bible.or.jp/）で複数の訳を自由に読むことができる。ここでは，本文中で参照した以下の章句の言葉がどのような文脈で語られたものか，前後を含めて読んで考えてみよう（本書「第3章」53頁，「第5章」95，100〜101頁の引用でも実践するとよいだろう）。
　　①「マタイによる福音書」16章18〜19節
　　　「…あなたはペトロ。わたしはこの岩の上にわたしの教会を建てる。…」

85

第Ⅱ部　教会と社会

②「マルコによる福音書」10章43〜44節

「…あなたがたの中で偉くなりたい者は，皆に仕える者になり，…」

（2）史料を分析する

　1215年に教皇インノケンティウス3世は，ヨーロッパ各地からの代表者1000人以上をローマに集めて大規模な宗教会議を開催した。いわゆる第4ラテラノ公会議である。全70条に及ぶ会議の決議文は，中世盛期の西欧カトリック教会の公式見解を端的に示す重要な史料であり，全文を日本語訳で読むことができる。

　　＊藤崎衛監修，内川勇太ほか訳「第四ラテラノ公会議（1215年）決議文翻訳」『クリオ』29号，1215年，87〜130頁。

　ここでは，本文中で扱った以下の2点について決議の文面を確認し，当時の教会の立場について考えてみよう。

　　①ローマ教皇を指示する表現として，どのような語句が使用されているか。

　　②教会罰について，具体的にどのように用いられるよう規定されているか。

（3）関連文献を調べて読む

　①中世のローマ教皇や修道院に関する書物を読み，理解の幅を広げよう。ここでは導入となるものを1冊ずつ紹介するが，関連文献は豊富にあるので，自分でも探してみよう。

　　＊藤崎衛『ローマ教皇は、なぜ特別な存在なのか――カノッサの屈辱』（世界史のリテラシー）ＮＨＫ出版，2023年。

　　＊朝倉文市『修道院にみるヨーロッパの心』（世界史リブレット）山川出版社，1996年。

　②本章では，メルローズ修道院を例にとって，修道院の領主としての側面について概観した。理解をさらに進めるために，修道院の所領形成・経営に関する論文を探して読み，中世の修道院の実態について具体的に考えてみよう。たとえば，以下は，証書の日本語訳も部分的に掲載しており，史料についての理

解を深めるにもよいだろう。

＊舟橋倫子「ヴィレール修道院の所領形成——12世紀シトー派の所領形成に関する一事例」『西洋史学』180号，1995年，18〜32頁。

図 4-2　メルローズ修道院の遺構
（著者撮影）

図 4-3　修道院よりフーナム方面を望む
（著者撮影）

メルローズ修道院のカーチュラリのうちの1冊は，スコットランド国立図書館のウェブサイトで公開されている。本章で扱った史料の掲載箇所については，78頁の注(7)を参照。

https://digital.nls.uk/235163101

第5章

正統と異端のはざまで
——南フランスの異端審問記録にみる信仰のかたち——

図 師 宣 忠

① 概　説

（1）キリスト教の正統と異端

　カタリ派という異端を知っているだろうか。中世キリスト教世界において「正統」のカトリック教会から「異端」とみなされ，迫害を受けた末に消滅した人々である。高校で世界史を勉強したみなさんはおそらく教科書で「カタリ派（アルビジョワ派)」という用語には触れているはずだ。しかし，彼ら／彼女らの何が問題視されたのか。そもそも異端とは何なのか。本章では，カタリ派に対してなされた異端審問という宗教裁判の記録を史料として，西欧中世において異端とされた者たちの現実に迫ってみたい。

　「異端」と「異教」とは似ている言葉だが，意味するところは異なる。「異教」が，たとえばキリスト教にとってのユダヤ教，あるいはイスラーム教からみたキリスト教といったように異なる宗教を指す用語なのに対して，「異端」とは，ある宗教の内部において教義上の問題ある異説に固執して正統信仰から逸脱していることを指す言葉である。そもそも最初から異端だった人などおらず，正統側から異端のレッテルを貼られた者が異端者と「される」のだ。中世西欧のキリスト教を例にとると，一般信徒の中には，聖職者の退廃を目にしたり，正統とされる慣行にふと疑問を抱いたりしたことをきっかけに，正統教会が説く教えから離れて独自の宗教実践を行うようになる者もいた。彼ら／彼女らにしてみれば，自分たちこそが真のキリスト教徒であり，カトリック教会の

第5章　正統と異端のはざまで

ほうが間違っているのだ。このように教会に対して異議申し立てをする者が，「正統」を自認する教会側から「異端」の烙印をおされることになる。つまり，正統と異端との関係は常に相対的なものととらえる必要があるのだ。

　キリスト教の異端は古代ローマ時代に遡る。アタナシウスの三位一体説がニカイア公会議（325年）で正統とされたのに対して，アリウス派が異端とされたという話や，ネストリウス派がエフェソス公会議（431年）で異端とされたという話が世界史の教科書にも出てくるように，初期キリスト教においては，キリストの神性と人間性をめぐって論争が繰り広げられており，ある教説を正統と定めることで他の教説が異端とされるという線引きがなされていた。だが，本章が対象とする西欧中世のキリスト教世界においては，異端の問題は教義のレベルにとどまらず，民衆的異端運動などを背景に政治的・社会的な問題と絡み合い，大きな争点となっていた。はたして中世異端の特徴とはどのようなものだったのだろうか。

（2）教科書記述にみる異端カタリ派

　まずは「カタリ派」が高校世界史探究の教科書でどのように記述されているかみてみよう。教科書によっては紹介がないものもあるが，おおむね次のような説明がなされている。

　　フランスのカペー朝のもとでは，はじめ王権はきわめて弱い勢力で，大諸
　侯の勢いが強かった。しかし，12世紀末に即位した国王フィリップ2世は，
　ジョン王と戦って国内のイギリス領の大半を奪い，またルイ9世は，南フラ
　ンス諸侯の保護を受けた異端のアルビジョワ派（カタリ派）を征服して王権
　を南フランスにも広げた。　　　　　　　　　　（山川出版社『詳説世界史』，129頁）

　　フランスのカペー朝は，当初国王の直轄領がパリ周辺に限られた弱体な王
　権であった。その後，フィリップ2世がイングランドのジョン王よりノルマ
　ンディーなどを奪い，王権発展の基礎を固めた。ルイ9世の時代には，南フ

89

第Ⅱ部　教会と社会

ランスの諸侯に保護された異端カタリ派（アルビジョワ派）をアルビジョワ十
字軍によって制圧し，南フランスも王権の支配下となった。

(実教出版『世界史探究』，128〜129頁)

　これらの記述はフランス・カペー王権の勢力拡大という世俗的な文脈で書か
れたものであり，ここからは異端討伐を掲げたアルビジョワ十字軍が王権によ
る南フランス支配のきっかけとなったことが読み取れる。一方で，宗教的な文
脈で正統信仰の敵としての異端の弾圧に触れた記述もみられる。

　聖地回復だけではなく，非キリスト教徒や異端のような正統信仰の敵に対
する戦いも，教皇により十字軍の一環とされた。イベリア半島でイスラーム
勢力を屈服させるレコンキスタ（再征服運動）やバルト海沿岸部の異教徒を
改宗させる北方十字軍のほか，南フランスでは異端とされたカタリ派を弾圧
するアルビジョワ十字軍もおこなわれた。　　　(実教出版『世界史探究』，123頁)

　宗教的情熱は，西ヨーロッパ内部では，南フランスのアルビジョワ十字軍
のような異端排除や，ユダヤ教徒に対する迫害などを正当化することにもな
った。

(東京書籍『世界史探究』，130〜131頁)

　ここではキリスト教世界外部に向かう対イスラームの十字軍だけではなく
(本書「第7章」を参照)，キリスト教世界内部の異端やユダヤ教徒への迫害にも
触れられている。また「異端排除」という項目では，「カトリック教会は，自
らの教義を正統とみなし，それに従わないキリスト教信仰を異端として弾圧し
た」(東京書籍『世界史探究』，131頁，注6)との説明もある。

　これらの教科書記述を総合すると，たしかに西欧中世においてカトリック教
会による異端カタリ派に対する抑圧があったことがわかるだろう[1]。しかし，こ
こで同時に疑問もわかないだろうか。はたして，「征服」・「弾圧」されたカタ
リ派はその後どうなったのだろうか――。もしかすると，アルビジョワ十字軍

90

第5章　正統と異端のはざまで

によってカタリ派勢力が一掃されたかのように受け取られるかもしれないが，実際にはそうではない。異端は信仰の問題であり，目に見える形で正統と異端との区別がつくわけもなく，アルビジョワ十字軍のような軍事的な攻略では根本的な問題解決とはならなかったのである。だからこそローマ教皇庁は，アルビジョワ十字軍後に異端審問を創設したのであった。教皇直属のその任務にあたったのがこれまた設立されたばかりの托鉢修道会（ドミニコ会，フランチェスコ会）の修道士たち。こうして異端審問官たちが，全面的に異端問題に対処することになり，異端者を探索し，捕縛し，勾留し，審問にかけ，判決を下していった。そして，その過程で作成されたのが異端審問記録という史料であった[2]。

　そこで，本章では異端審問記録を具体的に読み進めながら次の3点について考えてみたい。

　①異端者の追跡（どうやって異端者を見つけ出したのか）

　②審問官による尋問（何が問題視されたのか）

　③異端者の行方（異端者や異端に関わった者がどうなったのか）

　異端審問記録には異端者にまつわる様々な情報が書き込まれているが，それらの史料から何をどのように読み解くことができるのか。次節では，実際に史料訳を確認してみよう。

---

(1)　高校世界史では軽く触れられるにとどまる中世キリスト教の異端の問題であるが，大学で学ぶ概説書ではもっと掘り下げた記述がみられる。小田内隆「キリスト教世界の成熟：（5）キリスト教世界の最前線で」服部良久・南川高志・山辺規子編『大学で学ぶ西洋史［古代・中世］』（ミネルヴァ書房，2006年，227〜230頁）には，正統と異端の関係，異端審問官による信徒の霊魂の救済への配慮，迫害社会の形成など，これまでの研究にもとづいた基本的な情報がしっかり整理されている。さらに，「歴史への扉17」（小田内隆）には歴史史料としての異端審問記録の特徴も紹介されている。本章と合わせてぜひ参照してもらいたい。

(2)　異端審問に関連する史料には様々あるが，代表的なものとして被告や証言者による供述をまとめた記録と異端者への判決を記した記録がある。また，後段で紹介する『異端審問官マニュアル』も重要な史料となる。

91

第Ⅱ部　教会と社会

② 史料と読み解き

　ここでとりあげるのは，1318年から1325年にかけて南フランスのパミエ司教
ジャック・フルニエによってモンタイユー村を含む地域一帯を対象として実施
された異端審問の記録である。自身は托鉢修道士ではなく，司教として異端審
問を行ったジャック・フルニエは，後にアヴィニョンの教皇に選出され，ベネ
ディクトゥス12世（在位1334～42年）として登位する人物である。彼はパミエで
の異端審問記録を携えてアヴィニョンに行ったため，それらの史料はその後
ローマに移され，現在，ヴァチカン図書館に所蔵されている。

　異端審問記録は，調査・尋問を行う審問官ごとに多様な特徴を示すが，とり
わけジャック・フルニエの審問記録は非常に詳細で様々な情報が盛り込まれて
いることで有名であり，フランス・アナール学派の歴史家エマニュエル・ル・
ロワ・ラデュリ『モンタイユー』（1975年）（本章「③ワーク（4）」参照）の基本
史料としても用いられている。以下では，ベアトリス・ド・プラニッソルとい
う貴婦人に関する証言と本人の供述記録の一部を抜粋する。[3]

【史料1】　ダルーのオト・ド・ラグレーズの寡婦，ベアトリスに対する証人
　主の年1320年，6月19日。神の恩寵によりパミエ司教であるモンシニョール・ジ
ャック〔・フルニエ〕殿の知るところとなったのは，ヴァリウに住むダルーのオ
ト・ド・ラグレーズの寡婦ベアトリスが，①マニ派の異端を仄めかしており，ある
いはそれに手を染め，とりわけ②祭壇の秘跡に反対する発言をしていたということ
であった。そこで〔司教ジャックは〕③カルカソンヌの異端審問官代理のガイヤー
ル・ド・ポミエスの助けを借りて，上記の事実について調べようとし，以下の証人

---

(3)　J. Duvernoy (éd.), *Le registre d'inquisition de Jacques Fournier (1318-1325):
manuscrit no. Vat. Latin 4030 de la Bibliothèque Vaticane*, 3 vols, Toulouse, 1965,
vol.1, pp. 214-217. ジャン・デュヴェルノワによるフランス語訳も参照。J. Duver-
noy (trad.), *Le registre d'inquisition de Jacques Fournier (évêque de Pamiers),
1318-1325*, 3 vols, Paris, 2004.

第5章　正統と異端のはざまで

を得た。

　ダルーのギヨーム・ルーセルは，④宣誓した証人であり，真実を語ることを求められ，次のように述べる。(4)

　　10年前のことだと思いますが，季節も日もはっきり覚えていません。私はかのベアトリスの家にいました。ダルーの教会近くの彼女の家では，ベアトリスと彼女の二人の娘たち（一人は6〜7歳，もう一人は4〜5歳だったはずです），それからその他数名が火を囲んでいました。その人たちの名前は覚えていません。

　　私たちは，司祭の関心事である祭壇の秘跡について話し始めました。ベアトリスは，⑤もし神が祭壇の秘跡におられるのなら，どうして神は司祭たち（あるいは一人の司祭）にご自分を食べさせるようなことをされるのかと不思議に思っていたようでした。それを聞いて，私は非常に動揺してその家を後にしたのです。

　──なぜ，こんなにも長い間，このことを隠していたのか？

　　私は問われることがありませんでしたし，自分でこれを糾弾しないのは悪いことだとは思わなかったからです。

　──ベアトリスはこのことを冗談のつもりで言ったのか？

　　私には冗談で言ったのではなく，本心で言ったように思えました。彼女の表情や言葉からはそう思えました。

　──ベアトリスは進んで教会に行っていたのか？

　　いいえ，その教会の司祭代理であるバルテルミに叱られるまでは行きませんでした。教会に行ったのはその後のことです。

　──⑥ベアトリスと親しかった人物は誰か？　彼女の秘密を知っていたのは誰か？

　　ダルー出身のベルナール・プジョルの寡婦グラツィード，ヴァリウに住むガルシオの妻ベルナルド，レルム出身のライモン・グジーの妻マビーユ，フォワのミシェル・デュポンの召使シビル，ヴァリウのアルノーの妻エスペルトです。…

【史料1】では，ベアトリスを取り調べるのに先立って，当該人物が異端的

────────────

(4)　ここでの日本語訳では読みやすさを優先して一人称の直接話法に改めたが，原文のラテン語では証言は三人称の間接話法で記述されている。異端審問記録を読む際には留意が必要な点である。

93

第Ⅱ部　教会と社会

な言動をとっていたかどうかについて関係者（ギョーム・ルーセル）から聴取が行われている。以下では下線部分の意味合いについて確認しておこう。

　下線①の「マニ派」なる表現は，南フランスの異端審問記録において「カタリ派」を指す表現として頻出する。かつてカタリ派はマニ教からバルカン半島のボゴミール派を経て伝来したというとらえ方がされていた。辞典にあたってみると，「マニ教を起源としてブルガリアを経由して西欧に入ったため「マニ派」「ブルガリア派」とも呼ばれる」（「カタリ派」『岩波キリスト教辞典』岩波書店，2002年）など，マニ教とのつながりがあるとする記述もみられるが，現在ではマニ教との直接の関わりはないという理解が一般的である。二元論的な異端の報せを受けた中世の教会エリートたちが，古代のアウグスティヌスによる二元論の「マニ教」の叙述を想起して「マニ教」の生き残りとしてこの名称で呼んでいたということのようだ。「マニ教的二元論と極端な禁欲主義を主張，反教皇・反教会主義を唱え，ローマ・カトリック教会の権威を否定」（「カタリ派」『角川世界史辞典』角川書店，2001年）というふうに「マニ教的」なる形容詞がつくことがあるが，これも「二元論という特徴を備えた」というぐらいの意味でとらえるとよい。

　こうした二元論的な異端カタリ派の世界観とは，世界が善と悪，霊魂と物質など対立する原理によって構成されているととらえるというもので，神が善なる霊魂の世界を創り出すのに対して，悪神（別の説によれば堕落した天使）によって物質の世界（＝地上世界）が生み出されたと考えられた。このとらえ方のどこが問題視されたかについては「（2）審問官による尋問」で触れることにしよう。

　下線②にある「祭壇の秘跡」（「聖体の秘跡」）は，ミサの中で司教や司祭が聖別したパンとブドウ酒がイエス・キリストの体と血に変わり（聖変化），一般信徒がそれを分け合う（聖体拝領）というカトリック教会にとって重要な儀式で

───────────

　(5)　3世紀のササン朝ペルシアでマニが創始した二元論的な宗教。ゾロアスター教・キリスト教・仏教などを折衷したとされる。

あり，ローマ＝カトリック教会の教義として12世紀末までに確立される。しかし，中世にはこの秘跡に対して疑義を呈する異端が多く現れており，ベアトリスへの聴取もこの秘跡への疑念に密接に関わっている。

托鉢修道士は異端審問官としてトゥールーズとカルカソンヌを拠点として活動していたが，彼らは別々に活動していたわけではなく，お互いに連携をとっていた。下線③からは，パミエ司教ジャック・フルニエもこうした異端審問官と協力関係を築きながら異端問題に対処していたことがわかる。

また，下線④にあるように，異端審問の法廷で証言する者は真実を語るよう誓約を求められた。ジャック・フルニエと同時代の異端審問官ベルナール・ギーによる『異端審問官マニュアル』でも，証言者には「異端の事実や犯罪，またそれに関わるすべてのことについて，完全な偽りのない真実を語ることを，神の聖なる福音書にかけて誓約」させる旨，定められていた。

ところで，カタリ派は誓約の拒否という一貫した姿勢をとっていた。これはたとえば新約聖書「マタイによる福音書」5章34節にみられるキリストの「一切誓いを立ててはならない」との言葉を字義どおりに解釈するものであったが，異端審問官は誓約を頑なに拒む者がいればその者は異端であると判別していた（聖書の章句の読み解きについては，本書「第4章」③ワーク（1）も参照）。

下線⑤の内容に関しては，ギヨーム・ルーセルに次いで，ダルー教会のギヨーム・モントーも，ベアトリスの次のような発言をマビーユ・ヴァキエから聞いたと証言している。「司祭たちが祭壇の上にもっているものが，キリストの体だとあなたは信じているの？　でも，もしそれがキリストの体だったなら，（マルガイユと呼ばれる山を指差しながら）たとえこの山と同じ大きさがあったとしても，司祭たちだけですでにそれを食べ尽くしているはずでしょう」。異端審問官は，このように複数の人間からの証言を突き合わせて，ベアトリスが聖体の秘跡に対して疑念を抱いているという判断を下しているのだ。

下線⑥に示されるような異端の疑いのある者が誰とつながりがあるかを問う質問は，他の異端審問記録でもかなりの頻度で確認できる。この質問の意味については「（1）異端者の追跡」で詳しく検討する。それでは史料の続きをみ

第Ⅱ部　教会と社会

てみよう。

【史料2】　ダルーのオト・ド・ラグレーズの寡婦，ベアトリスの告白

　　主の年1320年，聖ヤコブ使徒の祝日の前の水曜日〔7月23日〕，神の恩寵により
パミエ司教であるモンシニョール・ジャック〔・フルニエ〕殿から，オト・ド・ラ
グレーズの寡婦でありヴァリウ在住の⑦ベアトリスに対する召喚状が送られた。そ
の内容は次のとおりである。

　　神の憐れみによりパミエ司教である兄弟ジャックが，キリストに愛されたヴァリ
　ウの司祭またはその代理人へ，主のもとで挨拶を〔送る〕。
　　オト・ド・ラグレーズの寡婦ベアトリスとギヨーム・ド・リューマズの妻ジャン
　ヌを厳に召喚し，次の土曜日にパミエ司教座の余の前に直接出頭させ，余が知り
　たいと願っているカトリック信仰に関するある疑惑について回答させ，またそれ
　以外の妥当なことを行わせるよう命じる。
　　主の年1320年，聖ヤコブ使徒の祝日の前の水曜日，余の司教座で与えられる。こ
　の委任が履行された証として，この書簡に汝の印章を付して返送せよ。

　　この書簡に記された土曜日に，ヴァリウの司祭——この司祭の印章が召喚状の裏
面に付されている——に召喚されたベアトリスは，司教座にいる司教〔ジャック〕
の面前に姿を現した。我が司教殿はベアトリスに，彼の情報では彼女は異端の疑い
が濃厚であるため，被告として，自身に関するあらゆる問題点について，また，⑧
証人として，生死を問わず他者について，純粋かつ完全な真実をもって答えるよう
諭した。

　　この勧告と要求に対して，⑨ベアトリスは自分に関しても他人に関しても何も言
わず，またそうすることも望まなかった。前述の我が司教殿は，彼女を導き，真実
を語り，何も隠さないよう望み，彼女が偽証に陥ることを望まなかったので，彼女
に宣誓を求めずに，彼女に次のように尋ねた。祭壇の聖体が真のキリストの体であ
るならば，キリストはご自分〔の体〕が司祭に食べられるままにはされないだろう，
ダルーに近いマルガイユ山と同じくらい大きな体でも，とっくに司祭だけで食べ尽
くしているはずだと言ったことがあるか，と。彼女は「いいえ」と答えた。

　　彼〔司教ジャック〕は彼女に，⑩ピエール，ジャック，ギヨーム・オーティエや
他の異端者たちを見かけたことがあるか，家に迎えたり会いに行ったりしたことが
あるか，と尋ねた。彼女は「いいえ」と述べたが，ただし，当時公証人として活動
していたピエール・オーティエには会ったことがあり，彼女の夫の所有物の売買契

約書を作成するのを見たことがある，と答えた。彼女はこの売買を宣誓して承認し，ピエールは売買とその承認に関する証書を書いた。この時，彼はまだ異端者とは思われておらず，彼女はそれ以外で彼を見たことがなかった。

　司教殿の尋問に対し，ベアトリスはかつてガイヤルド・クックを一晩だけ自分の家に招いたことがあるが，彼女が占いをするのを聞いたことも，悪いまじないを見たこともなく，彼女から悪い教えを受けたこともないと答えた。…

　【史料 2】では，召喚されたベアトリスへの尋問が開始される。下線部について確認しておこう。下線⑦の召喚状のオリジナル（その史料自体）は残っていないが，そのテクスト（召喚状の文面）が異端審問記録に引き写されているため，その内容をうかがい知ることができる。ジャック・フルニエはヴァリウ司祭にベアトリス召喚状を送り，ちゃんと受け取ったことを確認するため，ヴァリウ司祭の印章を付して返送するよう指示している。「印章を付す」とは溶かした蠟に金属などの母型を押し付けて型をとることであり，本人が関わった証明となった。現在でいう押印（ハンコをつく）の機能に似ている（証書に付す印章については，本書「第 1 章」19頁も参照）。

　下線⑧は，その者が生きていようが死んでいようが，異端に関わった者についての情報を証言させるというものだが，これは異端審問において他にも多くみられる事例である。ベルナール・ギーが実施した異端審問の判決記録である『トゥールーズ判決集』では，すでに死んでいる者が異端に関わっていたことがわかると，刑罰の一環として遺骸を掘り出して焼き棄てるという措置が取られていた。

　下線⑨では，ベアトリスは異端審問官の要求に応じず，誓約も拒否している。誓約を求めずになされた質問に，ベアトリスは「いいえ」と答えている。だが，この質問は**【史料 1】**下線⑤でみたギヨーム・ルーセルとギヨーム・モントーの証言をもとになされたものであり，その証言内容と矛盾することは一目瞭然である。

　異端審問官を前にした被告がすべて正直に証言するわけではない。積極的に「嘘」の証言をするのではなかったとしても，消極的に知っていることを「話

第Ⅱ部　教会と社会

さない」「隠す」という選択を取る者は多くいた。異端審問官はそのあたりの
事情にも精通しており，尋問を繰り返すことで証言を引き出そうとするのだ。

　下線⑩は，他の異端者についての情報を引き出そうという質問である。ギ
ヨーム・オーティエ，ピエール・オーティエはイタリアからカタリ派の教えを
南フランスにもち帰り，カタリ派の再興に影響を及ぼした人物である。ベル
ナール・ギーをはじめ別の異端審問官の記録にも名前が記載されるなど，マー
クされていた人物なのだ。異端審問官は尋問を通じて情報を引き出し，それを
記録にとって保管し，その記録を照合しながら異端者について体系的な情報収
集・管理を行っていた。

　この後，ベアトリスに対する次の尋問が3日後の7月29日（火）に予定され
ていた。しかし，彼女はその尋問の場に現れず（不出頭），逃亡していたことが
発覚する。捜索がなされた結果，8月1日（金）に逃亡中のベアトリスが発見
され，捕縛され，連行された。彼女の所持品の中から，孫のへその緒2本や娘
フィリッパの初潮の血を染み込ませたリネンなど「邪悪な呪文を唱える」ため
のまじないの品と思しきものが見つかり，呪術の疑いも向けられる。ここから
1カ月弱の間に8回にわたって尋問がなされることになり，先だっては「いい
え」と答えていた聖体の秘跡に関する事柄について発言を認めることになる。
また彼女は，モンタイユー司祭ピエール・クレルグと性的な関係をもつに至っ
た経緯，彼から聞いた「マニ派」（＝カタリ派）の教えに関しても詳細な証言を
行っており，ル・ロワ・ラデュリが『モンタイユー』の中で詳述している。

　ジャック・フルニエは微に入り細を穿った聴取を行い，それらを詳細に記録
にとっていたため，彼の異端審問記録は特異な史料だという見方をされること
がある。しかし，ここでとりあげた箇所からわかるように，この史料は形式面
では決して例外的ではなく，他の異端審問記録との共通性も多いことは指摘し
ておきたい。

　さて，度重なる尋問からおよそ半年後の1321年3月8日（日），ベアトリス
に対する投獄刑の判決が出された。はたしてベアトリスのその後はどうなった
のだろうか。ベアトリスの供述記録と他の史料から異端問題をどのように読み

解くことができるのかをみていこう。

（1）異端者の追跡

　異端者を探し出すには信仰という目に見えない要素が絡むため，アルビジョワ十字軍のような軍事的な抑圧では「効果」が上がらなかったことは先に述べた。一方，異端審問官は尋問を通じて異端者に関する情報を収集しており，その際，拘禁と拷問の恐怖によって口を割らせるという方法がとられていた。拷問を多用したかどうかは，異端審問官によってかなりの幅があったようだが，実際に拷問するかどうかはともかく，拷問の可能性をチラつかせるだけでも絶大な効果が上がったであろう。しかし，そこで語られたことははたして「真実」だったのだろうか。異端審問官の聞きたい情報でしかなかったのではないか。異端審問記録を読む際には，そのあたりにも注意をしておく必要がある。

　それでは異端審問官はどのような情報を集めようとしていたのか，異端審問創設から間もない13世紀半ばに遡って，ある供述記録をみてみよう。異端審問官ジャン・ド・サン–ピエールによるアラザイス・デン・パタへの尋問（1246年6月26日）では，次のような記載がみられる。「その異端者たちを「善き人々」だと信じていたか，彼らを崇拝したか，彼らに何かを与えたか，彼らに何かを送ったか，彼らの訪問を受け入れたか，彼らや彼らの本から平穏を得たか，彼らの参進礼（アパレラメントゥム）もしくは救慰礼（コンソラメントゥム）（の場）に居合わせたかと問われると，「いいえ」と答えた」。【史料2】下線⑩にあるベアトリスへの尋問と同じような質問がすでになされていることがわかる。これらの供述記録では，異端者を「善き人々」（＝完徳者）として信じていたかどうかのみならず，被告と異端者との関わり方（異端者もしくは彼らの本から平穏を得たかどうか，参進礼や救慰礼に居合わせたかどうか）などの質問が繰り返されている。

　時代も異なる審問官がなぜ同じような定型的な尋問を行っていたのか。それは異端審問官による尋問が審問官マニュアルに掲載された質問リストをもとになされていたからだ。『ナルボンヌの訴訟手順』（1248/49年）や『異端者に対し

第Ⅱ部　教会と社会

て取られるべき方法の教示』（1271年以降）には，たとえば，「異端者〔＝カタリ派〕ないしヴァルド派を見かけたことがあるか，どこで，いつ，何回くらい，誰と一緒だったか，またその他の状況について注意深く尋問すべし」という共通の質問項目が挙げられている。また，ベルナール・ギー『異端審問官マニュアル』（1323年頃）には，13世紀半ば以降の先行するマニュアルを踏まえた集大成として詳細な質問リストが掲載されている。これらのマニュアルの質問項目には，ジャック・フルニエの審問記録にみられる聞き取りとの共通性がみて取れる。もちろん個々の審問官ごとに関心の幅はあったが，異端者の人的ネットワークを炙り出すこと（つながりを読み取ること）が異端審問官の尋問の主要な目的であり，全体としては異端者の情報を収集して総体的に把握しようという意図が認められるだろう。

（2）審問官による尋問

　それでは，異端審問官は尋問に際して何を問題としていただろうか。カタリ派の完徳者の聴取では，カタリ派の教義，典礼書・新約聖書の解釈などの証言が引き出され，カタリ派の信仰（の一端）が垣間見えることもある。しかし，圧倒的多数を占める一般信徒の場合はどうだったか。

　ベアトリスの供述ではたびたび聖体に言及されていた。カトリック教会ではミサにおける聖変化（パンとブドウ酒がイエスの体と血に変わること）と聖体拝領（それを信徒が分け合うこと）が聖体の秘跡として重要視されていた。新約聖書から「コリントの信徒への手紙一」（11章23〜26節）の記述をみてみよう。

　　主イエスは，引き渡される夜，パンを取り，感謝の祈りをささげてそれを裂き，「これは，あなたがたのためのわたしの体である。私の記念としてこのように行いなさい」と言われました。また，食事の後で，杯も同じようにして，「この杯は，わたしの血によって立てられる新しい契約である。飲む度に，私の記念としてこのように行いなさい」と言われました。だから，あなたがたは，このパンを食べこの杯を飲むごとに，主が来られるときまで，

第5章　正統と異端のはざまで

主の死を告げ知らせるのです。

　新約聖書にはこの他にも，最後の晩餐の際にイエスが弟子たちにパンと杯（ブドウ酒）を自らの体と血として受け取るよう語ったセリフが出てくる[6]。こうしたテクストをもとにカトリック教会では聖体の秘跡を最重要な儀礼として位置づけてきた。ただし，この教義はもともとあったわけではなく，確立されたのはようやく12世紀末になってからである。これは異端者からの疑義に対して正統側が教義を練り上げていった結果でもある。

　中世において，キリストの受肉を認めず，聖体の教義を否定する異端は11世紀からみられた。清貧を勧め非秘跡的で禁欲的な宗教を説く彼らはカトリック教会から異端として断罪されることになった。教義として聖体の秘跡を否認する動きは，民衆レベルではどのように受け止められたのか。ベアトリスが語ったとして隣人が供述した内容を振り返ってみよう。もしパンがイエスの体だとしたらミサごとに食べられてしまうのだから，イエスがあの山と同じくらい大きな体をしていたとしてもすでに食べ尽くされてしまっているに違いない。素朴な感想だが，カトリックの教義が民衆レベルでどのように受け止められていたかを示す興味深い例である。

　異端審問官は正統の教義から外れるこのような見解を見逃さず，そうした発言をした人物を特定して，捕縛し，聞き取りを行っていくのである。ただし，誤った考えを抱いただけでは異端とはならない。聖体の秘跡への疑義やその他の異端的な教説について異端審問官（や聖職者）からの再三の説得にもかかわらず，頑強に異説に固執し続ける者が異端者とみなされた。異端審問官をつとめるドミニコ会修道士は説教することを教皇に認められた存在である。彼らの説教は主に異端信仰の根絶と異端者の転向に向けて集中し続けた。異端者の根絶には「火刑に処する」か「正統に引き戻す」か，という2通りの道があった

---

(6)　「マルコによる福音書」（14章22～24節），「マタイによる福音書」（26章26～28節），「ルカによる福音書」（22章19～20節）にも同様の言葉が確認できる。

101

第Ⅱ部　教会と社会

のである。

（3）異端者の行方

　ベアトリスは異端審問官の追及を恐れて身を隠そうとし，逃亡先で捕縛されることになった。このように異端審問官への恐怖から逃亡する者たちは数多くいた。ある者は商業ルートに沿って南フランスからイタリアへ，またある者は羊飼いの道をたどりピレネー山脈を越えてイベリア半島へ。しかし，異端審問官たちは追及の手を緩めることはなかった。本章で紹介してきたような尋問を積み重ね，それらを記録にとり，それら複数の記録を突き合わせ，異端者を追跡していた。スパイを使って，異端者の動向を探ろうとしていた例も知られている。

　1321年3月8日（日），ベアトリスに対して投獄刑が言い渡されたことは先に紹介した。その後，彼女はどうなったのだろうか。ジャック・フルニエの審問記録には判決が出たところまでしか記されていない。しかし，彼女は1年半余りの獄中生活を経た時点で存命していたことが別の史料から確認できる。ベルナール・ギーの『トゥールーズ判決集』の中で，1322年7月4日（日）にベアトリスが投獄刑から十字架着用刑への減刑（牢獄から釈放されるが，黄色の十字架を縫いつけた衣服の着用が義務）を受けているからである。ベアトリスは赦されることになったのだ。ドミニコ会の修道士は正統と異端のあいだで揺れ動く多くの一般信徒の霊魂の救済を使命としていたのであり，ベルナール・ギーによるこの減刑措置も正統に引き戻すための方途であった。

＊　　　＊　　　＊

　史料は何を伝えるのか。供述記録に記された内容には，証言者の嘘やごまかしが含まれていることがある。後日，再聴取の際に，「知らない」という前言を撤回して新たな証言を行う者もいた。それでは一体，異端審問官が見抜いた「真実」とは何だったのか。拘禁や拷問の恐怖のもとでの証言に意味はあるのだろうか。みなさんは果たしてどう考えるだろうか。

第5章　正統と異端のはざまで

　本章では，異端カタリ派の何が問題とされたのかをみてきた。異端者が命を
かけて伝えようとした教説は一般信徒にどのように響いたのか，対する異端審
問官がなぜ執拗に異端者を追跡し，根絶を目指したのか。異端審問官の側の視
点での見え方と，異端者の目線に立ったときに見える景色とには大きな違いが
ある。どちらか一方の視点に合わせるだけでは全体像はみえてこない。歴史学
では様々な史料を突き合わせ，その具体的な意味を探り，過去の社会の全体像
を示すことが目指される。異端審問記録をもとに正統と異端の関係を探ること
で，みなさんにも中世キリスト教社会の中で正統と異端のはざまで揺れ動く一
般信徒の信仰のあり方に触れてもらえただろうか。

$$\boxed{3}\quad ワーク$$

（1）次の用語を辞典等で調べてみよう

　異端／異端審問／アルビジョワ十字軍／カタリ派／ヴァルド派（ワルド派）
／ドミニコ修道会／フランチェスコ修道会

（2）地図で調べてみよう

　ヴァリウにいたベアトリス・ド・プラニッソルはパミエに召喚され，出頭し
たが，片道10km の道のりを徒歩なら２時間くらいかかったと思われる。他方，
パミエ司教ジャック・フルニエはモンタイユー村（Montaillou）の住民もパミエ
（Pamiers）の異端審問法廷に召集している。〈Google マップ〉でモンタイユー
からパミエまでのルート検索をしてみよう。徒歩で何時間くらいかかるだろう
か。高低差はどのくらいあるだろうか。

（3）次の文献をもとに，中世キリスト教と異端の歴史をたどってみよう

　＊渡邊昌美『異端審問』講談社現代新書，1996年（講談社学術文庫，2021年）。
　＊小田内隆『異端者たちの中世ヨーロッパ』（NHK ブックス）NHK 出版，2010年。
　＊アラン・コルバン編（浜名優美監訳）『キリスト教の歴史──現代をよりよく理
　　解するために』藤原書店，2010年（とくに，第二部「中世──暗黒伝説でも黄金

第Ⅱ部　教会と社会

伝説でもなく（5～15世紀）」187～318頁）。
＊アンヌ・ブルノン（池上俊一監修，山田美明訳）『カタリ派——中世ヨーロッパ最大の異端』（「知の再発見」双書）創元社，2013年。

（4）文献を読んで考えてみよう

次の文献には，ベアトリスの供述として本章でとりあげなかった証言が詳説されている。読んで確認してみよう。また，「正統と異端」あるいは「迷信と異端」との線引きがどのようになされていたのか，考えてみよう。

＊エマニュエル・ル・ロワ・ラデュリ（井上幸治・渡邊昌美・波木居純一訳）『モンタイユー——ピレネーの村　1294～1324』（上・下巻）刀水書房，1990・1991年。

図5-1　モンタイユーからパミエへの道すがら，かなたにロルダ城を望む（著者撮影）

ジャック・フルニエの異端審問記録は現在ヴァチカン図書館に所蔵されている（Vat.lat.4030）。【史料2】で示したベアトリスの供述記録は，XXXVIvの右コラム4行目から始まる。

https://digi.vatlib.it/view/MSS_Vat.lat.4030/0001

【第6章】

魔女裁判って中世ですよね？
──例話集にみる魔術と悪魔──

轟木広太郎

1 概　説

　魔女裁判（あるいは魔女狩り）が中世のことだと思っている人は多い。大航海時代や宗教改革のはじまりあたりを中世と近世の境目とすると，15世紀の前半にちらほらとそれに類する事件が確認できなくもないが，[1]一般的な現象となるのはようやく次の世紀になってからであり，最盛期は16世紀後半から17世紀前半にかけてといえるであろう。つまり，魔女裁判は近世的なできごとといったほうが当たっているのである。このあたりのことは高校の「世界史探究」の教科書にも書かれている。たとえば，山川出版社『詳説世界史』には宗教改革との関連で次のように記されている。

　　カトリック・プロテスタント両信徒の信仰心は強まり，16〜17世紀には双方のあいだに迫害や宗教による内戦といった対立が生じた。またこうした社会的緊張の高まりのなかで，ドイツなどのように「魔女狩り」が盛んにおこなわれた地域もあった。

（183頁）

---

(1)　魔女裁判のはじまりは，1430年代にスイスのヴァレー地方に起こった事件だとみられている。またその前後の時期に，魔女の悪魔崇拝に関する論考がいくつも登場し，のちの悪魔学の原型ができはじめた。

第Ⅱ部　教会と社会

　　中世ヨーロッパでは，占いや治療をおこなうものとして魔術使いは容認さ
　れていたが，近世には迫害の対象となり，数万の人々が殺された。その大半
　は女性であった。　　　　　　　　　　　　　　　　　　　　（183頁，注7）

　つまり，魔術を行う者は中世からおり，長らく寛容的に扱われていたが，近
世になって嵩じた社会的緊張や対立のなかで迫害されるようになっていったと
いうのである。上記の教科書記述は，歴史的事実の提示としてはたしかにその
とおりなのだが，その事実に対する説明としては，少し漠然としすぎていると
もいえる。なぜ社会的緊張が高まると，寛容が迫害に転化するのか，さらに，
なぜその転化はほかならぬ魔術使いについて起こったのか。否，そもそも「こ
うした社会的緊張の高まりのなかで」（下線部引用者）という言い方は，原因よ
りも状況の説明なのだろうか……，といったように，今度は説明自体について
次々に疑問が浮かぶからである。

　だが，漠然とした原因や状況にあわてて答えを求める前に，対象となる歴史
事象をもう一度丹念に検討し直すというのが，歴史研究の常道である。そうす
ると，教科書の説明には一つ重要な要素が欠けていることに気づく。それは悪
魔の存在である。魔女裁判で告発された魔女たちは，それ自身だけで悪ととら
えられたわけではなかった。彼女たちの恐るべき魔術は，臣従を誓った悪の帝
王たるサタンから授かったもので，悪魔と魔女の大軍勢がこの世を脅かしてい
るとして起こった恐慌，それが魔女裁判だったのである。つまり，魔女の背後
にいた悪魔の問題こそが魔女裁判の核心にあったといえる。

　ところが，じつをいえば事態はもう少しややこしい。なぜなら，悪魔は近世
以前から信じられていたことは明白だからである。ほかならぬ聖書中にイエス
を誘惑する悪魔のことが記されている。中世において魔術使いの存在がすでに
認められていたことと考えあわせれば，近世以前に魔女裁判が（ほとんど）起
こらなかったことのほうがむしろ不思議に思えてくるのである。

　この疑問に答えるためには，もう少し立ち入った検討が必要だろう。そこで
本章では，魔術使いと悪魔が同時に登場しながらも，魔女裁判が起こらないよ

106

うなできごとを記した中世の史料を紹介することにしたい。とりあげるのは，13世紀前半に書かれた説教関連の史料である。

なお，日本語訳では「魔女」と記すことが慣用になっているが，少数とはいえ男性も含まれていたことは知っておきたい。本章でも性別を区別することなく，「魔女」と呼ぶことにする。

② 史料と読み解き

中世のヨーロッパ社会では，12世紀頃から説教活動が目に見えて盛んになりはじめた。説教に従事したのは基本的に教会人，すなわち修道士，司教・司祭であったが，ときには俗人が自発的な使命感から行うこともあった。本章でとりあげる史料『奇蹟の対話』は，そうした説教熱の高まりの中，1220～30年頃にドイツ北部にあるシトー会修道院ハイスターバッハの院長だったカエサリウスという人物により執筆されたものである。

カエサリウスの書いた『奇蹟の対話』は，12～14世紀に多く編まれた「例話集（*exempla*）」の一つである。"*exempla*" というのは，英語の "*example*"（「例」）の語源となったラテン語の名詞 "*exemplum*" の複数形で，単に「例」というよりも，「例え話」くらいの意味を表している。

「例話」は何のために書かれたかというと，それが説教であった。説教師たちはもちろん信仰にまつわる様々なことを語って聞かせるのがその務めであったが，聴衆たる一般信徒の関心を摑むためには，無味乾燥になりがちな教訓や勧告に終始するのではなく，そこに生き生きとした喩えや具体例を織り交ぜる必要があった。しかし，その時々の説教に格好のトピックは簡単に見つかるものではない。そこで，説教師の種々多様な必要に応じて格好の話題を提供する一種の「ネタ本」として例話集が編まれたのである。

もちろん説教はキリスト教の初期から存在していたが，長らく，一般信徒向けというよりも，教養ある教会人が同じ聖職者に向けて聖書の解釈を示したり，高度な教義を解説したりするものが一般的だった。しかし，12世紀頃から一般

第Ⅱ部　教会と社会

信徒に対する霊的導きが教会の中で重要視されはじめる（司牧革命）にともなって，説教に現実的な彩りを与える例話の需要が急に大きくなっていったのである。

　以下に紹介するのは，『奇蹟の対話』の第5巻「悪魔について」の第18章に収められた例話で，「ブザンソンの町で幻惑的な奇蹟により多くの者を騙したのち，その地で焼き尽くされた二人の異端について」との見出しが付けられている。史料原文はラテン語で書かれている（なお，見やすさを考慮して段落に分けた）。

【史　料】

　①ふたりの男たちがブザンソンにやってきた。身なりこそ飾り気がなく質朴だが，心はそうではなく，羊というよりそのじつは獰猛な狼たちであった。顔は青白くやせ細っており，②裸足で歩き，毎日断食していた。大聖堂での厳かな朝課にも毎夜かかさず顔を出し，誰からも粗末な食べ物以外は何も受け取らなかった。このような偽善によって町のすべての住民の好意を引き出すと，とたんにこの者たちは，押し隠していた毒を吐き出しはじめ，前代未聞の異端の教えを無教養な民衆に説き始めたのである。

　連中は住民らが自分たちの教えを信じるようにと，彼らに言って舗道に小麦粉を撒かせると，その上を足跡ひとつ残さず歩いてみせた。さらには，同じようにして沈むことなく水の上を歩いたり，しまいには，木の小屋のなかに入って火をつけさせ，小屋が燃えて灰になったあと，そこから火傷ひとつ負わずに出てきた。そうしてから群衆たちに次のように言った。「われらの言葉をもって信ぜずとも，③われらの奇蹟をもって信じるがよい。」

　この町の司教と聖堂参事会長はこの話を耳にして，大いに動揺した。そこで，この者たちをなんとか喰い止めねばと，あやつらは異端でイカサマ師で悪魔の手先だ，と言い立てたところ，住民たちに石を投げられる始末で，ほうほうの体でその場を逃れたのだった。

　④この司教は善良な学のある人で，われらが国の生まれだった。この話を私にしてくれた老修道士コンラットがよく知る人物で，コンラット自身もこのときブザン

────────────

(2)　*Caesarii Heisterbacensis Dialogus Miraculorum*, ed. J. Strange, vol. 1, 1851, Köln, pp. 296-298.

第❻章　魔女裁判って中世ですよね？

ソンにいたのである。司教は言葉で訴えるだけでは埒があかないこと，そして自分に託された住民たちが悪魔の使いのせいで誤った信仰に陥ったことを悟ると，知り合いの，降霊術に通じたひとりの司祭を呼びにやった。司祭がやってくると，司教はこう言った。「かくかくしかじかのことを連中が私の町でやっている。どうかお前の術を使って，連中は何者なのか，どこから来たのか，どんな力を使ってあのような人をあっと言わせるような奇蹟を起こしているのか，悪魔から探り出してくれぬか。あれが神の力によって示されたしるしだなどということはありうるはずもない。連中の教えは神に大いに背いているのだから。」司祭が答えて言うには，「猊下，あの術はもうずいぶん前から使ってはおりません。」しかし司教は，「余がいかに難儀しているか，よくわかるであろうに。連中の教えを認めなければ，町の者たちから石を投げつけられるのじゃぞ。⑤さあ，汝に罪の償いとして命ずる。この件については余の言うとおりにするのじゃ」と言い返した。そこで，⑥司祭は司教に従ってついに悪魔を呼び出した。悪魔がなぜ自分を呼び出したのかと訊くと，司祭は答えていった。「ながらくお前を放っておいて申し訳なかった。今後はもっとお前に従うようにするからお願いだ，教えてくれ。あの連中はいったい何者だ。やつらの説いている教えはいったい何だ。どんな力であの驚くべきことをやってのけているのか。」悪魔は答えた。「連中はわしの手先で，わしが送り込んだのだ。それから，連中が説いていることも，わしが言わせていることだ。」司祭は尋ねた。「どうして連中は傷を負わないのか，水に沈んだりも，また火で焼けたりもしないのか。」ふたたび悪魔が答えて言うには，「⑦連中がわしの家臣となったことを記した契約書が，やつらの腋の下の皮膚一枚下のところに縫い込んである。その魔力のおかげで，奇蹟を起こし，体にまったく傷を受けずに済んでいるのだ。」司祭は言った。「その契約書を連中から抜き取ったらどうなる。」悪魔は答えた。「そのときは，他の人間同様弱き者となろう。」司祭はこのことを聞くと，悪魔に礼を述べて，さあ，戻ってくれ，そしてまた次に呼び出したら来てくれと言った。司祭は司教のもとへふたたび参じると，今の話を順序だてて語って聞かせた。これを聞いて大喜びした司教は，町の全住民を〔以下の計画に〕ふさわしい場所に召し集めて，次のように告げた。「⑧余は汝らの牧者であり，汝らは余の羊である。汝らの言うように，もしあの連中が奇蹟によって自分たちの教えの正しさを示すというのなら，余も汝らとともにあの者らに従おう。だがもしそうならなかったなら，あの者らは罰されるのがふさわしく，汝らは悔い改めて，余とともに汝らの師父の教えに帰らねばならぬ。」すると，住民らが声を挙げた。「我らはもう何度もあの者たちのしるしを目にしてきたのですよ。」司教は次のように返した。「だが，余はまだ一度も見てはおらぬ。」

109

第Ⅱ部　教会と社会

〔このあたりのことは〕長々語る必要はあるまい。この提案は住民も喜んで受け入れるところとなり，異端者たちが呼び出された。そして，司教立ち合いのもと，町の真ん中で薪の山に火がつけられた。

ところで，異端者たちはそこに来る前に，こっそり司教の前に呼び出されていた。司教はその者たちに次のように告げた。「何も魔術の種など身につけていないことを確認しておきたくてな。」これを聞くと彼らはさっさと着ていた物を脱ぎ捨てて，自信たっぷりに言った。「体も服も存分に調べなさるがよい。」すると警吏たちは，司教からあらかじめ指示されていたように，異端者たちの腕を持ち上げ，腋の下に隠された傷を認めると，ナイフでそこを切り裂いて，縫い込まれてあった契約書をそこから引き抜いたのだった。これが司教に手渡されると，司教は異端者とともにみなの前に進み出た。そして場を静まらせると，大きな声で次のように叫んだ。「⑨さあ，汝らの予言者を火に入らせるがいい。そしてもし無傷でいられるならば，そのときは彼らを信じよう。」哀れな異端者たちは狼狽して，今度は火には入れないと言い出した。そこで司教は契約書を読み上げて，彼らの悪意を暴き，契約書を示してみせた。

これを見て，あまねく住民の怒りに火がついた。そして彼らは，悪魔とともに永劫の火で懲らしめられるはずの悪魔の僕たちを，用意された火のなかに追い立てた。かくして神の恩寵と司教の精力的なはたらきによって異端の芽は摘み取られ，そして，堕落して道を踏み外した住民たちは贖罪によって清められた。

（1）史料の枠組みからみえること

史料を読み終えた多くの読者はいま，「なんだ，中世にもすでに魔女狩りがあったんじゃないか」との印象をもったのではないだろうか。悪魔のしもべであるふたりの魔術師が驚異の業を披露して人心を惑わしていたが，最後は，司教たちが悪魔の陰謀を暴き，そのふたりを火あぶりに処したのだから，と。また，魔女裁判につきものの悪魔と魔女との契約書まで出てくるのだから，それこそ魔女狩りの構成要素がすべて出揃っているのではないか，と思えるのである。

しかし，史料読解では小さな違いが大きな意味をもつことがある。さらに，それがいくつも積み重なれば，最初とはまったく違ったストーリーがみえてく

第6章　魔女裁判って中世ですよね？

る場合もある。

　最初に注意したいのは，悪魔に操られたふたり組は正確には「魔女」とは呼ばれていない点である。彼らはあくまで「異端」であった。つまり彼らの罪は，魔術や悪魔との結託それ自体にあるのではなく，ローマ＝カトリック教会の正統教義に反する教えを説いたことにあるのである。

　次に，彼らが使った魔術は，人に危害を加えるものではまったくなかった。むしろ火によって自分たちの体と命を危険に晒しすらしたといえる。通常魔女裁判では，魔女が魔術によって人を病気にしたり殺したり，あるいは家畜を不妊にしたり，作物をだめにするなどの悪事をはたらいたことになっているが，ここにはそういった要素はまったくない。異端者たちの魔術は人を害するどころか，神の介在をおもわせる驚異，つまり奇蹟にしか見えないものだった。

　第三に，悪魔と通じていたのは，なにもふたりの異端者だけにとどまらなかったという点である。なぜなら司教が頼りとした聖職者も悪魔とは旧知の間柄であったからである。しかも親密な関係性がうかがわれるほどの間柄である。もし悪魔との関係こそが問われなくてはならないとしたら，この聖職者もまったく同罪のはずである。しかし，そのようなことにはまったくならない。それどころか，司教はもともとこの人物が悪魔と通じていることをよく承知してすらいたのである。魔女裁判の焦点の一つは，魔女容疑者と悪魔との関係を突き止めることだった。しかし，この例話中の事件では，悪魔と親しい間柄の人物がそのことで罪に問われるどころか，ブザンソンの町に正統信仰を取り戻す上で不可欠の役割を演じているのである。

　以上の３点からみえてくるのは，ブザンソン司教が危機とみなしていたのは，異端の誤った教説が自分の町を支配しつつある状況だったということである。ここには，魔女裁判の背景にあった，魔女と悪魔の大軍団がこの世を転覆させる計画を遂行中だというような悪魔学的な強迫観念はない。むしろ邪説を説く異端を打倒するためならば，魔術師と悪魔の手を借りるのもいとわないと司教は考えたのである。

　したがって，この例話で語られたエピソードは，ある魔女狩り事件の顛末と

第Ⅱ部　教会と社会

はいえないであろう。正確には，異端から正統信仰を守るための司教の闘いの経緯なのである。

　以下，史料中のいくつかの箇所について，さらに細かく読み解いていこう。

（2）具体的な表現を掘り下げる

　下線①「ふたりの男」に象徴的に示されるように，この史料では，異端者たちの固有名があきらかにされていない。それどころか，司教も悪魔を呼び出した聖職者も無名にとどまっている。このことは，おそらく例話集という史料がもつ「語り」の性格と無関係ではないだろう。例話は説教に題材を提供するものだったから，大事なのは事件の個別性・具体性ではなかった。むしろ現場の説教師がその題材を自由に活用し，そこから聴衆に伝えたい教訓を引き出すために，事件はある程度匿名性のうちに沈んでいる必要があった。この例話がいずれどこかの町で語られたとき，登場人物たちが一般性を帯びていれば，そこから得られる教訓はその分だけ普遍的価値を持ちやすいだろう。例話の語りは純然たる事実の報告であってはならなかったのである。

　だが，例話はまったくのフィクションとして語られたかというと，逆にそれも正しくない。今みた史料でも，できごとの舞台がブザンソン（当時のドイツ王国西部に位置した司教座都市）だということが明示されているし，また下線④にあるように，著者カエサリウスはこの話が実話である証拠として，情報源となった人物の名前を挙げてもいる。つまり，例話はたんなる創作の教訓話として聴き手に受け取られることもよしとはしなかったのである。例話で語られることは，一定の匿名性を帯びつつも，その一方で，この世のどこかで起こったこととして現実につなぎ留められていたといえる。

　下線②に描写された異端者たちの修行者のごとき立ち居振る舞いが想起させるのは，すでに11世紀から熱を帯びはじめつつあった使徒的生活の威力である。それまでは，禁域に籠って祈りと瞑想にふける修道士の生活こそが，ほとんど唯一の霊的価値ある生き方とみなされていた。しかしこの時期，『新約聖書』中に描かれたイエスとその弟子たちの生き方が霊的模範として読まれるように

第6章 魔女裁判って中世ですよね?

なりはじめたのである。それにともない，清貧と伝道の生活は聖性を示す一つの目印となっていた。ここでもふたりの男たちは靴もはかず，食を断ち，托鉢を行っていたこと，ついで自分たちの教えを説きはじめたことが記されている。

　カエサリウスは異端者たちの清貧の外見を，悪しき教えを説くための騙しの手管として暗に非難しているようにみえる。しかし，ふたりの男たちの使徒さながらの姿が民衆たちの心に強く訴えたことが，はしなくも語られている。市民たちは異端者ではなく，彼らを非難する司教や聖堂参事会長に剥き出しの敵意を向けたのである。

　この光景は，12世紀後半から13世紀初頭にかけて，カタリ派やヴァルド派に対抗するため南フランスに送られたローマ＝カトリック側の説教師たちの苦難をほうふつとさせる。じつはそうした先兵の中核をなしたのが，カエサリウスが属するシトー会の修道士たちだった。当時のローマ＝カトリック世界を代表する傑物ベルナール・ド・クレルヴォーもその一人だったが，教皇や世俗君主，修道院長をはじめとする当時の重要人物相手と渡り合い，際立って大きな発言権をもったこの人物も，異端指導者に共感する地元住民たちから強い反発にあい，せいぜい呪詛の言葉を吐いて立ち去るほかなかったというエピソードが残っている。『奇蹟の対話』にはシトー会士からの情報提供にもとづくカタリ派関連の逸話もいくつか見出されるから，ブザンソンのふたり組のような存在は，カエサリウスにはすでになじみ深いものであっただろう。

　ところが，その異端者たちが下線③にあるように教えの「言葉」よりも「奇蹟」に訴えたように書かれているのはなぜだろうか。この男たちは水の上を歩いたり，足跡を残さなかったり，火にも焼かれないという奇蹟を起こしたとされているが，こうした記述は11，12世紀の異端説教者たちについて報告する他の史料にもよくみられる。したがってカエサリウスはここで，言葉だけでは民衆を説得できない異端者たちが奇蹟の力に頼った，つまり，異端者たちの語る教えは所詮は信じるに足るものではないという非難を暗に込めたとみることもできる。

　あるいは，さらにもう一歩踏み込んで，奇蹟それ自体への司教の懐疑心が現

113

第Ⅱ部　教会と社会

れていると解釈することも可能だろう。聖なる人物が奇蹟を起こすのは『新約聖書』に由来する伝統で，ほかならぬイエスとその弟子たちの例がその原型なのだが，この時期には，奇蹟は，生きている聖人ではなく死んだ後の聖人，すなわち聖遺物（聖人の骨や体の一部，生前身に着けていたものなど）が起こすものだというのが教会の公式見解になっていたからである（教皇インノケンティウス3世は，生きている人間は奇蹟を起こさないと述べた）。したがって，いくら使徒のように振る舞う男たちであっても，生きているうちに起こす奇蹟は疑いの目をもって見られずにはすまされなかったはずなのである。

　下線④では情報源として同じシトー会の修道士の実名（「コンラット」）が明かされている。しかも，カエサリウス自身が知るこの人物は事件の直接の目撃者として紹介されている。例話が教訓話であると同時に，現実に起こったことの語りでなくてはならなかったのは，先に述べたとおりである。

　下線⑤に記された司教の命令のセリフは，一見理解しがたい。なぜ急に「罪の償い」が出てくるのだろうか。ここで想起されるのは，告解（懺悔）の制度が確立したのがまさにこの時期だということである。1215年の第4ラテラノ公会議では，年一回の告解がすべての信徒の義務とされた。罪を告白した者は司祭から罪の赦しを得られたが，それでお終いではなく，罰として断食や祈り，巡礼などの償いを命ぜられたから，ここで司教が引き合いに出しているのはこのことであろう。だが，その償いがよりによって悪魔を呼び出す降霊術だったというのは意表を突く。ただ，それが正統信仰を守るためという名目でなされるならどうだろう。同じく（異教徒から）キリスト教信仰を守ることを目的とした十字軍参加が一種の罪の償いだったことを考えれば，それほど奇妙なこととはいえないだろう。

　先にも示唆したように，悪魔の召喚を語る下線⑥が魔女裁判との違いを知る上で決定的に重要な箇所である。この時代，悪魔との関わりが，それ自体としてかならずしも追及を招くものではなかったことがわかるからである。じつは，『奇蹟の対話』にはこのように悪魔が降霊術によって呼び出されるという例話がいくつも収録されている。しかもきまってその術を操るのは聖職者なのであ

114

第6章　魔女裁判って中世ですよね？

る。それだけではない。後から述べるが，14世紀初頭にはローマ教皇自身が，降霊術を理由に告発される事件も起こる。これはいったいどうしたわけであろうか。

　ここでは，一つの仮説を提示しよう。それは，この時期に展開しつつあった司牧革命の影響である。司牧とは，信徒の魂を救うために司祭に託された務めのことをいう。それはもともと司祭の使命にはちがいなかったが，11世紀までの司牧は制度的にも実践的にも，とくに人材の質の面で，かなり基盤が脆弱だった。しかし，12，13世紀にはこの基盤が一気に整いはじめる。司祭養成が充実するとともに，すでに述べたように，説教活動が未曾有の規模で活発になったほか，告解についての神学的考察が12世紀には盛んになり，先述のように13世紀初には告解はすべての信徒の義務にまでなった。また時期を同じくして，結婚が秘蹟となったほか，聖餐式の際のパンとぶどう酒について，それが本物のキリストの体と血に変化するとの教説（化体説）が正統と認定された。したがって説教を行うのも，告解を聴いて罪を赦すのも，結婚の儀式によって男女を神の恩寵により結びつけるのも，パンとぶどう酒を聖別するのも，すべて司祭の導きの役割であることがきっちりと決まったのである。司祭はこの時期，霊的領域で地上における神の代理人になったといえる。

　ところで，司祭に認められるようになった霊的権能は当初予想もしなかった肥大化や屈折を招いた。その代表例は，聖体（聖なるパン）崇拝の流行である。もし司祭の聖別によりパンというただの物質が本物のキリストの体になるのであれば（一般信徒は聖なるパンだけを拝領した），それは，信徒たちが直接神と交わる機会なのではないか。当時，聖体を拝領することは種々の禁忌事項が障害となって一般信徒にはまれであったので，彼らはせめてこの世に顕現した神の体を目撃することに血道をあげた。聖別の際，司祭は聖体を上方に捧げ持つ所作を行うが，彼らはそれを少しでも長くみていようとして，司祭にその所作をできるだけ長く続けるよう要求した。また，聖体を小さな台座に載せて行列を組む儀式すら誕生した。さらに聖体崇拝には，裏の側面もあった。すなわち，本物のキリストの体が不信心者や異教徒の手に渡ったらどうなるかといった懸

115

第Ⅱ部　教会と社会

念を生んだのである。この時期には，キリスト教徒を偽って手に入れた聖体に
針を刺して血を流させ，ふたたびキリストを処刑しようとしたといった告発が
ユダヤ人に対してなされることもあった。

　同じように，聖職者が悪魔を呼び出す魔術を使うという認識の広がりは，司
祭に与えられた絶大な霊的権能の副産物ではないだろうか。なぜなら悪魔は，
もともとは霊的な存在である天使が堕したもの（堕天使）だからである。霊的
存在に通じ，それを操る力をもつ者として，司祭以上にふさわしい人間がいる
であろうか。拡大する司祭の霊的権能の領界に期せずして悪霊（悪魔）が取り
込まれたとしても不思議ではない。こうした思考の枠組みは一人カエサリウス
だけのものではない。教皇にも疑惑の目が向けられた。ボニファティウス８世
は，まだ枢機卿だった頃自室でこっそり悪魔を呼び出しては悪事を指示してい
たとして，死後に告発を受けたのである。この告発は，アナーニ事件の首謀者
であるフランス国王フィリップ４世の廷臣たちによって行われたから，政治的
思惑に発したものではあったが，そもそもこうした告発が成り立つこと自体が
歴史学的には注目に値する。至高の霊的権能をもつ教皇であれば，悪霊（悪
魔）と通じることなど造作もないのではないか。こうした認識はあきらかにカ
エサリウスの報じるブザンソンの事件とつながっているといえるだろう。

　下線⑦には悪魔との契約の話が出てくる。悪魔が魔女の体に刻むとされた契
約のしるしは，魔女狩り時代の裁判官たちがやっきになって探し求めたもので
ある。毛髪の奥や腋の下など隠れたところにアザとして，あるいはホクロの上
に模様状に刻まれているなど，一見それとわかりづらい形で肉体上に見つかる
というのがふつうであった。ここでは体内に文書が縫い込まれていたわけだか
ら，若干の違いがあるといえる。だが，この違いは重要である。なぜなら契約
書を取り除くことで異端者たちの魔術を奪うことができたからである。魔女裁
判においては，契約書（しるし）探しは魔術を無効化するためになされるので
はない。悪魔との関係性を立証し，魔女の有罪の証拠とするためになされるの
である。

　下線⑧の，市民たちを「羊」と呼んだ司教の発言は少し唐突に感じられるか

もしれない。先ほど述べたことと関連するが、地域の司祭の長たる司教は司牧の最高責任者であった。ここでいう「牧者」は司牧の担い手、つまり「羊＝信徒」を導く羊飼いを意味する。したがって司教はここで、ブザンソンの市民たち（＝羊）に誰が自分たちの真の魂の導き手（＝羊飼い）であるかを改めて思い起こさせようとしたのだといえる。

　契約書を抜き取られた異端者たちが火に入るよう求められる下線⑨では、魔女裁判との大きな違いがまた一つはっきりする。魔女裁判では契約のしるしはそれ自体が、魔女を有罪とする証拠の一つであったから、それが見つかった時点ですべては決着した。ところが、ここではそうなっていない。このあとも異端との対決が続くのである。しかもそのあとのできごとが、処刑としての火あぶりではないことに注意しなくてはならない。なぜなら異端者たちは、今回も火で焼かれない奇蹟を起こせるかどうかを試されたに過ぎないからである。むしろここでなされていることは、12世紀までよくみられた神判（神明裁判）に近いといえる。神判とは、たとえば火で熱した鉄片を容疑者に握らせ、数日後火傷がただれているかどうかで有罪か無罪かを判定するような裁判の方法である。正しき者は神の加護があり、火傷を負わないとされたのである。じっさい、11，12世紀には異端に対して神判が行われることがしばしばあった。彼らが（仮に護符なしでも）無傷でいられるなら、それは神がその者たちの正しさを明らかにされたしるしだ、司教はそう述べているのである。したがって、火で罪人を処罰したのではない。火によって有罪か無罪かを決めんとしたのである。以上が、ブザンソンの事件の結末が魔女に対する火あぶりではない理由である。

＊　　　＊　　　＊

　魔女裁判に興味をもつ人は多いし、すでに研究書を何冊か読んだ人もいるであろう。そうした人たちは、なぜあんな愚かな過ちが犯されたのかという問いに、魔女と悪魔の集団幻想に取り憑かれていたからだという答えをすでに見出しているかもしれない。それは決して間違いではないのだが、不十分な答えというべきだろう。なぜなら本章でみたように、たとえ魔女と魔術、そして悪魔

第Ⅱ部　教会と社会

とが勢揃いしても，魔女裁判が起こるとはかぎらないからである。

　本章は一つの疑問（「魔女裁判って中世ですよね？」）をタイトルとして冒頭に掲げたが，最後も一つの疑問で締めくくりたい。「それなら魔女裁判はどうやってはじまるの？[3]」

③　ワーク

（1）本章で登場した基本的ターム・事項についてまず調べよう

　シトー会／使徒的生活／聖遺物／司牧革命／告解／聖餐式／化体説／ボニファティウス8世の死後裁判／神判

（2）魔女裁判関係の研究書を読んでみよう

　日本語で書かれた研究書（翻訳書も含め）はかなり多くある。②の最後で述べた疑問を頭の片隅において，中世との比較の観点からぜひ読んでもらいたい。以下，本章との関わりが深いもの，および比較的最近の概説のみ挙げる。

　　＊ノーマン・コーン（山本通訳）『魔女狩りの社会史——ヨーロッパの内なる悪霊』岩波書店，1983年（ちくま学芸文庫，2022年）。
　　＊ジェフリー・スカール／ジョン・カロウ（小泉徹訳）『魔女狩り』（ヨーロッパ史入門）岩波書店，2004年。
　　＊池上俊一『魔女狩りのヨーロッパ史』岩波新書，2024年。

（3）中世の説教全般について調べてみよう

　いくつかの研究文献と邦訳史料が存在するものの，例話集については数が限られる。ただ，以下が素晴らしい導きとなるだろう。

　　＊アローン・Ya・グレーヴィチ（中沢敦夫訳）『同時代人の見た中世ヨーロッパ

---

(3)　なお，本章は筆者のゼミ生の以下の卒業論文を参照・活用している。坂榮みゆき「魔女狩り以前の悪魔・魔術・神——ハイステルバッハのカエサリウスの例話集から見る悪魔」ノートルダム清心女子大学文学部現代社会学科（2021年度卒業論文）。

第6章 魔女裁判って中世ですよね？

──十三世紀の例話』平凡社，1995年。

（4）『奇蹟の対話』に挑戦してみよう

ラテン語で書かれた史料なので，原典にあたるのはむずかしいかもしれない
が，1929年の英訳版（Caesarius of Heisterbach, *The Dialogue on Miracles*, trans. by
H. von E. Scott and C.C. Swinton Bland）を，以下のアドレスでネット上で読むこ
とができる。興味のある人はぜひ挑戦されたい！

 ＊ https://archive.org/details/caesariusthedialogueonmiraclesvol.1/page/n5/
 mode/2up

第7章

「十字軍」とは何か？
──12世紀の公会議・教会会議決議録より──

櫻 井 康 人

①　概　説

（1）教科書における「十字軍」の記述

　中世ヨーロッパ世界における最大規模の運動といえる「十字軍」は，必ず世界史の教科書や概説書に登場する。大枠においてはその扱われ方は共通しているようであるが，以下にみるように，「十字軍」の定義となるとその記述はまちまちである。いくつかをとりあげて，具体的にみてみよう。まず，山川出版社の『新世界史』では，「十字軍」がコラムとしてとりあげられて次のように説明される。

　キリスト教徒にとって，十字軍とは，信仰上の敵との戦い，そのために組織された軍隊を意味した。十字軍を組織しうるのは神の直接の命令だけであったが，神の代理であるローマ教皇の言葉（宣言・勅令）が「神の言葉」とみなされた。十字軍の第1の目的は聖墳墓（キリストの墓）のある聖地イェルサレムの奪還であったが，イスラーム教徒やモンゴル人のような異教徒，正統信仰を踏みはずした異端などの「信仰の敵」に対する戦いもまた，十字軍の正当な理由となりえた。このため十字軍には，聖地イェルサレム奪還のための聖地十字軍のほかに，アンダルスのレコンキスタ，異端撲滅のためのアルビジョワ十字軍，バルト海沿岸地域の異教徒に対する十字軍など，さまざまなタイプが存在した。

第**7**章 「十字軍」とは何か？

　一般には，十字軍は聖地十字軍をさし，第1回から第7回（あるいは第9回）まで一括して扱われる。しかし，聖地奪還を目的とする純粋な十字軍は第3回までで，それ以後の十字軍では，ローマ教皇の権威の喧伝，イタリア諸都市の商業権益の拡大のための商業戦争といった性格が強くなっていった。十字軍運動の本質を理解するには，人やモノの移動，文化・思想の伝播，世界観の変容，経済構造の変化といった点にも着目する必要がある。

（山川出版社『新世界史』，130頁）

　次に帝国書院の『新詳世界史探究』をみてみよう。同教科書では，「十字軍運動——イスラーム勢力の伸長をきっかけに，信仰心のみならず，領土的野心や聖地奪回のための十字軍運動が起こった——」という小見出しに続いて，次のように記述される。

　11世紀末に始まる十字軍運動は，拡大に転じた西ヨーロッパの最初の対外的な膨張であり，キリスト教信仰の高まりや巡礼熱などを背景に，すべての社会階層を巻き込む運動となった。

　十字軍の直接的なきっかけは，セルジューク朝に小アジアを奪われたビザンツ皇帝が教皇に援軍を求めたことにあった。教皇ウルバヌス2世は全ヨーロッパに教皇の威信を示す機会と考え，1095年クレルモン教会会議でムスリムが支配する聖地イェルサレムを解放するために十字軍を派遣することを宣言し，参加者はすべての罪が許されることを約束した。翌96年，宗教的情熱だけではなく領土的野心もある数万の諸侯や騎士による第1回十字軍が出発し，1099年イェルサレムを占領した。

　シリア・パレスチナ地方には，イェルサレム王国と諸侯領からなる十字軍国家が建設された。しかし12世紀末に，イェルサレムはアイユーブ朝に奪回された。新たに企てられた第4回十字軍は資金を提供したヴェネツィアの要望により，イェルサレムに向かわずにコンスタンティノープルを占領しラテン帝国を建てるという，本来の趣旨から逸脱したものとなった。その後も十

121

第Ⅱ部　教会と社会

字軍の遠征は繰り返されたが，一時平和的な交渉でイェルサレムを回復した
ほかはすべて失敗に終わり，1291年に十字軍最後の拠点アッコが陥落して十
字軍国家は消滅した。
　このように，聖地解放のための十字軍は失敗に終わった。

（帝国書院『新詳世界史探究』，113〜114頁）

　そして，東京書籍の『世界史探究』は，「西ヨーロッパ世界の膨張と十字軍」
という小見出しとともに次のように記述する。

　キリスト教が庶民のあいだに広まるにつれて，ローマ，イェルサレム，サ
ンティアゴ・デ・コンポステラなどへの聖地巡礼がさかんになった。ところ
が，イェルサレムは，キリスト教だけでなくイスラームの聖地でもあり，7
世紀以来イスラーム諸政権の支配下にあった。イェルサレムを支配下に置い
たセルジューク朝がアナトリアに進出すると，ビザンツ皇帝は脅威を感じ，
教皇ウルバヌス2世に救援を求めた。これを受けた教皇は，1095年，クレル
モン教会会議で聖地回復のための十字軍の派遣を提唱し，熱狂的な支持を集
めた。
　翌1096年，第1回十字軍が出発し，ここに，長期にわたる断続的な十字軍
遠征が開始された。宗教的情熱をともなう大義は聖地イェルサレムの奪回に
あったが，当初から関係者の思惑はさまざまであった。教皇は東西教会統一
の主導権を握ろうとし，諸侯や騎士は武勲と領地・戦利品をねらい，民衆は
贖宥や債務帳消しを求め，商人たちは経済的な利益を追求した。この十字軍
は，1099年に聖地奪回の目的を果たして，イェルサレム王国を建てた。
　十字軍にみられるような西ヨーロッパ世界の膨張は，ほかにもさまざまな
動きとしてあらわれる。経済面では，地中海を経由する東方貿易が活発にな
り，商業と都市の発展が本格化した。また，ビザンツ文明やイスラーム文明
との接触は，西ヨーロッパ世界に大きな刺激を与えた。キリスト教を信奉す
るイベリア半島の諸国家がムスリムの支配する土地を征服しようとめざした

122

第7章 「十字軍」とは何か？

活動は，レコンキスタとよばれる。騎士修道会として結成されたドイツ騎士団などはエルベ川をこえて東方植民に励み，あるいはスラヴ人への布教もくりかえされた。宗教的情熱は，西ヨーロッパ内部では，南フランスのアルビジョワ十字軍のような異端排除や，ユダヤ教徒に対する迫害などを正当化することにもなった。

イェルサレム王国と諸侯領からなる十字軍国家は，12世紀後半にアイユーブ朝のサラーフ・アッディーン（サラディン）に攻撃され，イェルサレムが奪回された。それに対抗して西ヨーロッパの諸侯が総力をあげた第3回十字軍において，十字軍運動は最高潮に達した。

十字軍を主導した教皇権は，インノケンティウス3世のもとで，イングランド，フランスやドイツの国政にも関与して大きな権威を発揮した。しかし，この教皇のもとにおこされた第4回十字軍は，資金を出したヴェネツィア商人の思惑に加え，ビザンツ皇帝家の内紛にまきこまれる形でコンスタンティノープルを占領し，ラテン帝国を建てた。第6回，第7回十字軍は，フランスのルイ9世が主導して北アフリカを攻撃したが，失敗した。1291年に十字軍最後の拠点アッコが陥落し，十字軍は事実上の終焉をむかえた。その後も教皇は十字軍を計画したが，大規模な軍事行動をともなうことはなかった。国王は，十字軍の戦費調達を名目に徴税制度を整備し，諸侯や騎士に対して優位に立つようになった。

（東京書籍『世界史探究』，130〜131頁）

（2）日本における「十字軍」の記述の問題

「十字軍」の定義に違いがみられる原因は多々あるが，根本的な問題は，日本においては本格的な「十字軍」研究，とりわけ「十字軍」の理念に関する研究がなされてこなかったことである。日本に「十字軍」の知識がもたらされたのは明治時代であるが，それは中世に対する批判から「暗黒の中世」像を構築した啓蒙主義的な見方の「十字軍」像であった。その後，新たな欧米の研究成果が付け加えられていくことはあるものの，日本の歴史教育における「十字軍」像の基本路線は明治時代に確定した。また，たとえば第4回十字軍でのヴ

123

第Ⅱ部　教会と社会

ェネツィアの行動を経済的とみなしたり，13世紀に「十字軍」運動が宗教的な
ものから政治的・経済的なものに変わっていったととらえるような，日本固有
の味付けも加わった結果として，現在の日本独特の「十字軍」像が創造・想像
されていったのである。

　このようにして創造され，定着してしまった日本における「十字軍」の歴史
像が抱える問題を踏まえた上で，本章では「「十字軍」とは何か？」という素
朴ではあるが，あまり深く考えられることのなかった問いについて，史料に寄
り添いつつ考えることにする。じつのところ「十字軍」は18世紀末まで展開さ
れたのではあるが，紙幅の都合上，ここでは「十字軍」を呼びかける側にあっ
た教会側の史料を12世紀の公会議・教会会議に限定して，解答を得るための第
一歩を踏み出すこととしたい。

2　史料と読み解き

（1）12世紀の公会議・教会会議にみる「十字軍」

① 　第1ラテラノ公会議（1123年）

　周知のように，「十字軍」は1095年に開催されたクレルモン教会会議におけ
る教皇ウルバヌス2世の呼びかけからはじまる。その演説については日本語訳
もなされている。ただし，ウルバヌスの演説は会議終了後の非公式の場でなさ
れたものであるためにその公式的な記録は残っておらず，彼が実際には何を語
ったのかについて，我々は正確に知ることはできない。

　したがって，「十字軍」の呼びかけが記される最初の公的記録は，1123年3
月18～27日に開催された第1ラテラノ公会議の第10条となり，その内容は次の
とおりである。[1]

---

(1)　N. Tanner (ed. and tra.), *Decrees of the Ecumenical Councils*, vol. 1, London/
　　Washington D.C.: Sheed & Ward and Georgetown University Press, 1990（以下，
　　Decrees と略記），p. 190 f.

第**7**章 「十字軍」とは何か？

【史料1】

> イェルサレムに向かい，キリスト教の民の防衛および異教の暴君を打ち倒すこと
> に効果的な助力を提供する者たちに対して，教皇ウルバヌス〔2世〕によって定め
> られたように，その①罪の赦しを承認し，②その家屋・家族・財産を聖ペテロと
> ローマ教会の保護下に受け入れる。彼らが③旅に出ている間に，あえてその家屋・
> 家族・財産を差し押さえたり強奪したりする者は，いかなる者であれ破門によって
> 罰せられる。そして，④イェルサレムもしくはスペインへの旅のためにその衣服に
> 十字の印を置きながらも，〔その後に〕その印を外したことが認められた者に対し
> ては，再度十字の印を受け取り，次の復活祭からその次の復活祭の間に旅を完遂す
> るよう，教皇の権威によって命ずる。…

　教皇カリクストゥス2世によって召集されたこの会議は，ヨーロッパ世界で
は初めての，カトリック教会の認める公会議としては869～870年に開催された
第4コンスタンティノープル公会議以来，実に約250年ぶりに開催された公会
議であった。一般的には会議開催の主目的は前年に締結されたヴォルムス協約
の公的承認にあったとされるが，「十字軍」史の文脈では，1119年の「血の平
原」の戦い（サルマダの戦い）の結果，アンティオキア侯国が危機的状況に陥っ
たことを受けての「十字軍」の提唱であった。この呼びかけは，1122年にヴェ
ネツィアを主力とする「十字軍」を引き起こし，2年後のティール（現 レバノ
ン共和国のスール）占領に至った。

②　ピサ教会会議（1135年）と第2ラテラノ公会議（1137年）

　次に「十字軍」が教会会議の議題に上るのは，1135年5月に開催されたピサ
教会会議となる。同会議第7条では，次のように「十字軍」が呼びかけられる。[2]

---

(2)　D. Girgensohn, "Das Pisaner Konzil von 1135 in der Überlieferung des Pisaner
　　Konzils von 1409", Max-Planck-Instituts für Geschichte (Hrsg.), *Festschrift für Her-*
　　mann Heimpel zum 70. Geburtstag am 19. September 1971, 2 Bd., Göttingen:
　　Vandernhoeck & Ruprecht, 1972, S. 1099 f.

第Ⅱ部　教会と社会

【史料2】

　　陸上もしくは海上から売却目的でシチリアやアプーリアに物品を運ぶ者，および教会から切り離された暴君ルッジェーロ〔シチリア国王ルッジェーロ2世〕に仕えるためにそこに赴く者すべてには，信仰の統一へと回帰するまでは，破門の判決が与えられるものとする。一方で，⑤教会の解放のために彼および〔ピエトロ・〕ピエルレオニ〔対立教皇アナクレトゥス2世の本名〕に対峙せんと陸上もしくは海上から出立し，教会への奉仕の中で忠実に労をとらんとする者には，教皇ウルバヌス〔2世〕がキリスト教徒の解放のためにイェルサレムに出立したすべての者に，クレルモン教会会議で承認したのと同等の罪の赦しがなされるものとする。

　教皇インノケンティウス2世が開催したこの会議には，地方教会会議ながら数多くの高位聖職者が参加した。その主たる目的は，史料中にもあるように，対立教皇アナクレトゥス2世と彼を支持してシチリア国王位を得たルッジェーロ2世を牽制することであった。加えて，ドイツ国王ロタール3世がイタリアに侵攻する動きをみせていたことも，会議開催の背景にあった。このような状況の中で，彼は対アナクレトゥスおよびルッジェーロの「十字軍」を提唱したのであった。

　インノケンティウスは，1137年にロタールが死去し，さらに翌年1月にはアナクレトゥスが死去したことを受けて，1139年4月2日から17日にかけての第2ラテラノ公会議の開催に漕ぎつけた。そして，その第18条が，次のように「十字軍」を呼びかけるための決議となる。[(3)]

【史料3】

　　まことに最悪の荒廃を導く恐るべき放火の害悪を，神と聖なる使徒ペテロとパウロの権威により，完全に忌避し禁ずる。なぜならば，この災いなる敵意に満ちた荒廃の行為は，他のすべての略奪行為を凌駕するからである。…よって，もし誰かこの我々の禁止の告知の後に，悪なる欲求により，あるいは憎しみのため，あるいは復讐のため火を放つ，あるいは〔他の者に〕そうさせるか，意図的にそうするよう

────────────

(3)　Tanner, *Decrees*, p. 201.

126

第7章 「十字軍」とは何か?

に助言や助力を差し出す者があれば，その者は破門される。…しかし，⑥誓約を行った上でイェルサレムかスペインで丸1年間神に奉仕し続けるのであれば，その結果として彼には罪の赦しが与えられる。

　この呼びかけの背後には，対アナクレトゥス戦で荒廃したローマの現状に対する危惧があった。

③　第3ラテラノ公会議（1179年）

　その後，十字軍国家の一つであるエデッサ伯国の中心都市エデッサ（現 トルコ共和国のシャンルウルファ）陥落の報を受けて，いわゆる第2回十字軍が起こる。1145年に教皇エウゲニウス3世が勅令 *Quantum praedecessores*（「いかに先人たちは」）を発することで同十字軍の準備が進められたが，ローマ市民の反乱によってローマを追われていた彼には，公会議はおろか教会会議という場でも「十字軍」を呼びかける余裕はなかった。

　次に「十字軍」に関する動きが活発化するのは，1159年に教皇に登位したアレクサンデル3世の下であった。1165年に *Quantum praedecessores* を再発布して以降，1181年にこの世を去るまでの間，アレクサンデルはとくに東方に向けての「十字軍」を提唱する勅令を断続的に発布した。その間の1179年3月5日から19日にかけて，彼は第3ラテラノ公会議の開催に漕ぎつけた。神聖ローマ皇帝フリードリヒ1世からの攻撃によってローマを追われていたアレクサンデルであったが，1177年に対フリードリヒ戦で優位に立ち，翌年にローマへの帰還を果たすことで，この度の公会議開催に至ったのである。そして，その第27条で「十字軍」が提唱される。では，その内容をみてみよう。[4]

【史料4】
　…ガスコーニュ，アルビおよびトゥールーズの一部や他の場所で，ある者はカタリ派と，ある者はパタリアと，ある者はプブリカーニと，またある者はその他の名

――――――――――
(4)　Tanner, *Decrees*, p. 224 f.

第Ⅱ部　教会と社会

で呼ばれる，かくも邪なる者〔異端者〕が，すでに罪と認められた不条理を強めて
おり，ある者がその悪質さを他の者に示すがごとく，秘密裏にではなく公然とその
誤りを示し，単純な者や弱き者をその仲間へと誘い寄せているので，彼ら，彼らを
庇護する者，および彼らを受け入れる者は破門の下に服すよう決定し，誰も彼らを
その家屋や領地に留めたり，愛護したり，あえて彼らと交易することを禁ずる。…
⑦すべての信心深き者には，かくも大きな災いに自らの身体でもって雄々しく対峙
し，武器を持って彼らからキリストの民を保護するよう，罪の赦しへと導く。…ま
た，神の憐憫と聖なる使徒ペテロとパウロの権威に関して信用を置かれる教皇は，
彼らに対して武器をとり，司教や他の高位聖職者の助言に従って滅ぼされるべき彼
らと争う信心深きキリスト教徒に，⑧なすべき２年分の贖罪を軽減し，またもしそ
の〔戦いの〕時間が長引くのであれば，働きに応じてその判断でより大きな恩恵が
配分されるよう，この職務に関することが命ぜられている司教たちの思慮に委ねる。
…信仰の情熱によって，彼らを滅ぼすための職務を引き受ける者たちを，⑨主の墓
を訪れる者たちと同様に教会の保護下に受け入れ，物であれ人であれその所有物に
ついて，いかなる不穏にも心乱されるべきではないことを宣言する。…

　この呼びかけが実を結ぶ間もなく，聖地周辺域の状況が悪化していった。そし
て，いわゆる第３回十字軍を呼びかけるために教皇グレゴリウス８世の発し
た勅令 *Audita tremendi*（「恐るべき〔災禍〕を耳にして」）をはじめとしていくつ
かの十字軍勅令が発せられることとなるが，12世紀中の公会議や教会会議で
「十字軍」が提唱されたのは，上記の４例のみとなる。

（2）「十字軍」の本質

　では，【**史料1～4**】をもとにして，先の問いについて考えてみよう。そも
そもこの問いの難しいところは，12世紀の段階においては「十字軍」という用
語が存在しなかったことにある。たとえば，英語で「十字軍」を意味する cru-
sades の語源となるラテン語の cruciata や，crucesignata という単語が現れは
じめるのは12世紀末であり，それが広く使用されていくのは13世紀になってか
らであった。cruciata は，「十字架に磔にする」という動詞 crucio の完了分詞
の中性複数主格形が名詞化したものであり，直訳すると「十字架に磔にされる

行為」となる。crucesignata は，「十字（架）」を意味する名詞 crux の単数奪格形と印づけるを意味する動詞 signo の完了分詞の中性複数主格形が合体して名詞化したものであり，直訳すると「十字（架）によって印づけられる行為」となる。これらの用語が登場する以前は，下線③のように「旅（iter）」といった一般的な単語が用いられた。

　さて，ここで先の問いについて考えてみよう。【史料1〜4】を読むと，これらは一つの共通点をもつことがわかる。それは，下線①・⑤・⑥・⑧に現れる「罪の赦し（remissio）／贖罪（poenitentia）」である。単純ではあるが，これが答えとなる。したがって，「十字軍」とはキリスト教会の敵と戦うことによって認められる贖罪である，とまずは定義されなければならない。この点から教科書記述をみてみると，条件を満たすのは2つ目の帝国書院『新詳世界史探究』のみとなる（3つ目の東京書籍『世界史探究』は「民衆」に限定している）。

　さて，「贖罪」について注意しなければならないのは，カトリック世界においてはそれを認める権能をもつのはあくまでも教皇である，ということである。「贖罪」の中でもキリスト教会の敵と戦うことに認められたものは，一般に「十字軍特権」と呼ばれるものである。ただし，「十字軍特権」は「贖罪」に限定されない。下線②および下線⑨が明示しているように，「十字軍士」自身とその親族の身柄や財産が教会の保護下に置かれることも，「十字軍特権」の一つであった。そして，この「十字軍特権」を授かった者が「十字軍士」となり，「十字軍士」が一人でも存在すれば「十字軍」が成立することとなる。なお，「第○回十字軍」という表現がよくみられるが，これは後世において大規模な「聖地十字軍」に対して数が付されたに過ぎず，実際には「十字軍」は無数に行われたこととなる。

（3）「十字軍」の目的と対象

　では，「十字軍」を規定する贖罪について，もう一歩踏み込んで考えてみよう。

　まず，下線⑥からは，犯罪者や違反者たちのための贖罪の場として「十字

第Ⅱ部　教会と社会

軍」が提供されていたことがわかる。すなわち，贖罪と「十字軍」との関係は，「贖罪のための十字軍」ということになり，「十字軍」は贖罪を得るための一つの手段に過ぎなかった，ということになるのである。当然のことながら贖罪と戦闘行為が結びついたところに他の「贖罪」の手段とは異なる「十字軍」の大きな特質があるが，少なくとも12世紀においては，あくまでも「十字軍」は「贖罪」という目的に達するための一つのオプションに過ぎなかったのである。

　ただし，贖罪の価値という点においては「十字軍」は他の贖罪行為に優越し，そこに身を投じる者には完全な贖罪が認められた。いうまでもなく，「十字軍」の第一歩となった第1回十字軍が，そもそも完全な贖罪価値を有していたイェルサレム巡礼とも結びついていたからである。また，下線④や⑥にみられるように，イベリア半島で展開されたレコンキスタ運動がしばしば「十字軍」と同列視された大きな理由は，サンティアゴ・デ・コンポステラ巡礼との結びつきが見出されたことにあった。なお，カトリック教会にとっての三大巡礼地の残りの一つであるローマは，教皇ボニファティウス8世が1300年を聖年として定め，ローマ巡礼者には贖罪を認めたことで巡礼地としての地位を確立した。これにともなって，すでにしばしばイタリア地域で展開されていた「十字軍」も，⁽⁵⁾聖地を目指した「十字軍」と同列の地位を確立することとなった。

　以上のように，イベリア半島における「十字軍」は聖なる場所との関わりをもったが，その一方で【史料2】（下線⑤）と【史料4】（下線⑦）は，対象は異なるものの，まさにキリスト教会，より厳密にはカトリック教会の敵と戦うことに贖罪価値を認めるものである。本章の冒頭に掲載したいくつかの教科書記述が印象づけるように，一般には12世紀の間の「十字軍」は常に聖地を対象としたととらえられがちであるが，1130年代よりすでに聖地以外を対象とした「十字軍」が呼びかけられていた。ピサ教会会議はあくまでも局地的なもので

────────────

(5)　いわゆる「イタリア十字軍」は，1240年代に神聖ローマ皇帝兼シチリア国王フリードリヒ2世と対立した教皇グレゴリウス9世の下で激しさを増していくこととなった。

あり，したがって，そこで召集された「十字軍」は決して規模の大きなもので
はなかったが，ここで重要なのは比較的早い段階から聖地を対象としない「十
字軍」が疑問視されなかったということである。

　ただし，このようないわゆる非聖地「十字軍」が躊躇なく聖地「十字軍」と
同列視されたわけでもなかったことは，【史料4】の下線⑧「なすべき2年分
の贖罪を軽減し」という箇所から明白である。少なくとも，この段階において
は異端を対象とした「十字軍」は，聖地を対象としたそれよりも価値の上で劣
るものとして位置づけられており，教皇庁も慎重な姿勢をとっていたと考えら
れるのである。

3　ワーク

（1）13世紀以降の公会議を分析してみよう

　①　以上のように，すでに12世紀から聖地以外の場所で「十字軍」は展開さ
れていたが，それは13世紀以降に「十字軍」が変化・変容しなかったことを意
味するものではない。第3ラテラノ公会議【史料4】の次に「十字軍」が会議
の場に現れるのは，1215年11月11日より教皇インノケンティウス3世の下で開
催された第4ラテラノ公会議となる。そこでは，2つの「十字軍」が呼びかけ
られるが，まず第3条で次のような対異端の「十字軍」が現れる。[6]

【史料5】
　我々は，上述したこの聖なる，正統なる，そして普遍なる信仰に対峙しているあ
らゆる異端を破門に処す。どのような名称で呼ばれようとも，我々はあらゆる異端
を非難する。…⑩十字の印を受け取り，異端の駆逐のために準備を行うカトリック
信徒たちは，聖地の援助へと赴く者たちに認められるのと同様の贖宥を享受し，同
様の聖なる特権で保護されるであろう。…さらに，⑪各大司教および司教たちは，
自身もしくは助祭長や他の適切で信頼の置ける人物を介して，1年に二度もしくは

---

(6)　Tanner, *Decrees*, pp. 233–235.

第Ⅱ部　教会と社会

> 少なくとも一度は，異端が生息しているといわれている教区を訪問せねばならない
> ことを，我々は付け加える。…

　下線⑩にあるように，ここでは対異端の「十字軍」がこの段階に至って聖地
「十字軍」と等価値のものとされていること，および下線⑪からは「十字軍」
と異端審問が連動していることを指摘できるが，このような変化の背景には何
があったのであろうか。次の文献をもとにして考えてみよう。

　　＊渡邊昌美『異端者の群れ──カタリ派とアルビジョワ十字軍』八坂書房，2008年。
　　＊A・ブルノン（池上俊一監修，山田美明訳）『カタリ派──中世ヨーロッパ最大
　　　の異端』（「知の再発見」双書）創元社，2013年。
　　＊M・ロクベール『異端カタリ派の歴史──11世紀から14世紀にいたる信仰，十
　　　字軍，審問』（講談社選書メチエ）講談社，2016年。

　②　そして，同会議の第71条が，「十字軍」勅令の *Ad liberandam*（「〔聖地
を〕解放するために」）となるが，これを含めた以降の公会議における「十字軍」
の提唱とそこに見出される「十字軍」の変容についても，次の文献をもとにし
て考えてみよう。

　　＊櫻井康人「「帝国」としての「キリスト教国」──普遍教会会議決議録における
　　　平和と十字軍の言説」『東北学院大学論集　歴史と文化（旧歴史学・地理学）』46
　　　号，2010年，55〜88頁。
　　＊櫻井康人「公会議決議録から見る「十字軍」の変容」『東北学院大学論集　歴史
　　　と文化（旧歴史学・地理学）』60号，2019年，1〜25頁。

（2）様々な史料群からも「十字軍」にアプローチしてみよう

　①　ここまで本章で対象としてきたのは「十字軍」を発動する立場にある教
皇庁側の史料である。しかし当然のことながら，時間的にも空間的にも大きな
広がりをもつ「十字軍」に関する史料は，量にして膨大であり，ジャンルにし
て多岐にわたる。その中でも最もオーソドックスなのが年代記史料である。年
代記史料を扱う際にはその史料の性格の吟味や作成の背景・目的の調査など注

意すべき点は多々あるが，その一部は日本語でも解説つきでアクセスできるので，それらを利用して考えてみよう。

＊E・ハラム（川成洋・太田直也・太田美智子訳）『十字軍大全──年代記で読むキリスト教とイスラームの対立』東洋書林，2006年。

＊レーモン・ダジール／フーシェ・ド・シャルトルほか（丑田弘忍訳）『フランク人の事績──第1回十字軍年代記』鳥影社，2008年。

＊竹内正三「無名第3十字軍記（Itinerarium peregrinorum）（1）～（3）」『広島大学文学部紀要』27巻2号，1967年，89～108頁；28巻2号，1978年，118～136頁；29巻2号，1980年，54～70頁。

＊ロベール・ド・クラリ（伊藤敏樹訳・解説）『コンスタンチノープル遠征記』筑摩書房，1995年。

＊ジョフロワ・ド・ヴィルアルドゥアン（伊藤敏樹訳）『コンスタンチノープル征服記』講談社，2003年。

＊ジャン・ド・ジョワンヴィル（伊藤敏樹訳）『聖王ルイ──西欧十字軍とモンゴル帝国』（ちくま学芸文庫，筑摩書房）2006年。

②　年代記史料も文学作品といえるが，より文学的・文化的要素が強いのが，武勲譚・武勲詩・叙事詩・叙情詩といった史料群である。これらの史料は「十字軍」参加者の心性や当該時期における「十字軍」観など，様々なことを明らかにしてくれる可能性を大きくもつ。これらのいくつかについては学術論文の中で邦語訳を読むことが可能であるので，また異なった角度から「十字軍」について考えてみよう。

＊黒崎勇「Hartmann の所謂 Witwenklage と第三の十字軍遠征歌に関する諸問題」『甲南大学文学会論集』22号，1964年，117～152頁。

＊中内克昌「トゥルバドゥールと政治諷刺──アルヴィジョワ十字軍戦争前後」『福岡大学人文論叢』2巻4号，1971年，683～718頁。

＊有泉泰男「ナインハルトの十字軍の歌について」『リュンコイス』15号，1974年，20～28頁。

＊石井道子「ミンネザンクにおける「十字軍」」『芝浦工業大学研究報告　人文系編』26巻1号，1992年，13～22頁。

③　最後に挙げる史料群は，寄進文書や借用文書を中心とする証書史料である。この群の史料は数としては最も多く，様々な角度からの「十字軍」の分析

第Ⅱ部　教会と社会

が可能となるが，残念ながら日本語でアクセスすることはできない。それがどのようなものであるのか，ここでは一例のみ訳して挙げておこう。⁽⁷⁾

【史料6】

　聖なる不可分の三位一体の名の下に。神の恩寵によりラン司教たる余バルテルミーは，ここにいる者たち，およびこれからここにやって来る者たちに次のことを知られんと欲する。トマ・ド・クシーの息子アンゲラン〔2世・ド・クシー〕は，自身・父母・祖先たちの魂の救済のため，転送や転売を目的とするために購入されたものを除き，彼の所領内の道路および水路を経由する非居住者所有のワインに課される税からの免除特権を，プレモントレ教会に恒久的に与えることを。

　この寄進は西暦1138年にプレモントレ教会の祭壇にて，アンゲランがイェルサレムに出立するその日に執り行われた。彼の弟ロベール，母メリザンド，妹で同じくメリザンドが，この寄進に承認と同意を与えるために，そこに立ち会った。

　多くの彼の家臣たちもまたその場に居合わせたが，その中でも幾人かの高貴な者たちの名を記す。城代ギー，アド・ド・ギネとその弟イティエ，ロベール・ボー，ジョフロワとその弟のサラサン，ジェラール・ロレーユ。

　この寄進に異が唱えられないようにするために，余は印璽を付す。加えて，件のアンゲランの承認を得た上で，この取り決めに異議申し立てをしようとする者はいかなる者であれ，余のみならず教皇猊下からの破門が科される。もしその者が，2回もしくは3回の警告の後にであっても改悛することを拒むのであれば，彼は自身が不正なる違反者として神の審判の下にあり，最も祝福された我らの主にして救い主のイエス・キリストの肉体と血から遠ざけられ，最後の審判のときには厳格な罰則に服さねばならないことを知るであろう。〔一方で，〕この取り決めを順守するものたちには，我らの主イエス・キリストの平和があらんことを，そして彼らはここ〔現世〕における正しき報いという報酬のみならず，正当な裁きでもって永遠の平和という報酬を享受せんことを。アーメン。

　ここにあるように，多くの「十字軍」士は遠征に出る前に，在地の教会との関係を修復するために寄進を行った。また，やはり「十字軍」士たちの多くは，

――――――――――

(7) C. Slack (ed.), with trans. by H. Feiss, *Crusade Charters, 1138-1270*, Arizona, 2001, p. 2 f. 段落分けは筆者による。

第7章 「十字軍」とは何か？

遠征費をつくるために教会から借金をした。このために「十字軍」に関連する多くの証書が比較的多く現存することとなるが、その内容の検討はもとより、副署人リストの分析から「十字軍」における人的ネットワークの実態が明らかにされつつある。欧米においても、証書史料の分析は依然として開拓の余地を多く残している世界なのである。

様々な史料群の分析を総合して「十字軍」を考察することが最終の目的となるが、まずは一つのブロックを作り上げることからはじめてみよう。

図7-1　ローマのサン・ジョヴァンニ・イン・ラテラーノ大聖堂と教皇の館
長らく教皇庁（ローマ司教座）はサン・ジョヴァンニ・イン・ラテラーノ大聖堂に置かれていた。ローマ・テルミニ駅から地下鉄で一駅目に位置する（著者撮影）。

史料への扉 3

社会を通して大学を，大学を通して社会を読む

　12世紀以降，パリやボローニャをはじめとするヨーロッパの各地において教師や学生によって結成された団体（ウニウェルシタス）は，学位の授与という基本的機能を現在まで存続させている唯一の中世ギルド的組織とも評され，その特徴を示す特許状や規約といった史料の一部は日本語にも翻訳されている（C・H・ハスキンズ，青木靖三・三浦常司訳『大学の起源』八坂書房，2009年など）。ロジャー・ベーコンやマルティン・ルターが科学史や思想史に大きな影響を及ぼしたのも，中世の大学が学問の発展や知識の伝達を促した結果である。他方，カルミナ・ブラーナやフランソワ・ヴィヨンに代表される「飲み，遊び，歌う」猥雑な学生詩もまた，この集団の必ずしも品行方正ではない性質を物語っている。地域を越えた学問交流や最先端の議論が行われる知の殿堂にして，呑み騒いだ挙句のトラブルで警察沙汰を引き起こす若者の群れでもあるという団体の両面性も，中世から今日まで連綿と受け継がれているといっていいだろう。具体的な学生生活についてはG・ザッカニーニ（児玉善仁訳）『中世イタリアの大学生活』（平凡社，1990年）や，宗教改革期を生きた学生の貴重な自伝として，T・プラッター（阿部謹也訳）『放浪学生プラッターの手記——スイスのルネサンス人』（平凡社，1985年）が参考になる。

　科学の進歩や乱痴気騒ぎの一方，予算や人員の限られた地方大学では，複数学期にわたってトイレの壁の修復に苦労していたらしい様子が学部長の記録に表れている。故郷へ仕送りを乞う手紙を書くための例文集が存在していることからもうかがえるとおり，当時の大学関係者たちにとっても金策は大きな関心事だった。学籍簿にはしばしば名前の横に「貧困者」との記載がみられ，入学料を免除されていたと考えられている。この学籍簿には他にも登録者の出身地が記録されているため，故郷を同じくする学生たちが助け合って学問の道に入ったり，あるいは別の大学から転学してきたことが確認できる。教師や学生がこのような遍歴をする理由は，師事する学者への随行，ペストからの避難，さらには思想的・政治的な対立など多岐にわたる。もっとも，そうした背景事情について学籍簿は沈黙しているため，移動元の都市や大学の状況を踏まえた検討を行う必要があるが，それにより大学と社会とのつながりに関して，いっそう具体的な歴史像を得ることができるだろう。中世の大学は特定の場所にしばられない人間の集団であり，絶えず変化しつづける存在であった。

史料への扉3　社会を通して大学を，大学を通して社会を読む

　さて大学にまつわる史料といえば，学籍簿や学部構成員一覧，講義目録といった
名簿類がほとんどであり，規約や学部長の記録など叙述的な項目はもっぱら事務的
な内容である。その現存状態や分量にしても，今後新たに発見される可能性は低い
以上，大学組織の制度的な変遷に関してはすでに先行研究において情報が出揃って
いる状態といえる。とはいえ，それは大学史自体の行き詰まりを意味するものでは
ない。近年では，前述のような人間の移動や交流に対する関心の高まりから，各大
学構成員の統計的分析が進み，とくにドイツの大学については上述の名簿類がデー
タ化され，1250年から1550年にかけて学位を取得した人物の足跡をたどることが可
能になった（https://rag-online.org/）。また，書簡のやりとりをもとに，大学教授や
人文主義者同士のネットワークを把握する試みも行われている。著名人が意外な場
所に立ち寄っていたり，交友関係の仲立ちをしていたりと，歴史を生きた各人物の
経歴がより詳細に明らかになり，今後のさらなる展開が期待される分野である。
　たとえば海上での暴力行為をめぐる1397年のユトレヒト市の訴訟文書に登場する
マイスター・フレデリク（Meyster Vrederic）なる人物について，「マイスター」と
いう称号が船主ではなく学位を意味していると仮定した場合，前述のオンライン・
データベースを用いつつ時代と地域，そして独特のつづりを考慮すれば，彼が1382
年にプラハの法学部で学籍登録を行ったフリースラント出身のフレデリクス（Vred-
ericus de Frisia）と同一人物である可能性はきわめて高い。当時のプラハでは法科
大学が他の学部から独立していたため，1393年に学芸学部で最初の学位を取得した
ヤン・フスとはおそらく面識がなかったと思われるが，いずれにせよフレデリクス
を含め8名ものフリースラント出身者が，この1382年にプラハの法科大学で同時に
学籍登録を行っている点は特筆に値する。というのも，同地方出身の学生は中世全
体を通しても30名に満たない程度と，他地域に比して非常に稀であったためである。
ペストの流行，災害による地形変化，ハンザ貿易の発達，また周辺領主からの圧力
など，14世紀以降のフリースラントは内的・外的要因による大きな社会変動を経験
したと考えられており，それらに対応するためにも諸国で浸透しつつあった学識法
による交渉技能を習得しようとする動機が生じたことは想像に難くない。もちろん
前述のとおりペストの影響や，政治的または経済的な原因による就学傾向の変化は
他の地域においても常に生じていたのであり，比較を行う際には個々の状況を注意
深く観察する必要がある。
　このように，大学の歴史に関する基礎知識や研究成果は，他の分野に触れる際に
も理解を助け，あるいは新たな視点や発見を与えてくれることもある。各地域の背

第Ⅱ部　教会と社会

景や周辺関係を踏まえつつ，知識や学問そのものの位置づけを分析することにより，中世から近世にかけての学問化や専門化の過程が，ひいてはそこに反映されている各時代における社会のあり方そのものがみえてくるだろう。　　　　（中田恵理子）

第III部

都市と農村

『ニュルンベルク年代記』（1493年）の木版画

「ミラノ（Mediolanum）」と題されているが，この同じ木版画が「ジュネーヴ（Gebenna）」(f. 122r) や「ダミエッタ／ディムヤート（Damiata）」(f. 210v) などの別都市にも使い回されている点には注意が必要（*Liber chronicarum: registrum huius operis libri cronicarum cum figuris et ymaginibus ab inicio mundi*, 1493, f. 72r, Wikimedia Commons）。

第8章

都市と領主の付き合い方
――中世のフランドル地方をめぐって――

青 谷 秀 紀

① 概　説

（1）中世ヨーロッパの自治都市

　世界史教科書における中世都市の記述は，北イタリアおよびドイツを中心と
したものになっている。たとえば，山川出版社『高校世界史』では「11世紀以
降，経済力を高めた中世都市は諸侯や司教ら封建領主から自治権を獲得し，自
治都市に成長した。北イタリア諸都市は，周辺の農村も併合し一種の都市国家
として完全に独立した。ドイツの諸都市は，皇帝から特許状を得て皇帝直属の
自由都市（帝国都市）として諸侯と同じ地位に立った」（103頁）との説明がみら
れる。こうした説明は，多くの教科書に共通している。また，都市の成長や独
立に触れた後，共同体の内部で，自治運営を当初担っていた商人ギルドと，こ
れに不満をもつ手工業者たちの同職ギルドの争いが展開されたとの解説が続く
場合も多い。その際，とくにどの地域でこうした現象がみられたのかは明記さ
れていないものの，都市内部の争いが「ツンフト闘争」とドイツ語を用いて表
現されていたり，都市の上層市民としてアウクスブルクのフッガー家やフィレ
ンツェのメディチ家が紹介されている点から，やはりここでも北イタリアやド
イツの諸都市が念頭に置かれているのは間違いない。

　ただし，自治都市をめぐる叙述には登場しないものの，都市成立の原動力と
なった商業の発展が概観される場合に，ほぼ必ず登場する別の地域が存在する。
フランドルである。フランドルのヘント（ガン）やブルッヘ（ブリュージュ）と

140

第8章　都市と領主の付き合い方

いった都市は，多くの教科書で文面にも地図上にも登場するし，この地方が，中世ヨーロッパにおいて北イタリアと並び最も都市化された地域であったことは，専門的な研究文献においてしばしば指摘されるところでもある。では，フランドル都市は領主とどのような関係を結んでいたのだろうか。そして，これらの都市でも自治がみられたとすれば，それはどのようなものだったのだろうか。本章では，こうした点について，原典史料に拠りながら教科書記述の背景に踏み込んでみよう。

　ところで，フランドル（都市）についての教科書記述を確認する前に，この地域の名称について一言触れておきたい。じつのところ，「フランドル」はややこしい地域である。そもそも，呼び名からしてややこしい。日本の教科書では原則として現地音主義が採用されているので，海外の地名の場合，その地域で話されている言語での呼び名をそのまま表記することが多い。西洋史では，「イギリス」や「オランダ」といった近世の日本で用いられた古い地域名に由来するものを除いて，この原則が徹底されているであろう。英語が世界共通語の現在でも，「フローレンス」ではなく「フィレンツェ」，「ベニス」ではなく「ヴェネツィア」といった具合に現地語での呼び名が尊重されている。翻って，英語の「フランダース」ではなく，フランス語で表記される「フランドル」もまた，一見，現地音主義に則っているようにみえる。しかし，現在，一般に「フランドル」と呼ばれる地域は，多言語国家ベルギー王国の北半分のオランダ語地域を指す（ときに，その一部である東・西フランドル2州を意味することもある）。したがって，本来この地域はオランダ語の「フラーンデレン」と表記されるべきなのである。ただし，これにも歴史的な理由が存在するように思われる。1830年にオランダ王国から独立したベルギー王国では，南部のワロン地方でフランス語が，北部のフランドル地方でオランダ語が話されていたものの，建国後しばらくの間は政治や法律，軍事や教育などの各分野で公用語としてフランス語のみが用いられていた。オランダ語使用の権利は，20世紀初頭までに漸次認められていくに過ぎない。蘭学の衰退と近代化のはじまりを同じ時期に経験した日本では，ベルギー本国で優勢であったフランス語の「フランドル」

141

第Ⅲ部 都市と農村

の地名が採用され，これが定着したのだと推測される。ベルギーの教育機関で学んだ最初の日本人とされる周布公平の『白耳義国志』（1877年）でも，当時の行政単位である東西2県の地名として「フランドル」が用いられている。

　本章でも，現行の教科書記述に則って「フラーンデレン」ではなく「フランドル」の表記を採用する。もっとも，ここで問題となるのは，近現代におけるオランダ語圏地域のフランドルではない。そもそも，世界史教科書においては，中世ヨーロッパに関する記述においてのみフランドルは登場するのだが，この中世フランドルは近現代のフランドルともまた相当に異なる。時期にもよるが，世界史教科書に登場する中世のフランドルは，現在の地理的区分でいうと，おおよそ西はリルなどの都市を含むフランス共和国北東部から，東はベルギー・オランダ語圏中部を流れるスヘルデ川流域やオランダ王国のゼーラント地方南部までを指し，かつてフランス王国の諸侯であるフランドル伯が支配していた地域である（伯領の一部は神聖ローマ帝国領でもあった）。したがって，フランス北部やオランダ南部はもとより，ベルギー中・東部に位置するオランダ語圏のブラバント地方やリンブルフ地方も，現代においてはフランドルに含められるものの，中世においてはフランドルと区分される地域であった。以上のように，フランドルとはじつにややこしい地域なのである。

（2）教科書における中世のフランドル（都市）

　では，教科書記述を確認する作業に移ろう。以下，フランドルに関する部分を，その周辺を含めて教科書から拾い出してみる。先に触れたように，基本的にフランドル（都市）は経済発展の文脈で言及されている。

　遠隔地貿易は，まず地中海商業圏で発達した。…一方，北海・バルト海では北ヨーロッパ商業圏が発達した。リューベック・ハンブルク・ブレーメンなど北ドイツの諸都市は海産物・木材・穀物などを取引し，またガン（ヘント）・ブリュージュなどフランドル地方の都市は毛織物生産で繁栄し，イギリスはフランドルに毛織物の原料である羊毛を輸出した。これら2つの大商

第8章　都市と領主の付き合い方

業圏を結んで，フランスのシャンパーニュ地方などが定期市で繁栄した。

（山川出版社『高校世界史』，102〜103頁。下線は引用者〔以下，同〕）

このように，ヘント（オランダ語。フランス語では「ガン」）やブルッヘ（オランダ語。フランス語では「ブリュージュ」）といった都市を中心に毛織物工業が発展した地域としてフランドルは描かれている。ただし，フランドル地方に関する記述は，その点にとどまらない。経済発展が，君主たちの関心を引き寄せたからである。

フランス国王は，毛織物産地のフランドル地方を直接支配下におこうとしたが，この地方に羊毛を輸出していたイギリス国王がこれを阻止しようとした。カペー朝が断絶してヴァロワ朝がたつと，イギリス国王エドワード3世は，母がカペー家出身であることからフランス王位継承権を主張し，これをきっかけに両国のあいだに百年戦争が始まった。

（山川出版社『詳説世界史』，130頁）

フランスのカペー朝が絶えて傍系のヴァロワ家があとをつぐと，イングランド王エドワード3世はフランス王位の継承権を主張してフランスに侵攻し，のちに百年戦争とよばれる断続的な戦争がはじまった。背景には，自国産羊毛の輸出先であるフランドルへフランスが進出することをきらうイングランドの思惑や，大陸内のプランタジネット家領地をめぐる英仏両王家の対立があった。

（東京書籍『世界史探究』，139頁）

これらの教科書は，百年戦争の原因（の一つ）として，毛織物工業で栄えたフランドル地方の支配をめぐる英仏両王権の対立を指摘している。時期は明言されていないものの，『詳説世界史』では，フランドルをめぐる両王権の対立がカペー朝の断絶（1328年）や百年戦争の開始（1337年）よりも，それなりに先立つ時期からのものであることを読み取ることができる。

143

第Ⅲ部　都市と農村

　ここで注目に値するのが，『詳説世界史』の「フランス国王は，毛織物産地
のフランドル地方を直接支配下におこうとした」(傍点は引用者)という箇所で
ある。「直接支配下におこうとした」ということは，もともと間接的な支配下
に置かれていたことを意味する。教科書の同頁に掲載されている地図を確認す
ると，フランドル伯領がフランス王国に属していることはわかるものの，支配
のあり方についての詳しい説明はみられない。はたして，実態はどうだったの
か。この問いについては，後に史料を読み解く際に答えが与えられるはずだが，
まずはフランス王権とフランドルの関係が明示された原典史料を確認しておこう。

② 史料と読み解き

(1)『ヘント編年誌』にみるフランス・フランドル(都市)関係

　ここでとりあげるのは，1308～11年頃にヘントのフランシスコ会に属する逸
名修道士がラテン語で書き残した『ヘント編年誌』である。この史料は，1297
年から1310年までを叙述の対象としており，カペー朝の断絶あるいは百年戦争
勃発以前のフランスとフランドルの関係について最も詳細な情報を与えてくれ
る。もちろん，歴史叙述であるがゆえに，史実を確定するにあたっては，作者
の党派性や情報の取捨選択における恣意性など様々な点を考慮に入れねばなら
ない。しかし，本史料が，同時代の他の歴史叙述に比べて比較的客観的な立場
から，自身の見聞や周囲の目撃証言などにもとづき記された作品であることは，
これまでの研究で指摘されている。以下では，この編年誌から時系列に沿って

---

(1)　『ヘント編年誌』は複数回刊行されてきたが，ここでは以下の最新版を用いる。
　　De Annales Gandenses. Een eigentijdse kroniek van de Vlaamse vrijheidsstrijd
　　1297-1310, vertaald en geannoteerd door J. Vanbossele, met medewerking van dr.
　　N. Maddens, *De Leiegouw* 50-1 (2008), pp. 4-176.【史料 1 】から【史料 4 】で引用
　　した箇所は，pp. 33-77. 初学者向けに，アクセスしやすい次の版も挙げておく。
　　Annales Gandenses/Annals of Ghent, edited and translated by H. Johnstone,
　　Oxford: Clarendon Press, 1985.

第8章　都市と領主の付き合い方

フランス・フランドル関係についてポイントとなる出来事の叙述を抜き出して
みよう。

【史料1】　英仏両王権とフランドルの関係

　われらが主の受肉より1296の年，①イングランド王エドワード〔1世〕の同盟者
である19代目のフランドル伯ギィ〔・ド・ダンピエール〕は，フランス王フィリッ
プ〔4世〕に対する封臣としての忠誠を拒絶し，国王とその配下の者たちが彼に課
した数々の困難のゆえに，1月末頃，彼への臣従の誓いを取り消した。(2)…1297年，
激しい戦争が始まった。②この戦争の一方には，前述の王フィリップ，フランドル
伯の異父兄の息子であるエノー伯ジャンがおり，対立する側には前述の伯ギィ，彼
の同盟者であるイングランド王，ギィの娘の息子で，イングランド王の娘と結婚し
たブラバント公ヤン，そして金で雇われた数多くのドイツの伯や貴族らがいた。…
③8月末頃，イングランド王エドワードが，伯ギィを助けにフランドルのブルッヘ
の港に上陸したが，軍の規模はさほど大きくなかった。ブルッヘに到着すると，彼
は，都市の有力者たちが伯とその配下の者らを支持していないこと，また都市民と
うまくいっていないことを知った。そして〔ブルッヘの〕都市に防備が施されてい
ないのを目にして，彼は街を去り，ヘントへとやって来たが，この街でもまた有力
者は伯とうまくいっていなかった。…④同〔9〕月末頃，〔フランス〕王はフラン
ドルにより深く侵攻し…，彼のもとへ何人かのブルッヘの有力者がやって来て，ブ
ルッヘの街を彼に引き渡した。彼は…街を占拠したが，市民の誰もこれを喜んでは
いなかった。…⑤10月初め頃，2人の王とその同盟者たちの間で休戦をめぐる交渉
が始まり，これが決定された。…休戦が始まるや，フランス王は自らの領地へと戻
り，イングランド王は，イングランド人やウェールズ人，スコットランド人やアイ
ルランド人とともにヘントにとどまった。…〔1298年の〕3月初め頃，イングラン
ド人やウェールズ人その他イングランド王の従者たち，すなわち約4000の騎兵およ
び2万の歩兵たちと，ヘントの人々の間で諍いと戦闘が勃発した。この戦闘は2日
間続いた。…3月中頃，国王はイングランドに戻った。

---

(2)　著者は，自身の修道会で用いられていた3月25日で年が改まる暦で記している。
　　そのため，現在の暦では1297年1月にあたる。なお，当時のフランドルでは移動祝
　　祭日である復活祭を基準とした暦が一般的であった。

145

第Ⅲ部　都市と農村

【史料2】　フランス王によるフランドルの直接支配

　1300年4月末頃，財政的に追い詰められた上に，ほとんどすべての友人たちにも見放され，それどころか何人かには騙されたようにも思われる〔フランドル〕伯ギィは，長男のロベールやギョーム，約25人の騎士とともに，自らとその領地をフランス王の弟シャルルに引き渡した。(3)…⑥伯が降伏した後，国王は，王妃のおじにしてアルトワ伯，ブロワ伯，サン＝ポル伯の兄弟であるジャック・ド・サン＝ポルをフランドル全土に対する指導者，総督，あるいは総代官として任命した。…彼はすべての自由を廃絶し，全土をこの上ない隷属状態に貶めようとしたため，住民たちに嫌われ，憎まれるようになった。…1301年5月末頃，国王フィリップは，妻であるナバラの女王とともに，新たな君主にして直接の領主としてフランドルに入った。…⑦国王がヘントに入ったとき，一般の市民らは急いで彼のもとに来て，ある重税から解放されるよう，大声で叫び，熱心に請い求めた。その重税とは，ヘントとブルッヘですべての商品，とくにビールとミード〔蜂蜜酒〕に課せられていたもので，これをヘント市民は「悪しき金」，ブルッヘ市民は「アシーズ」と呼んでいた。楽しげな雰囲気の中到着したばかりの国王は，叫んでいる者たちの願いを聞き入れたが，これは都市の有力者たちにとって大いに不満であった。というのも，彼らは，前述の税からいつも大きな儲けを得ていたからであり，これはブルッヘでも同様であった。国王は，ヘントからアールデンブルフ，ダム，そしてブルッヘへとやって来た。…〔豪華ななりをしたブルッヘの有力者らが国王と謁見し，高価な贈り物を行う〕…⑧ブルッヘの参審人や有力者らは，一般市民たちに，ヘントでなされたようにアシーズの廃止を国王に訴えかけたり，国王のもとで嘆願したりするのを，死刑でもって禁じていた。これに憤慨した市民たちは，国王の到来の際，口がきけぬかのように立ち尽くし，国王はこれに大変驚いたといわれている。…〔国王に謁見する際の有力者らの装束代や贈り物代がアシーズに転嫁され〕…それゆえ，大いなる騒擾と争いが市内で勃発した。その大元にはコーニンクの名が付いたピーテルという織布工と，その支持者たちがいたといわれている。

---

　(3)　ギィは，フランス北部のコンピエーニュに監禁され，1305年に同地で没している。

第8章　都市と領主の付き合い方

【史料3】　フランドル都市の蜂起

　〔1302年5月〕ピーテル・デ・コーニンクは，十分に武装した1500人のブルッヘ市民の歩兵たち，100人の弩兵とともにヘントに接近した。うまい言葉でヘント市民を国王の側から引き離したいと願ってのことであった。そして，彼は，もしブルッヘ市民と同盟をなすならば，伯の息子や孫が双方を助ける用意があると，彼ら〔ヘント市民〕の多くに語りかけた。⑨しかし，百合党や裕福な市民らは，先述のごとく，庶民たちを大いに掌握しており，国王からの離反を拒否した。それどころか，百合党は国王の代官とともに武装して街から出てきて，戦隊を組み，戦闘の準備を行った。その時点で戦うことを望まないピーテルは，ヘントから退却した。…しかし，彼〔ピーテル〕が〔ヘントの次に立ち寄った〕アールデンブルフからブルッヘへと戻ると，ブルッヘ市民は彼を殺害してしまいかねない状況であった。一般市民らが国王に対して数多の過ちを犯してしまったのはピーテルの助言のせいであり，彼〔ピーテル〕が望んでいたとおりにヘントの街をものにできなかった上，〔フランドル伯の孫〕ギョームも彼らのもとを去ってしまったというのが，その理由であった。しかし，⑩ピーテルは，機転を利かせて市民らの手を免れ，しばらくブルッヘおよびフランドルから逃亡した。この上ない恐れと慄きが街全体を支配した。…協議による合意の上で，彼ら〔有力者を含むブルッヘ市民全体〕は自らのうちから何人かの仲裁者を選んだ。それは以下のような申し出とともに彼らを〔国王役人の〕ジャックに派遣するためだった。その申し出とは，まずは入念で公正な調査が行われるという条件の上で，また彼〔ジャック〕や国王に対する何らかの罪を自覚する者はすべて決められた時間内に街と周辺地域から離れ，その後にジャックが街に入るという前提で，彼や前述の国王顧問官たちの決定に完全に従うというものであった。数日の間，上記の申し出が入念に検討され，双方によって合意がなされた。加えて，〔国王役人の〕ピエール・フロートは仲裁者たちに，彼やジャックが，友好的な形で武装せず300人の騎士たちだけをともなって街に入るだろうと約束した。…〔約5000人の市民が街を去った後，ジャックとピエール・フロートは約束を反故にし，5月17日木曜日に完全武装の1700人の騎兵・弩兵および多くの歩兵とともに都市ブルッヘに入る〕。…⑪高慢にして憤慨した様子のジャックは，彼に

---

(4)　これ以前にピーテル・デ・コーニンクとブルッヘ市民，国王役人の関係をめぐっては紆余曲折があったが，ここでは省略する。

(5)　「百合党」はフランス王支持派の名称。彼らについては本章の「(4)集団の曖昧なかたち」で説明する。

147

第Ⅲ部　都市と農村

会おうとやって来た何人かの市民に対し，きつい言葉を発せずにはいられず，残忍で冷酷な表情を見せた。これらすべてのことから，都市にとどまっていた市民らは，自らの命について心配しはじめ，すでに語られているように，そしてこの後のことから明らかなように，何人かの者は，日没の頃，街を去っていた同胞たちに，もし彼らが自らや妻子，友人の命とブルッヘの街を救いたいのなら，夜明けにフランス人と戦うために戻ってくるようにとのメッセージを送った。…⑫〔5月18日〕金曜日の夜明け頃，いったん街を去ってはいたものの，短期間滞在したダムや周辺の小都市，諸地域からブルッヘへ武装して戻ってくる者たちがいた。そこには，懇願か脅しによって多くのフランドル人が合流していた。彼らは，一部埋め立てられた濠や取り壊された市壁，いくつかの門を通じて都市に入り，狂乱状態でフランスの守備兵に戦いを挑んだ。戦いがはじまると，彼らは敵を圧倒し，逃亡に追いやったが，その際，戦闘前に取り決めておいたように，彼らは2つの言葉，つまり「楯と友」と叫んでいた。というのも，フラマン〔オランダ〕語の「楯」には，フランス人やガリア人が発音できない帯気音が含まれていたためであり，これは scilt と綴られる。都市残留派は，事態を理解するやいなや，それまで，ある者は純粋な好意と善意から，ある者は見せかけだけとはいえフランス人を支持していたにもかかわらず，一斉に勝利を収めた同胞たちに合流し，彼らとともに「楯と友」と叫びながら，守備兵であれ，眠っている者であれ，フランス人に対する虐殺・殺戮を開始した。そ[6]れゆえ，ジャックとピエール・フロートは途轍もない恐怖のうちに街から逃亡し，自らが跨がっている馬を除いて，すべての衣服や戦闘装備，財産を失った。彼らの兵のうちおよそ1500人が殺害され，100人が囚われの身となった。…⑬先述の〔ブルッヘにおける〕戦闘の後，ジャックとヘント市民の間の交渉は，落ち着いた，穏やかな調子を帯びるものとなった。彼は，側近の中から勤勉な者たちをヘントに派遣し，この側近らは市民が望むすべてに好意的に応じた。これは，ヘント市民が，ブルッヘ市民のように国王や自身に対し反逆を起こさないようにするためのものであった。そうして，ヘントの政体あるいは都市体制に変化が生じた。そもそも古来よりそこには，一般市民を厳しく抑圧する，有力者や高貴な者からなる39人の参審人がいた。彼らは〔それぞれが〕3年ごとに都市を統治し，かつては終身で参審人の地位にとどまっていたのだ。しかし，今や，一般市民らの嘆願により，彼らのう

---

(6)　この虐殺事件は「ブルッヘへの朝課」もしくは「よき金曜日」と呼ばれている。「楯と友（scilt ende vrient）」の語はフランス語話者にとって発音が難しいため，これを敵・味方を見分ける合い言葉にしたのである。

第8章　都市と領主の付き合い方

ちから，彼らによって，国王の名において13人の参審人が選ばれ，新たに選出され
ない限りは，１年限りで都市を統治することになった。ブルッヘでも，参審人と統
治者は一般市民から任命された。[(7)]

【史料４】　コルトレイク（クルトレ）の戦いへ

　前述の戦闘の後３日目か４日目に，〔フランドル伯の孫〕ギョーム・ド・ユリッ
ヒとピーテル・デ・コーニンクがブルッヘへ戻り，ブルッヘ市民から歓迎を受けた。
…⑭６月初め頃，伯の息子ギィ・ド・ナミュールがブルッヘへやって来て，都市と
故郷，周辺地域から大いに歓迎された。彼は相応の軍を引き連れて，コルトレイク
へと向かった。そこでは，コルトレイクとアウデナールデの街および周辺領域が自
発的に降伏し，百合党は皆逃亡した。彼は，コルトレイクの城塞を包囲し，攻撃し
た。…⑮それゆえ，国王は，バロンや侍従たち――彼の忠実な顧問官たちはそう呼
ばれていたのだ――の助言によって，パリ周辺，シャンパーニュ，ノルマンディ，
ピカルディ，ポワトゥから召集できるすべての騎士を集め，また彼自身の王国の外
部であるロレーヌ公領，ブラバント公領やエノー伯領から，莫大な数の戦闘に熟達
した騎士や貴族たちを雇った。そうして，国王はたいへん強力で大規模な軍を召集
し，その指揮を，…自らの近親者で王妃のおじであるアルトワ伯ロベールに委ねた。
…ギィとギョームが，偵察を通じてこれを知り，また彼〔アルトワ伯ロベール〕が
…フランドル人を打ち負かし，城の包囲から追い払うためコルトレイクに進軍する
つもりであることを知ると，ギョームは…フランドル西部からの大軍を引き連れて
コルトレイクにいるおじギィのもとへと向かった。…⑯ギィとギョームは，激しく
憎んだ敵の接近を耳にすると，速やかにそして喜々として，強力で，十分に武装し
た約６万人の歩兵からなる軍を集結させた。そして，彼らに忠実な者，彼らを愛す
る者を，ともに国王に反旗を翻したフランドルの各地からだけではなく，ヘントか
らも召集した。ヘントでは，約700人の十分に武装した者たちが秘かに街を去った
のだが，このために彼らは百合党により直ちに追放されてしまった。…〔７月11
日〕６時課の頃，フランス人たちは武装して野原に現れた。…戦いは，凄まじい衝
突音と戦闘の混乱，そして多くの者の死をともないつつ，９時課の少し前に始まっ
た。戦闘は敵意に満ち残忍なものであったが，長引くことはなかった。…⑰そうし

---

(7)　実際には，このヘントでの出来事は，５月11日以前，つまりブルッヘへの戦闘の前
　に生じており，時系列には若干の混乱がみられる。

149

第Ⅲ部　都市と農村

> て，万事を司る神の定めによって，選り抜きの馬や軍馬の力を備えた騎士道の華た
> る戦闘の技術は，フランドルの織布工や梳毛工，平民や歩兵を前に破滅を迎えた。
> 彼ら〔フランドル人〕が，強く，男らしく，十分に武装し，一致団結しており，有
> 能な指導者たちをともなっていたとはいえである。偉大なる〔フランス〕軍の美と
> 強大さは肥やしの山へと姿を変え，そこではフランス人の栄光が糞とウジ虫へと成
> り果てたのである。

　以上の史料で示されたフランス王とフランドルの関係は，教科書記述と矛盾
してはいない。イングランド王の動向に関しても同様である。しかし，ここに
は当然のことながら，教科書にはとりあげられていない数多くの情報も含まれ
ている。以下では，君主間の関係，君主・都市間の関係，そして都市内を中心
とした社会集団のあり方に焦点をあて，史料に現れる様々な情報を読み解いて
いきたい。

（2）君主間の関係

　まず，下線①・②には，教科書では影も形もないフランドル伯ギィ・ド・ダ
ンピエールが登場する。そして，英仏両王権の対立は，直接的というよりは，
彼を媒介とした間接的なものであった。このフランドル伯とは，ブルゴーニュ
公などと並ぶ王国の最有力貴族の領域諸侯である。中世盛期のフランス王国に
おいて，王領地は国王役人によって直轄支配のもとに置かれる一方，諸侯領で
は国王の封建家臣である諸侯が領地の支配を委ねられ，自身の差配の下に統治
を行っていた。ギィの場合，国王の家臣としてフランドル地方を支配していた
ということになる。その点を踏まえると，下線①が理解しやすくなる。つまり，
「忠誠を拒絶し」，自身の身を主君に委ねる「臣従の誓い」を取り消したフラン
ドル伯は，フランス王との封建関係を解消したということである。もともとは
主君と家臣の関係にあった両者であるが，主君が富み栄えた家臣の領地を直轄
支配しようと干渉した結果，家臣の側からその関係が解消されたというわけだ。
フィリップ4世（在位1285〜1314年）は，即位まもなくから法曹家を側近として

150

王国の中央集権化を図り，南西部フランスのアキテーヌ地方をめぐって，この地域を領有する家臣のイングランド王と激しく争っていた。こうした英仏両王権の争いが，王国北部ではフランドルにおいて顕在化した。イングランド王はフランドルを自らの側に引き入れるための手段として，同地方への羊毛の輸出を1294年に停止しているし，フランス王は，パリの高等法院を利用した司法面での介入や貨幣政策などを通じて，伯と伯領諸都市に揺さぶりをかけた。その他，フランス王は，フランドル伯がイングランド王家に嫁がせようとした娘をパリに幽閉するなど，伯に強い圧力をかけ続けた。こうした強引なやり口に耐えかねた伯はフランス王との封建関係を解消し，下線①・②にみられるようにイングランドとの同盟関係を選択したのである。

　ただし，この構図は長続きしない。イングランド王は下線③のようにフランドルに上陸するも，英仏間では程なくして下線⑤のシント・バーフス・フェイフェの休戦が締結される。イングランド王から見放されたフランドルは，1300年，下線⑥・⑦のようにフランス王の直接支配のもとに置かれてしまうのである。フランドルはとうとう王領地となった。とはいえ，この直接支配も長くは続かなかった。下線⑧・⑩・⑪の小規模な蜂起と再度の服従を挟んで，下線⑫の虐殺事件以降，ブルッヘをはじめとするフランドル都市と伯の親族を中心に反撃が開始される。そして，下線⑰が伝える1302年7月11日のコルトレイク（フランス語で「クルトレ」）の戦いでは，歩兵を中心とするフランドル市民軍が，重装騎兵部隊の国王軍を撃破する。じつのところ，1304年のモンス・アン・ペヴェルの戦いでの曖昧な決着を経て，1305年のアティス・シュル・オルジュの和では，フランドル側に莫大な賠償金が課され，フランス語圏の伯領西部も実質的には王権の手に渡ってしまった。それでも，フランドルの大半の地域は再び伯家の支配下に置かれることとなり，二度と王領地となることはなかったのである。

（3）君主・都市間の関係

　次に，君主と都市の関係についてみてみよう。フランドル伯領において直接

第Ⅲ部　都市と農村

統治を行っているのは伯であり，都市にとっての領主も伯ということになる。12世紀以降，フランドル都市は伯から裁判権や税などに関する特権を与えられ，一定の自治を行っていたのである。ただし，13世紀後半には，都市が伯の政策に不満をもつ場合，さらに上位に位置するフランス王に訴え出ることもあった。また，都市内では，下線③・④・⑦・⑧などにみられるように有力者と手工業者を中心とする一般市民の間で市政の運営をめぐって激しい対立がみられ，それぞれが伯や国王と結び自分たちの意向を通そうとした。したがって，13～14世紀初頭のフランドルにおける君主・都市関係を考える場合，大まかには国王・伯・都市の有力者・一般市民（手工業者）という４つの存在を認識しておくことが重要である。それぞれの間で結ばれる同盟・敵対関係は流動的でめまぐるしく変化するが，少なくともコルトレイクの戦いとその前夜に関しては，大局的にみた場合，以下の２つのペアが争っていたことを知っておけばよい。すなわち，王国内で中央集権化を推し進め伯領を我がものにしようとするフランス王と，これを後ろ盾にする都市の有力者，そして伯領における中央集権化によってそれら有力者の勢力を削ごうとする伯陣営と，やはり有力者たちの悪政に不満をもつ一般市民という組み合わせである。

　ところで，下線③や下線④をはじめ多くの箇所に登場する「有力者」（本史料ではラテン語で "majores"）とはどのような存在だったのだろうか。彼らは，基本的に，現代の西洋中世史研究者が「都市貴族」と総称している者たちにあたる。都市貴族の出自は，領主役人の家系から自由商人層，都市に住む騎士まで，ヨーロッパでも地域により様々であった。ヘントについていえば，毛織物を中心に広範囲に商業活動を展開すると同時に，都市の内外に世襲的な土地を所有する有力市民が都市貴族であり，13世紀までに50程度の家系が存在したとされる。ブルッヘの場合，ある程度の社会的流動性をともないつつも，主としてイングランドとの交易に従事する有力商人が都市エリートとして市政を牛耳っていたと考えられる。13世紀前半のフランス王との対立や家系の内紛以来，伯権威が大幅に低下するのを尻目に，都市貴族は市内で大きな権勢を誇ったのである。

第8章　都市と領主の付き合い方

　しかし，13世紀中に毛織物工業が最盛期を迎える中，これを支える手工業者
は，都市貴族が参審人団のポストを独占し，都市の財政を食い物にしている点
に大きな不満を抱えていた。コルトレイクの戦い周辺では，上記のように，こ
れら手工業者が伯勢力の支持者となる。もっとも，国王直轄支配下のヘントで
は状況が異なる。たしかに，1301年のヘントでも手工業者を中心とする一般市
民は都市貴族と対立し，後者は国王と友好関係を築いていた。しかし，国王は
可能な限りヘントの政治社会を平穏に保つため，一般市民層の要求を聞き入れ，
下線⑦のように多くの市民が苦しめられていた市内の消費税を，領主として廃
止したのである。とはいえ，下線⑧においてブルッヘで消費税の撤廃が実現し
なかった経緯が描かれているように都市エリートの力は依然として強く，ヘン
トでも下線⑦の後，国王役人の承認のもと都市貴族により消費税が再導入され
ることとなる。これに対して，今度は，翌年春に手工業者のストと反乱が発生
している。そうした騒然とした状況を背景にしているのが下線⑬の参審人団の
改編であった。13世紀前半以来，都市貴族が参審人職を独占してきた統治組織
「39人会」の体制が打破され，君主・都市の代表４人ずつからなる選挙人団が
毎年成員を選出する参審人委員会の設置が認められたのである。じつのところ，
下線⑬の叙述は注(7)で記したように，ブルッヘ虐殺事件との間に時系列上の
混乱がある上に，やや不明確・不正確なものだ。それぞれ13人で構成される２
つの参審人委員会の体制は1301年11月のサンリスの憲章により承認されており，
翌年初頭から実際に市政に適用されてもいる。しかし，1302年春の政治的混乱
を経て，国王が再度承認を与えた後のこととして，この新体制が言及されてい
るのだと思われる。いずれにせよ，これを契機として，まもなく都市貴族によ
る参審人団ポストの独占が崩れ，手工業者たちが市政に参入してくることにな
ろう。付け加えるなら，下線⑬で言及されているように，この流れはブルッヘ
でも同時期以後確認されるものである。

　つまり，世界史教科書で説明される都市内部の自治をめぐる有力商人層と手
工業者の闘争が，フランドル都市でもみられたということになる。ただし，こ
の手工業者の要求に起因する争いと体制の変化は，同程度に都市化が進んだイ

153

第Ⅲ部　都市と農村

タリアの都市国家のように独立的な共同体の内部で完結したのではなく，領主・都市（諸集団）間の関係と強く連動していた点にフランドルの特徴があるといえるのかもしれない。

（4）集団の曖昧なかたち

　最後に，都市の内部をもう少し注意深く観察してみよう。先に都市貴族と手工業者についてみたが，はたしてこれらは周囲からきっぱりと区分できる均質的でまとまった集団だったのだろうか。その点を考える手がかりになるのが，下線⑨・⑭・⑯に登場する「百合党」である。これはフランス王家の紋章に由来する呼称であり，国王の支持者を指している。基本的に，都市貴族の多くがここに含まれていたのは間違いない。しかし，都市貴族のすべてが百合党だったわけでもない。下線⑯に登場し，百合党から追放処分を受ける約700人のヘントの武装兵は，ヤン・ボルリュートに率いられた集団とされているが，彼が属するボルリュート家は，13世紀末から14世紀初頭にかけて，同市の参審人だったマテイス・ファン・シント・バーフスの一族と長期にわたる抗争を繰り広げていた都市貴族の家系であった。同じくヘントのユーテンホーフェ家のフィリップスは，対立する兄弟で，百合党のヒルベルトの財産目録を伯に差し出してもいる。都市貴族の中では，しばしば激しい家系同士，そしてときには家系内の争いがみられたのであり，これらは必ずしも常に一枚岩の集団を形成していたわけではなかった。一方，百合党に対して，フランドル伯支持派を指す言葉として「獅子爪党」がある。おおよそ手工業者を中心としたフランドル市民の集団が想定されているものの，これについてもやはり注意が必要だ。まず，百合党が同時代の言葉であるのに対し，獅子爪党は後世（1380年代）になって用いられはじめたに過ぎない。そして，コルトレイクの戦いには若干のフランドル貴族が市民軍とともに参戦しており，都市貴族にも伯の支持者がいたことは上にみたとおりである。ヘントの手工業者が国王側にとどまったことも，改めて思い起こしておこう。獅子爪党あるいは手工業者の言葉で括られる集団の輪郭も，やはり曖昧な部分をともなっていたのである。

また，コルトレイクの戦いは，19世紀のロマン主義的な歴史叙述において，オランダ語という言語を核としたフランドル民族主義を強く体現するものとして頻繁にとりあげられてきた。ナポレオン支配の記憶が鮮明で，ナポレオン3世による侵攻の脅威を感じていた19世紀中頃のベルギーでは，コルトレイクが，フランスの侵攻をくい止め，フランドルの独立性を死守した象徴的な場とみなされたのである。たしかに，下線⑫・⑰には，一見したところ「フランス人」と「フランドル人」の民族的な闘争と解釈できるような文言もみられる。しかし，下線②や下線⑮で確認するならば，国王の同盟者や軍には神聖ローマ帝国諸邦の君主や騎士たちがいた。また，逆に伯家の者を含めフランドルの支配層はフランス語が母語であった。さらに，リルをはじめフランドル伯領の西部，フランス語圏地域は，王権によって蹂躙されてもいる。こうした点で，近代のナショナリズムや民族意識が，中世の歴史的現象をみる我々の視点に影響を及ぼしうるという点にも注意する必要があるだろう。

③　ワーク

（1）調べてみよう

　本章ではフランドル伯領・都市の初期的な発展については触れていないが，以下の文献を読んで，この点について調べてみよう。

　　＊齋藤絅子「中世フランドル伯領」『岩波講座　世界歴史(8)——ヨーロッパの成長』岩波書店，1998年。
　　＊山田雅彦『中世フランドル都市の生成——在地社会と商品流通』ミネルヴァ書房，2001年。
　　＊A・フルヒュルスト（森本芳樹・藤本太美子・森貴子訳）『中世都市の形成——北西ヨーロッパ』岩波書店，2001年。

　また，他地域における都市貴族層の形成や参審人団の発展についても言及する余裕はなかったが，この点については河原温『都市の創造力』（岩波書店，2009年）を参照してみよう。

第Ⅲ部　都市と農村

（2）確かめてみよう

　世界史教科書では「地中海からフランドル地方に至り，フランドルからバルト海に至る航路が開拓されると，フランドル地方がヨーロッパ南北を結びつける交易の中心地になった」（第一学習社『世界史探究』，92頁）というように，フランドル（都市）が国際商業の拠点であったことも記されている。事実，ペルッツィ家の商社に属していたフィレンツェ商人ジョヴァンニ・ヴィッラーニは，14世紀初頭に数年間フランドルに滞在していたとされ，イタリア語で記した『新年代記』でコルトレイクの戦いについて詳しい叙述を残している。清水廣一郎『中世イタリア商人の世界――ルネサンス前夜の年代記』（平凡社，1982年〔平凡社ライブラリー版は1993年〕）にあたって，ヴィッラーニの叙述を確認してみよう。

　また，14〜15世紀のブルッヘでは，イタリア以外にも多くの地域の商人が活発な活動を展開した。河原温『ブリュージュ――フランドルの輝ける宝石』（中公新書，2006年）で，それらの外国商人について確かめてみよう。

（3）探してみよう

　ブルッヘの大広場には，1887年に建立されたピーテル・デ・コーニンクとヤン・ブレイデルの像が存在する（図8-1）。ブルッヘの朝課事件およびコルトレイクの戦いの立役者として英雄視された2人の人物を記念するものだが，肉屋のヤン・ブレイデルが戦闘とその周辺で大きな役割を果たしたことは史料的に確認されていない。近年の研究では15世紀にブレイデル家の周辺で生み出されたとされるヤンの英雄像が，近代になって広く流布するようになったのはヘンドリク・コンシアンスによるオランダ語の小説『フラーンデレンの獅子』（1833年）を通じてである。コルトレイクの戦いをハイライトとする同作品でヤン・ブレイデルは大きくとりあげられ，フランドルの言語ナショナリズムを象徴する人物となったのだ。このナショナリズムと関係するフラーンデレン（フラームス）運動について，石部尚登『ベルギーの言語政策――方言と公用語』（大阪大学出版会，2011年）で調べてみよう。また，19世紀のナショナリズムや

第8章　都市と領主の付き合い方

中世主義の盛り上がりの中で，中世の実態とかけ離れた形でとりあげられている人物や事象を他の地域で探してみよう。

図8-1　ピーテル・デ・コーニンクとヤン・ブレイデルの像
　　　　（著者撮影）

157

第9章

つながり合う都市
——ロンバルディア同盟にみる「都市同盟」の意味——

佐 藤 公 美

1 概　説

（1）都市史と国家史のはざま

アルプスからシチリアまで／レニャーノならぬ地はあらず／フェルッチ麾下
に誰かある，／心も腕も猛者ならざるは。／イタリアの子らの／名はバリッ
ラ／鐘は皆々鳴り響き，／告げぬ，晩禱は来たりと。／いざ集い，隊列組ま
ん／我ら死をこそ厭わざれ…

　上記は，イタリア共和国国歌「イタリアの兄弟たち」第4番[1]〔筆者試訳〕で
ある。外国支配への抵抗や反乱の歴史的事件と固有名詞が散りばめられており，
近代イタリアのナショナル・アイデンティティと外国支配からの解放の深い関
係をよく示している。「フェルッチ」は16世紀に神聖ローマ帝国軍に抵抗して
フィレンツェ共和国に仕えた傭兵隊長フランチェスコ・フェルッチ，「バリッ
ラ」は18世紀にオーストリア＝サヴォイア連合軍に抵抗したジェノヴァの民
衆蜂起を象徴するとされる女性，「晩禱」は13世紀にフランス系アンジュー朝
支配への反乱を起こした「シチリアの晩禱」だ。では，イタリア全土があたか

---

(1)　Governo Italiano Presidenza del Consiglio dei Ministri, Ufficio del Cerimoniale di
　　Stato, 'Inno nazionale'. https://presidenza.governo.it/ufficio_cerimoniale/
　　cerimoniale/inno.html

第9章　つながり合う都市

も「そこ」であるかのようだ，という「レニャーノ」とは？

　レニャーノは，都市ミラノの北西約25km（現 ミラノ県）にある自治体である。中世には都市ミラノの「コンタード（都市の支配に属する周辺農村領域）」に属した。ここで1176年，中北部イタリアの自治都市らが結成したロンバルディア同盟が，皇帝フリードリヒ1世率いる帝国軍と決戦の末，大敗させたとされる。この勝利が決定打となって同盟と皇帝軍は講和を結び，皇帝の権威への服従と引き換えに中世イタリア都市の自治権が合法化されることとなった。したがって「レニャーノ」という地名は，皇帝支配に抵抗するロンバルディア同盟の戦いを表している。

　近代国民国家としてのイタリアの国歌では，ドイツ人支配への「イタリア人」の愛国的戦いを象徴する方向に色づけされている「レニャーノ」だが，中世ヨーロッパの歴史叙述である高校世界史の教科書では，もちろんそのような後世のナショナル・アイデンティティからは切り離されて，ロンバルディア同盟は中世自治都市の成長に関する文脈で登場する。まず，いくつかの教科書の記述を一瞥し，比較してみよう。

(1)これらの有力都市は，北イタリアのロンバルディア同盟や北ドイツ諸都市のハンザ同盟のように，共通の利害のために都市同盟を結成した。とくにリューベックを盟主とするハンザ同盟は，14世紀に北ヨーロッパ商業圏を支配し，共同で武力を用いるなどして大きな政治勢力になった。

（山川出版社『詳説世界史』，121頁。下線は引用者〔以下，同〕）

(2)荘園と同様に，都市もまた，国王・諸侯・司教などの支配者から特許状を獲得し，独自の統治組織と法をもつ自治都市へと変貌した。北イタリアのコムーネ都市やドイツの帝国都市（自由都市）が代表的であった。南下を試みる神聖ローマ皇帝に対抗する北イタリアのロンバルディア同盟やリューベックなどを中心とする北ドイツのハンザ（ハンザ同盟）のように，複数の都市が都市同盟を結ぶことで，一つの政治体として国王や諸侯と対抗しうる勢力

第Ⅲ部　都市と農村

になることもあった。　　　　　　　　　　　　（実教出版『世界史探究』，119〜120頁）

(3)北イタリアの諸都市は，12世紀に神聖ローマ皇帝のイタリア政策に対抗するためにロンバルディア同盟を結び，北ドイツの諸都市は，リューベックを盟主とする都市ハンザ（ハンザ同盟）を形成して，君侯とならぶ政治勢力となった。やがて，政治を左右するほどの大富豪もあらわれている。フィレンツェのメディチ家は，ルネサンスの保護者にもなり，一族から教皇を出した。また，アウクスブルクのフッガー家は，皇帝の即位にも影響力をもった。

（東京書籍『世界史探究』，134頁）

　３つとも，ロンバルディア同盟とハンザ同盟を並べ，都市同盟の２例として挙げている。(1)では「14世紀に北ヨーロッパ商業圏を支配し，共同で武力を用いるなどして大きな政治勢力になった」ハンザ同盟と並ぶ「共通の利害のために」結ばれた都市同盟の一つとして登場する。(1)と(2)は都市同盟に共通の性格をそれぞれ「共通の利害のために都市同盟を結成」「複数の都市が都市同盟を結ぶことで，一つの政治体として国王や諸侯と対抗しうる勢力になることもあった」と表現している。(3)は，「君侯とならぶ政治勢力となった」のがはたしてロンバルディア同盟とハンザ同盟双方なのか，ハンザ同盟だけなのか迷うが，全体として，都市がヨーロッパの北と南でそれぞれに複数集まって都市同盟を結成し，国王や君侯と対等の政治勢力に成長した，という流れが読み取れる。
　だが，「(国王や)君侯とならぶ政治勢力」であるとは，いったい何を意味しているのか。上の３つの記述は，それぞれ異なる内容を含んでいると読める。(2)は「一つの政治体として国王や諸侯と対抗しうる勢力」として描かれている。対して(1)は「共通の利害」のための同盟として最大公約数的に表現されているに過ぎない。
　これらを読み比べて咀嚼しつつ，具体的な実態に思いをめぐらせてみると，教科書に記述されるような定説との対話だけからでも問いが立ち上がってくるだろう。ここでは，これまで歴史学研究がとりあげてきた問いも考慮しつつ，

第9章　つながり合う都市

いくつか提示してみたい。

① はたして，都市同盟は「国家」，または少なくとも「国家」に準ずる事
　実上の権威と権力，さらに国家的な性質をもった機構や仕組みを備えた
　組織なのか。

　このように問いをたててみれば，「都市」が複数集まり「同盟」になること
によって，都市史の只中に，伝統的に歴史学の中で大きな比重を占めた「国
家」の歴史がなだれ込んでくるのがわかるだろう。イングランド王国，フラン
ス王国，神聖ローマ帝国のような，君主国を形成しなかった中北部イタリアに
は，個々の自治都市を超えた「国家」というべきものが存在しないかのように
みえる。ならば，支配者の下に一つに統一されるものだけが，「国家」なのだ
ろうか。そうでないことは，13世紀に起源をもつスイス盟約者団が存在するこ
とからもすぐにわかる。スイス一国だけならば「例外」という考え方もあるか
もしれないが，もしそれがヨーロッパの複数の都市同盟という現象と同じ，も
しくは類似の性質をもっていたとしたらどうだろうか。さらに，そもそも「都
市」という団体そのものの発展が都市同盟の前提になることを踏まえれば，都
市の歴史と国家の歴史という，ヨーロッパ中世史の大きな軸のうち2つもが，
根底でしっかりとつながっているのがみえてはこないだろうか。

（2）「都市同盟」を解剖する

　しかし，単に複数の都市がつながりあって共通の「利害」を追求していると
いうだけであれば，ネットワークではあっても，国家とは呼べない。では，ロ
ンバルディア同盟には国家に似た客観的な要素があったのだろうか。そして，
それは機能したのだろうか。

　追ってもう少し詳しく検討するが，先取りすれば，ロンバルディア同盟はあ
る程度機能したし，それは無意味ではなく，政治を共有するある種の世界を生
み出した，というのが現在の共通了解だ。しかしそれが「国家」的なのかとい

161

第Ⅲ部　都市と農村

えば，研究者たちの見解は否定的である。

②　「共通の利害」とは具体的に何だったのだろうか。(2)と(3)はいずれも神
　聖ローマ皇帝への抵抗に言及している。ロンバルディア同盟の皇帝への
　抵抗とは，何を意味していたのか。そもそもロンバルディア同盟と帝国
　の関係はどのようなものだったのか。

　教科書は，「北イタリアの諸都市」が神聖ローマ皇帝に対抗したと記述して
いる。これは嘘ではない。なぜなら「北イタリアの都市がみな」とは書かれて
いないからだ。けれど，自治都市の成長という文脈の中でこの記述を読めば，
自治の度合いが高まっていった結果として皇帝に対抗したかのようにもみえて
しまうかもしれない。しかし実際には，高度な自治をミラノと同様に発達させ
た都市が皇帝を支持し，皇帝派の同盟を結成しているのである。その中心はミ
ラノのライバル都市であるクレモナであった。つまりもろもろの都市の間には
複数の，相異なる「共通の利害」があり，同盟の結成はそれを追求する方法だ
ったのだ，といえそうだ。となると，「共通の利害」を諸都市が共有したのは
「自治都市」だからなのだろうか，それとも他の要因があったのか，という疑
問が生じる。もしも，ロンバルディア同盟の「共通の利害」と「自治」の間に
必然的な関係がないのだとしたら，同盟形成の要因はほかに求めなければなら
ない。

　さらに興味深いのは，クレモナもある時点でロンバルディア同盟に参加して
いたということだ。それでは，中北部イタリアの同盟参加者の間には，相異な
る複数の「共通の利害」と，それらの一段上の水準にある上位の「共通の利
害」があったのだろうか。それらは，どのようなものだったのだろうか。

③　ロンバルディア同盟は「都市同盟」なのか。

　教科書は都市が成長し自治の度合いを高めてゆく文脈の中で都市同盟に言及

しているから，同盟は自治都市成長という都市史の一環として，都市のみを対象に描かれている。しかし，そもそもロンバルディア同盟は「都市同盟」なのか——否である。なぜなら，ロンバルディア同盟には都市としての法的地位をもたない「地域」，すなわち農村部や山間部の共同体や，個人として独立した政治主体である封建貴族たちが構成員として参加していたからだ。だとすれば，同盟が形成された要因には，自治都市が皇帝や王や諸侯に対する独立性を高めたこととは別の要因が作用しているのではないだろうか。

④　ロンバルディア同盟とハンザ同盟の歴史的性質は同じなのか。

　2つの「同盟」がそれぞれに存在した時期を両方とも記述している教科書は一冊もない。しかし，（第一次）ロンバルディア同盟は12世紀に成立し，1200年以降は活動の様子があまり記録に残らなくなる。対して，リューベックらの諸都市が友好同盟を結成し，後のハンザ同盟の基礎となったのは13世紀，ハンザ同盟の最盛期は14世紀である。だとしたら，12世紀にフリードリヒ1世に対抗することと，14世紀に北海・バルト海沿岸で，当時の北欧諸国間のライバル関係の只中で力を伸ばしたハンザ同盟を，同じ「都市同盟」としてまとめることは適切なのか。もちろん，歴史学的には適切ではない。区別した上で吟味し，比較し，類似点や相違点を見極めた上で，より大きな流れの中での関連を考えることが必要だ。歴史学では，時間と空間の固有の性質を取りこぼしたら，大きくものごとを見誤ってしまう。

　歴史叙述にも歴史がある。ロンバルディア同盟でリーダーシップを発揮した中心都市はミラノであったが，ミラノのその後の歴史は，中世の同時代人たちのロンバルディア同盟への関心を著しく低下させる役割を果たした。13世紀後半には，フリードリヒ1世の孫であるフリードリヒ2世の死後，南イタリアのシチリア王位をめぐって，ホーエン・シュタウフェン家とローマ教皇が対立し，教皇を後押しする陣営がゲルフ党，対するシュタウフェン家を支持する陣

第Ⅲ部　都市と農村

営がギベリン党と呼ばれ，イタリア半島を二分して抗争するようになった。当初，ミラノではグェルファ党を指導したデッラ・トッレ家が覇権を握っていたが，対抗するギベリン党のヴィスコンティ家との政争に敗北して失脚。ミラノはギベリン党の中心都市となり，14世紀末には神聖ローマ帝国内のミラノ公国が生まれた。その後も帝国との緊密な関係を失わなかったミラノでは，神聖ローマ皇帝に対抗して戦ったロンバルディア同盟の歴史はあまり強調されず，関心の埒外に置かれていた。このようなロンバルディア同盟が再浮上したのが，冒頭で述べたような近現代イタリアの歴史の中でのことなのである。

② 史料と読み解き

　以下では史料を読み解きながら，上記の問題のうちいくつかを考えてみよう。ロンバルディア同盟が，ゆるやかなネットワークにとどまらない仕組みをもっており，それがある程度有効に機能していたことはどのように明らかになるのだろうか。ロンバルディア同盟では，同盟に加盟した都市や集落が「長官（rector [羅] /rettore [伊]）」という名称の代表を派遣し，同盟全体の会議を定期的に開催していた。この長官という役職と同盟会議の権能からは制度設計が，それらの具体的な活動の痕跡からは実効性や有効性の有無と具体的な実態が明らかになる。制度設計については，長官たちの誓約書が残されている。

【史料1】　ロンバルディア同盟の長官たちの誓約書（1169年頃）[(2)]
我らが主イエス・キリストの名において，アーメン。
(1) 聖なる神の福音書にかけて，善き信義において，偽りなく，この同盟の人々，すなわちロンバルディア，マルカ，ロマーニャ，ヴェネツィア，そして今後受け入れられた後にこの同盟に参加するであろう同盟の人々を，同盟のためによりよいと信じるところにしたがって指揮することを私は誓約する。
(2) 私は，それが私であれ私の都市のコンソレ [執政官] たちのうちの一人であれ，

---

(2)　C. Manaresi (ed.), *Gli atti del comune di Milano fino all'anno MCCXVI*, Milano, Capriolo & Massimino, 1919, n. 70, p. 100.

第9章　つながり合う都市

諸都市の長官たちによって構成された会議に参加することを，不当に避けるようなことはしない。

(3)　私は，私自身の利益のためには，私によってであれ間に立った人を通じてであれ，先述の同盟の諸都市みなの共通の利益のためでなければ，いかなる財も受け取らない。もし，私が先述の同盟のために何らかの財を受け取るようなことがあれば，善き信義において，先述の同盟に対して〔それを〕示すか，または先述の同盟の共通の利益のために支払おう。

(4)　もし，いずれかの都市に，財もしくは人身に関する何らかの負担を課すことになったら，善き信義において，負担を課される当該都市の可能性に応じて課そう。

(5)　私は，我々に対して提出されるであろう苦情または嘆願を，15日以内に，長官たちの仲裁によって，分別もしくは善き慣習もしくは諸都市の長官たちの大部分が取り決めたところにしたがって決着させよう。もし嘆願者の言葉によって〔訴えが〕持続するか，または訴訟の質が延長を必要とするか，または正当な妨害がなければ。しかし，自らの都市のコンソレたちの一人から与えられた裁定の上訴を受理することに制約はないであろう。

(6)　私は善き信義において，私が退任する8日前までに，先述の同盟を指揮する他の長官たちが選ばれ，上記のように誓約するように努め，配慮しよう。

(7)　そしてこれらすべてを，善き信義において，偽りなく，次の5月のカレンダエ[(3)]まで遵守しよう。

　上記の諸条項を眺めてみると，質の異なるいくつかのグループに分けられる。他の分け方もできるかもしれないが，ひとまず4つに分かれるとしておく。みなさんはどのようなグループをつくるだろうか。私の分け方は次のとおりである。

　　グループA：（1）／グループB：（2）（5）（6）／グループC：（3）（4）／グループD：7

　冒頭のAは理念的原則を，末尾のDは誓約の有効期限を示している（長官たちの誓約は一定の期間ごとに繰り返されるので，有効期限が短い）。では，BとCは？

────────────

(3)　月の第1日目。

第Ⅲ部　都市と農村

　この史料は長官たちの「誓約」だから，基本的に長官たちの行動規範がテーマである。Ｃは贈収賄を規制する項目のような印象を与える。しかし，中世の人々のモノや価値，つまり財のやりとりには，人と人，集団と集団を結びつけるコミュニケーションの媒介という役割もあるから，現代的感覚を常識と思いこまないよう注意が必要だ。むしろ興味深いのは，財のやりとり自体や，「同盟のため」の贈物の受け取りは否定されていないのだが，それとは明確に対比される形で「私自身の利益」のためのものは否定されているということだ。つまり，同盟では共通の利益という次元と，構成員の個別の利益という次元が区別されているのだ。

　一方，構成要素が最も多いＢには，同盟の組織と仕組みに関わる諸要素が登場する。これらの条項にしたがえば，ロンバルディア同盟は，同盟会議と，仲裁で争いを解決する仕組みと，役員の選出を行う仕組みと規定をもっていた。さらに，(5)では「自らの都市のコンソレたちの一人から与えられた裁定の上訴」を受理するとしており，都市法廷の上訴裁判所としての役割もあったことがわかる。しかし，それはあくまで上訴であり，各都市の自治政府が自らの都市で行使する裁判権には変更がない。同盟の基本的な役割はそれぞれに自治を行う都市同士の間に争いが生じた場合の仲裁にある。

　グループＡ～Ｃの内容を総合すると，ロンバルディア同盟は個別の利益とは区別される「共通の利益」を明白に意識していた。それを保全するための仕組みに反映したのが同盟の機構であり，長官という役職や同盟会議，制度化された仲裁の存在である。以上はしかし，制度設計の次元であり，実際にどう機能したかは，長官たちが同盟諸都市の争いに関与した具体的な事例において検討しなければならないのだが。

　それでは，同盟と皇帝の関係はどのようなものだったのだろうか。フリードリヒ１世については，ローマ法にもとづく帝権理念を打ち出し強力な皇帝権の下に中央集権的な国家としての帝国の確立を目指した人物，という像がかつて存在し，いささか近代的すぎる中世国家像が描かれていた。そうであればこそ，イタリア都市の「自治」との際立ったコントラストが目立ったのであり，それ

166

第9章　つながり合う都市

をよく表しているのがコンスタンツの和約の解釈だ。コンスタンツの和約は，かつてはイタリア都市が皇帝に勝利して自治を確立したという側面が強調されたが，現在は基本的に皇帝の権威を十分に認め介入の余地を残した内容であったという理解が共有されている。しかしそれだけでは，皇帝に対する独立性の度合いを量や規模で測るという問題の枠組みの外には出ない。

そこでヒントになるのが，そもそもフリードリヒ１世はどのような皇帝だったのか，ということだ。彼の治世の理解は現在大きく変わっており，むしろ有力諸侯たちの力を借りて協働して帝国を統治する体制を築いていたことや，けっこう細やかに諸侯たちに気を回し，丁寧なコミュニケーションをとって諸侯の力に頼らなければ帝国統治ができなかったことが，ドイツを舞台にした政治や法制については明らかにされている。もちろんイタリアとドイツで皇帝が完全に同じ態度をとったわけではないが，イタリアにおいても皇帝の権威の回復が重要であった以上，支持者を得るためのコミュニケーションは十分に試みられた。儀礼的な最終的講和や協定の場で，話し合いを決裂させるわけにもいかなかった。ロンバルディア同盟ももちろん，皇帝と事前協議を行っているのである。

ということは，和約という結果だけではなく交渉過程を考察すれば，ロンバルディア同盟と皇帝が問題にしていたことが何であり，また諸勢力がこの交渉過程にどう関わったか，何が同盟と皇帝の相違であり，それらがどのように解決されていったのかがみえてくるのではないだろうか。以下では，ロンバルディア同盟が皇帝に提示した講和条件と，コンスタンツの和約を比較してみたい。紙幅の都合で大幅な省略を行わなければならないのが残念だが，後述する「読み解き」で扱う項目に限定して挙げてみよう。

【史料２】　ロンバルディア同盟の講和提案（1183年３～５月）項目⑴⑷⑸⑹⑽⑬⑰[4]
　我らが主イエス・キリストの名において，アーメン。

---

(4)　Manaresi, n. 132, p. 180 ff.

第Ⅲ部　都市と農村

(1)　我々は，ロンバルディア同盟に属し，そうと我々が見なしている諸都市と人々は，彼〔＝皇帝〕の恩寵が回復されたら，皇帝フリードリヒ殿と，偽りなしに，以下のような講和と友好関係を結ぶということで一致している。すなわち，皇帝は，彼の祖先たちが先述の諸都市と人々から得てきたもの，もしくは彼の祖先たちから，明白な脅迫や暴力なしに，皇帝ハインリヒのとき以降〔得てきたものを受け取る〕，それはレガリアであり慣習であるフォドゥルム，つまり慣習的な軍備，慣習的な通行保障と，十分な市場である。

(4)　レガリアは，しかし，彼によってもしくは彼の祖先たちによって，聖職者に対しても俗人たちに対しても，手許に保持され，同〔皇帝〕もしくは彼の祖先たちによって授与されていたのだが，〔皇帝は〕静謐に放棄し，他の点についても妨げないこと。しかしその他の慣習的なレガリアは，王ハインリヒの時代以降彼の祖先たちによって明白な脅迫や暴力なしに手許に保持されていたものは，〔皇帝が〕もち，保持するであろう。しかしもし，何であれ先述の財物もしくはその他のものについて，皇帝と，諸都市・諸地域・人々の間に争いが生じたら，3人は皇帝の側から，3人は皇帝が争っている諸都市・諸地域・人々の側からとして，6人の善き適任の人々が選ばれること。これら6人は誓約して，かの係争を調査し，可能な限り最善のかたちで，真実を尋ね，かの係争を，善き信義において偽りなく，決着させること。そして〔この人々の〕いうであろうことは，両方の側から確かに守られること。

(5)　そしてとくに，先述の諸都市と人々には，コンソレという役職もしくはポデスタを慣例どおりに置くことが許されること。その下に，その都市もしくは司教区および管区の人々は，都市によって定められている，もしくは定められるであろうところにしたがって，裁判を行い犯罪を罰するために集まり，従事するであろう。先述の諸都市と人々が，そのときに在位している，またはするであろう皇帝から，もしくはそのロンバルディアにおける使節から，そのコンソレもしくはポデスタのためと同時に都市コムーネのためにも，権限の授与を受けるようにしてである。

(6)　そして先述の諸都市と人々もしくはその長官たちには，フォドゥルムを徴収し，租税やその他すべてのものを，慣習どおりに，皇帝やその使節に禁止されることなく，課すことが許されること。ただし皇帝の上訴裁判権と，判決の中でなされる命令は例外である。

(10)　先述の諸都市・諸地域・人々に，都市と城塞集落に，防備施設をつくり，その

---

(5)　中世において王が独占的に行使するとされた国王大権。他者に付与することができた。

城塞を所有し保持し，改良し，新たに建設し，補修することが許されるべきこと。ただし，クレモナとその他の諸都市と人々と諸地域が自らの間で結んだ合意と協定は例外である。とりわけ，クレマを再建しないことと，オッリョ川とアッダ川の間に防備施設や城塞をつくらないことに関する，諸都市と皇帝からかの都市に与えられたところの，クレモナの特許状と証書に偽りなく含まれているとおりの，合意と協約は例外である。

⒀　同様に，同盟の諸都市と諸地域と人々は，皇帝，もしくは彼の側の都市や人々のうち何者かから先述のような方法で奪われたすべての保有物と権限を，返還すべきこと。これらの譲渡に関しては，いかなる都市や地域や人物に対して与えられたものであれ，特権，譲渡，証書，権限授与はすべて，クレモナのコムーネへの，クレマに関して行われた，譲渡や特権や協約はを除いて，破棄されたのだから。また，上述の諸都市や人々のうち何者か，もしくはいずれかの地域が，同皇帝もしくはその使節との間で行ったすべての合意，譲渡，証書は，破棄されたのであるから。もし，それらの都市，地域，または人物が，合意もしくは譲渡もしくは文書を自発的に残そうと望むようなことがなければ。

⒄　同様に，皇帝殿は，アレッサンドリアの住民たちに，人間と財産をともなって，完全な安全保障を得て，自身の地域に戻り，彼らの祖先たちがそうしていたとおりに，〔そこに〕居住し滞在することを認めること。

【史料３】　コンスタンツの和約（1183年6月25日）項目⑵⑶⑻⒆㉒㉓㉖㉙[(6)]

⑵　あなた方に認められていないレガリアが何かは，このようにして調査されるように望む。すなわちその地域の司教と，都市と司教区双方から同様に〔選ばれる〕人々が，善き意見をもち，このため〔＝レガリアの識別〕に適任であると思われる人々として選ばれるのであるが，それは都市に対しても，余に対しても，私的な，もしくは特別な恨みをもっていないような人々である。また善き信義において偽りなく，〔レガリアについて〕入念に探究し，とくに私に属するそれ〔＝レガリア〕を調査して明け渡すであろうことを誓約するような人々である。

⑶　もしまた，この調査が放棄されるべきだと〔その選ばれた人々が〕みなすようであれば，毎年2000銀マルクの納付金を要求する。しかしながら，もし巨額すぎる

---

(6)　Manaresi, n. 139, p. 195 ff.

第Ⅲ部　都市と農村

ようにみえるようなら，しかるべく慎み，その金額を軽減しよう。

⑻　皇帝もしくは王の特権によって，司教が伯権をそこにもっている都市において
は，もしコンソレたちがその司教からコンソレ職を受け取ることが習いであるなら
ば，慣習的に〔そのようにして〕受けとってきたように，同人から受け取る。そう
でなければ，各々の都市が，余からコンソレ職を受け取るであろう。結果として，
諸都市の各々においてコンソレたちは，都市もしくは司教区内に滞在している余の
使節によって任命されることに応じて，職権授与を受ける。これは 5 年間である。
5 年が経過したら，職権授与を受けるために，各々の都市は余の前に使節を送り，
向後もかようにすべし。すなわち，5 年ごとに余から〔職権の授与を〕受け取り，
もし余がロンバルディアにいない場合には，既述のように，余の使節から，5 年以
内に，受け取るべし。今はいうまでもなく，余から受け取るように。余の後継者た
ち〔の治世〕においても，同じことが遵守される。そしてすべての職権授与は無償
である。

⒆　余への恐れによって，もしくは余の使節の圧力によってなされた協定は，未成
立であるとみなされるべきであり，これを理由として何一つ要求されないであろう。
たとえばピアチェンツァのそれ，すなわち，司教ウーゴが城塞集落アルクァータに
関して結んだ，ポー川の橋梁とその収入，レガリア，贈物，協定，そしてもしその
他類似のものが同司教，もしくはコムーネ，もしくは同盟のその他の者によって余
と，もしくは余の使節と結んだものがあれば〔それらも〕，その橋はそこから得ら
れるすべての利益とともにピアチェンツァのもとにとどまること。しかしブレシャ
の聖ジュリア修道院の修道院長には常に貢租を支払うように。類似のものがあれば
〔同様にすべし〕。

⒇　辺境伯オピッツォが，同盟に参加して以降，余に，もしくは余に与した何者か
に対して，自らもしくは同盟とともに誰かによって，もしくは同盟に属する何者か
を防衛するために，彼が加えたあらゆる攻撃は，帝権の恩寵によって，余もしくは
余に与する者たちを通じて，許し，余の完全なる恩寵へと彼を受け入れよう。余に
よっても，間に入った者によっても，過去の攻撃を理由に，彼または彼に与する者
に，何ら傷害や強制をもたらすことはない。

⒇　その他に，ミラノの人々がセプリオ，マルテザーナ，ブルガリアの伯領とその
他の伯領において，行使する習いとなっていた裁判権〔統治権〕と，現在行使して
るそれは，アッダ川とオッリョ川の間でベルガモの人々が共通で保持している諸地
域を除き，また旧ロマーノとバリアーノを除き，余と余の後継者たちが反対するこ
となく，自由に，静謐に，〔ミラノの人々が〕保持し，保有すべし。〔ただし〕ミラ

第⑨章　つながり合う都市

ノの人々がベルガモ，ローディ，ノヴァラの人々に対して共通で与え，強固に継続している贈物，協定，譲渡は保留され，この承認〔＝ミラノの人々の裁判権の承認〕によって〔共通の保有が〕傷つけられることはない。

㉘　いかなるものも，先述の認可のゆえに，ミラノの人々によって，ローディの司教区の内部に獲得されたとはみなされない。ただし，もし〔ミラノの人々が〕それをもっているなら，ミラノの人々〔に属する〕ランブロ川に関する権限と，通行税は例外である。

㉙　〔余が〕ロンバルディアに入る際しては，それを支払うことが習いであり，そうすべきところの，慣例でありレガリアであるフォドゥルムを，そうするのが習いでありそうすべきときに，提供すべきこと。そして往復の際には，道路と橋を善き信義において偽りなく十分に修理すべきこと。往復の途次にある余と余にしたがう者たちに，善き信義において偽りなく，十分な市場を提供すること。

（1）レガリアについて

【ロンバルディア同盟による講和条件(4)】【コンスタンツの和約(2)(3)】

　同盟側は，基本的に皇帝たちが彼らに与えたものはそのまま維持されるとした上で，レガリアをめぐる争いが生じた場合にのみ，双方から3人ずつ，合計6人の適任者を選出して調査させることを提案した。対して「和約」は，「認められていないレガリア」をまず入念に調査させ，返還させることを定めている。その後，年額2000銀マルクという高額な納付金と引き換えにこの調査を中止する，つまり同盟側がレガリアを借り受けることができることを定めている。レガリアに関しては「和約」のほうが皇帝に有利な条項になっている。

（2）コンソレについて

【ロンバルディア同盟による講和条件(5)】【コンスタンツの和約(8)】

　「和約」は，皇帝だけでなく，慣習的に司教がコンソレ職を授与してきた都市にはその権利が保持されるとする。同盟側からの講和条件にはなかった，同盟側に有利な内容が加えられているのである。一方，5年ごとに皇帝または使節からの授与を受けることが定められ，コンソレの任命権が皇帝に属すること

171

第Ⅲ部　都市と農村

を確認する仕組みも加えられており，この点では皇帝の権威を強める内容となっている。

（3）フォドゥルムについて

【ロンバルディア同盟による講和条件(1)(6)】【コンスタンツの和約(29)】

　同盟参加者たちが皇帝に対してフォドゥルムを支払うことと，その内容が軍備，通行税，市場の提供であることは共通している。しかし同盟からの講和条件では，フォドゥルムは同盟参加者たち自身が徴収することが想定されているのに対して，「和約」は誰が徴収するのかを明示していない。参加者たち自身による徴収の可能性を明示的に排除もしないが，完全に認めるわけでもない，というところだろうか。

　（1）～（3）をまとめてみると，「和約」はロンバルディア同盟側が想定していた自治権を認めはするのだが，その行使の様態に枠をはめ，かつ皇帝の権威が明示的に確認されるよう調整されていることが具体的にわかる。そして，本章では紙幅の都合ですべてを掲載することはできないのだが，同盟側からの条件提示の後に，皇帝からの返答は「和約」以前の段階で与えられている（その内容はほぼ「和約」と同一）。「和約」が基本的には皇帝の権威を明示的に受容させた上で，実質的な自治を保障するところに落としどころを置いたことが確認できる。

　さてここまでなら，コンスタンツの和約は皇帝の権威を積極的に留保している，という研究上の定見を再確認したということにとどまる。しかし，ここで丁寧に史料の文面を読み返してみたい。というのは，同盟側の講和条件にも「和約」にも，レガリアやコンソレ職やフォドゥルムといった，「自治」の制度や法的基盤に関するがゆえに注目されてきた条項以外が多数含まれており，それらがたいへん具体的な情報を提供してくれるからだ。具体的な人名や地名が登場するということは，争いの焦点であり，講和の成否に影響を与えた要素がそれだけ個別具体的であったということを意味している。それでは，「ロンバ

ルディア同盟による講和条件」の中から具体的な人名・地名を含む条項を確認
してみよう。

（4）地域のリアルなすがた

　【史料2】(10)(13)は，有名なクレマ〔ミラノとクレモナの間に存在し破壊された重
要な小都市〕に関するものであり，【史料2】(17)は皇帝への抵抗拠点として象徴
的意味の強い建設都市アレッサンドリアに関するものだ。ロンバルディア同盟
側では，これらの主要問題に限って個別的な言及がなされている。対して，
「コンスタンツの和約」はどうだろうか。【史料3】(19)(22)(23)(26)の「和約」の条項
には，個別的な人名・地名が含まれている。

　これら各条項を確認してみると，ピアチェンツァの城塞集落アルクァータ，
ブレシャの聖ジュリア修道院長，アッダ川とオッリョ川の間の地域にあるベル
ガモが共通で権利を保持する諸地域，ロマーノ，バリアーノ，ミラノの人々が
ベルガモとローディとノヴァラに共通で与えた保有物，ローディ司教区内のミ
ラノの保有物，ランブロ川に関するミラノの権利等，多数がわざわざ言及され
ている。ということは，それらがさらなる紛争の火種になりかねないものであ
ったということ，そして場合によっては，これらを「和約」に盛り込むことを
要求し交渉が行われた可能性を含意しているのではないだろうか。そのような
眼差しで眺めてみると，まことに興味深い問題がいくつか浮上する。

　諸都市は，それぞれの「コンタード」をそれぞれの都市が支配し（あるいは
支配しようとし），しばしばコンタードの領有をめぐって争いあっていた。しか
し，これらの特別な条項には，他の都市のコンタード内に権利をもつ都市があ
ったり（ここではローディ司教区内に対するミラノの権利），さらには2都市以上が
権利を保有している諸地域が存在したりしたことが示されている。これは「コ
ンタード」すなわち中北部イタリア都市の支配領域が閉じておらず，複数の都
市に対して開かれていたということを指しているといえるだろう。そもそも中
世の「領土」というものは，決して近代国家のように排他的で一元的な主権の
下にあったわけではない。このような支配や利害の重なりを前提にすれば，誰

173

第Ⅲ部　都市と農村

の利害も損なわない「共通の利益」の追求がいかに困難であったかがみえてくる。とりわけ，潜在的な紛争の焦点となる，都市と都市の境界地域の状況によって，問題はたいへん複雑な展開を遂げた。そう考えれば，実質的には諸都市の確立した自治を損なわない皇帝の権威を認めることは，同盟の諸都市やその他の構成員たちに紛争解決のためのオプションを留保した，ともいえるだろう。

　こうしてみると，ロンバルディア同盟がはたして国家的な組織であったのか否か，同盟の諸都市は皇帝に対して自立していたのか，といった問いには，イエス・ノーで答えるのではなく，問いの立て方を変えてアプローチする必要があることがみえてくる。自治都市が発達して同盟になり，同盟が強力になって皇帝に対して自立する——つまり一方が成長すれば一方が弱くなるのではない。これらはみな，問題解決のための潜在的なオプションの束をなしていた。むしろ問いは次のようなものになるだろう。いつ，どのような問題に，どのようなオプションが選択され，活用され，機能したのか，またはしなかったのか。そしてそれはなぜなのか。「なぜ」への答えは一つではなく，そこにはある特定の都市や地域に固有の問題もあれば，ヨーロッパ中世全体に関わる問題もある。丁寧に史料を読んでゆくと，文字面ではなく行間に，たくさんの「なぜ」が絡み合って時代を動かす姿がやがて立ち上がってくるだろう。

③　ワーク

（1）確かめてみよう

　〈Google マップ〉などで，ミラノ，クレモナ，ローディ，ベルガモ，ノヴァラなどの都市に加え，アッダ川とオッリョ川の間の地域などの位置関係を確かめてみよう。その際，地形にも注意してほしい。敵対していた都市同士や，共通の利害関係をもっていた都市同士がどのような位置関係にあったかがみえてくるはずである。

第⑨章　つながり合う都市

（2）やってみよう

　地域の具体的な現実の中に分け入ってみる練習をしてみよう。【史料1】で
確認したように，ロンバルディア同盟は各都市からの上訴を受理する法廷とし
ての役割ももっていた。では，上訴は各々の地域において，どのように実施さ
れたのだろうか。以下の史料はその一例であり，1180年にミラノで宣告された
判決である。

【史料4】
　主の御名において。1月のカレンダエから〔遡って〕4日目月曜日，第14インディ
クティオに，都市ミラノで，フォンテ〔=泉〕近くといわれている聖ステファノ
教会にて。私，ミラノの裁判官でありかつコンソレであり，ピストと呼ばれている
ジラルドは，現在ローディのポデスタであるジョヴァンニ・カロピーノの補佐であ
る裁判官，バニョーロのジラルドによって下された判決に関する上訴を審理してい
るのだが，それは，上訴を受けたロンバルディアとマルカとロマーニャの長官たち
〔=ロンバルディア同盟の長官たち〕が私に審理を委託したものである。すなわち，
ローディ司教アルベリコ猊下と，他方の側のリバルド・インチェルソの間で争われ
ている紛争案件の上訴である。私は判決文書を見分し，通読し，双方から提出され
た新旧の証言も見分し，かの司教猊下の側から持ち込まれた判決文や和解文に関し
ても，特許状も公正証書も見分した。かのリバルドの出身地であるカヴェナーゴの
地域と荘園を，裁判権や，フォドゥルムや，その他の諸権限について取り調べて，
かのリバルドが告白したところと，双方の側で証明されたことによって信じ，〔私
は〕かのジラルド〔=バニョーロのジラルド〕について，司教に対して賢明な判決
を下してリバルドを有罪にしたと宣言する。すなわち，同地にもっていた牛と羊に
つき，同地で放牧させるにあたっては，年額4デナリウスを同司教区に対して支払
うべきであり，網漁に関しては，同地の他の人々同様に〔税を〕支払うべきこと。
それゆえ，同様に，私は彼が同地に居住していた間に関しては，彼を有罪とする。⁽⁷⁾
…

　この案件について，係争当事者は誰であり，誰が最初の判決を下し，どのよ

───────────────
(7)　Manaresi, n. 122, p. 169 ff.

175

第Ⅲ部　都市と農村

うなプロセスを経て，誰がこの上訴審で判決を下しているのか整理してみよう。
そこから，ロンバルディア同盟の機構が実際にはどのようなかたちで機能して
いたのかを考察してみよう。そしてあなたはこの「同盟」の機能と，都市と
「同盟」の関係をどう評価するか，考えてみよう。

（3）比べてみよう

　以下の文献を読み，ロンバルディア同盟や都市と都市以外の構成員を含む同
盟について複数の角度から考えてみよう。また，ハンザ（同盟）に関する図書
を読んで，ロンバルディア同盟とハンザ同盟とを比較してみよう。

　　＊佐藤眞典『中世イタリア都市国家成立史研究』ミネルヴァ書房，2001年。
　　＊佐藤公美『中世イタリアの地域と国家――紛争と平和の政治社会史』京都大学学
　　　術出版会，2012年。
　　＊服部良久『中世のコミュニケーションと秩序――紛争・平和・儀礼』京都大学学
　　　術出版会，2020年。

┤第10章├

都市と農村のあいだ
──北イタリア・バッサーノの条例集にみる自治──

髙田京比子

1 概 説

（1）中世都市の成長と自治権の獲得

　11世紀以降のヨーロッパにおいて，都市が経済力を蓄えて成長し自治権を獲
得していったことは，どの高校世界史教科書にも書いてあるので，よく知られ
ているだろう。たとえば，「中世都市は，司教座都市などが核になってできた
もので，はじめ封建領主の保護と支配を受けていたが，しだいに領主支配から
の自由と自治を求めはじめた。11〜12世紀以降，各地の都市はつぎつぎに自治
権を獲得し，自治都市になった。…各自治都市は独自の行政組織をもって自治
にあたった」（山川出版社『詳説世界史』，121〜122頁），「司教や諸侯などの領主の
支配を受けていた中世都市は，代表機関を作って自力で領主権力を排除したり，
皇帝・国王から特許状を得たりして自治権を獲得していった」（帝国書院『新詳
世界史探究』，111〜112頁），などの記述がみられる。つまり，都市において当初，
住民の裁判を行ったり，住民から様々な税を徴収したり，非常時に住民を守っ
たり，いわば住民生活の頂点に立つのは司教や諸侯など，その都市に支配権を
もっている人物（領主）であった。領主の裁判はときには勝手で不当なもので
あり，住民は取るに足らない理由で逮捕・拘束されることもあった。また領主
の都合のよい要求のままに，税・徴発・賦役を負担させられることもあった。
このような状態を改善するため，住民たちは，領主の法廷に赴かなくても自分
の都市において公正に裁判してもらうことや財政上の自立などを望み，徐々に

177

第Ⅲ部　都市と農村

それらの権利を自分たちのものとしていったということである。「自治権獲得」
という教科書記述の背景となるイメージを説明すれば，おおよそ以上のような
ものとなろう。ときには，領主と都市民の間で，激しい対立が起こることもあ
った。そして，このような都市の「自由と自治」は，かつての歴史学では近代
市民社会につながる要素としてポジティヴに評価され，領主に支配された農村
とは際立った対比をなすものとして認識された。現在でも教科書では農村の話
と都市の話は分けて書かれているので，中世のヨーロッパの領域は，農奴など
が生活する典型的な「農村」と，商工業が発達し，自由な市民が生活する自治
を備えた典型的な「都市」にすっぱりと二分されていた，という印象を抱いて
いる人もいるかもしれない。

　しかし，教科書には詳しく書かれていないものの（というより，各時代の大き
な特徴と歴史的流れを解説することを主眼とする教科書では，詳しく書くことができな
い，といったほうがよい），都市の自由と自治に関して，20世紀後半以降，様々
な方面で見直しが進んできた。現在では，都市と農村にそれぞれ「自由」と
「不自由」というレッテルを貼って明確に分けることはしない。教科書もその
あたりには気配りをみせており，「封建社会の仕組みは地域や時代によって
様々で，必ずしも西ヨーロッパ全体で一様に広がっていたわけではない。北欧
や南フランス，イベリア半島など，自由農民が所有する土地の多い地域もあっ
た」という注もみられる（山川出版社『詳説世界史』，101頁）。実際，ヨーロッパ
の農村はどこも農奴で満たされていたわけではないし，都市でもすべての人が
自由に生活していたわけではなく，「修業中の職人や徒弟，奉公人などは支配
的な特権層による厳しい統制のもとにあった」（東京書籍『世界史探究』，134頁）。
また都市の規模についても，人口10万人近く，あるいはそれ以上を擁する大都
市は数えるほどで，多くは人口1万人程度以下の中小都市であったことが指摘
されている。[1]領域の現実は，典型的な「農村」と典型的な「都市」の二項対立

――――――――――――

(1)　中世フランスや中世ドイツでは都市の4分の3以上が，2000人以下の人口しかも
　たない小都市であったとの見積りもある。

第10章　都市と農村のあいだ

でとらえるよりは，ずっと曖昧かつ多様であった。

（2）都市と農村の自治

　さて，このような流れの中で，とくに自治に関して特筆すべきは，次の2点となろう。1点目は，意外かもしれないが，農村部でも大きな村落では自治的活動があったということである。たとえば中世イタリア史を専門とするクリス・ウィッカムは，イタリアやスペインやフランスにおいて12～13世紀初めにみられる重要な傾向は，農民が団結して領主から慣習法文書を獲得することだと指摘している。慣習法文書とは，ウィッカムの説明によると，領主に恣意的な要求を断念させ，税の徴収額を制限するものであった。しかし慣習法文書で与えられた特権はより広く，エノー伯領（現在のベルギー南西部からフランス北東部）内の領主所領のように，居住地に一定の裁判権を認めたものも存在する。江川溫も，フランスで領主や王権から自治活動を認められた集落が，都市的集落に限られなかったと述べている。たしかに「都市的集落の発達と自治制度の整備の間には一定の親和性は見られる。しかしそれは決して正確な対応関係ではない」（『ヨーロッパの成長──11～15世紀』〔岩波講座　世界歴史8〕岩波書店，1998年，25頁）のである。

　2点目は，農村で自治的活動がみられるのとは逆に，今度は都市の自治もその程度や様態は，非常に多様であり得たということである。日本語で読める標準的概説書である服部良久・南川高志・山辺規子編『大学で学ぶ西洋史［古代・中世]』（ミネルヴァ書房，2006年）において山田雅彦は，「自治の程度は多様でありえ，イタリアやフランドル諸都市のように，ほぼ全面的な自由を享受した場合もあれば，フランス中・東部の大半の都市のように，領主権力に服す参審人団（裁判の陪審をつとめる人々）が住民共同体をも代表する場合もあった」（239頁）と述べる。いい換えると，領主からほぼ自立し，自らの自治機関を備え，領主の支配から自由に自治活動を展開した都市があった一方で，自治を担うべき住民の代表が領主の支配下の人間の場合もあったということである。この後には，さらに「またヨーロッパ全域を見渡せば，市民のみが都市の自治を

179

第Ⅲ部　都市と農村

担当したとは限らない。…このように都市自治の問題が都市と領主の関係，あるいは都市の規模に応じて千差万別であったことを理解することは，ヨーロッパ世界の地域的多様性を理解するうえで何より重要である」という文章が続く。中略の箇所では，南フランスの都市において，富裕な土地所有者である小貴族が都市運営の中心であったことが説明されている。つまり高校の世界史教科書では，主にドイツをモデルとして，大商人や手工業者の同業組合であるギルドの役割を自治活動の基礎としてクローズアップしがちであるが，実際には，自治を担う人々や団体は，商人，参審人団，小貴族など多様であった。そしてその自治の程度や内容も，地域や都市の規模，さらに時期によっても異なったのである。

　ところで，この点に関して，『ヨーロッパの成長──11〜15世紀』（岩波講座世界歴史8）において，政治的自立と自治の問題は分けて考えるべきだと提唱されていることに触れておきたい。かつては都市領主権力と都市共同体を対立させて，前者からの政治的な自立こそが都市自治の発展につながると考えられていた。しかし，中世末期のフランスの一部の都市のように，王権に従属していても，国王の承認の下に代表者を選び，市民生活に関わる広範な事柄を共同体で処理している場合もみられる。冒頭で触れたように，中世都市の「自治」として，教科書が主に念頭に置いていると考えられるのは，裁判権や自らの代表・行政組織をもつ権利であろう。しかし住民生活に関わる活動はこれに限られない。各共同体が，具体的にどのような事柄を自分たちで定めていっていたのかを探究していく作業が，教科書の記述の背後にある現実を理解するためには必要であろう。

（3）北イタリアの半都市的集落

　そこで以下では，バッサーノという北イタリアの半都市的集落をとりあげ，その自治の実際を史料に従ってみていくことにしたい。先にみたように，中世の都市自治のあり方は地域・時代によって多様であり，ここですべてを扱うことはできないからである。それでも史料にもとづいて，あくまで一例として，

第10章　都市と農村のあいだ

教科書の抽象的な記述を補完することはできるだろう。

　なお，ここでバッサーノを「半都市的集落」と記したが，その理由について少し説明しておこう。北中部イタリアの都市が高度な政治的自立を達成して，周囲の農村世界を支配下におき，都市国家となったことは教科書にも記述がみられる。たとえば東京書籍『世界史探究』（134頁）によると，「イタリアでは貴族や大商人が主導するコムーネ（自治都市）を作る動きがさかんになり，12〜13世紀には有力都市は周辺地域をも支配する都市国家に発展した」。しかし，バッサーノはここで念頭に置かれているような，たとえばフィレンツェやミラノのような，有力都市ではない。たしかに，バッサーノは自らを「コムーネ」と呼び，評議会などの自治機関を備えていたが，むしろ近隣の都市の保護下，支配下に入れられる側の，つまり領域を大きく「都市」と「農村」に分けるのならば，農村側に区分されるはずの集落であった。一方で，都市に対してある時期に一定程度の自立を保ったり，人口の面でも住民構成の点でも純然たる農村とはいえないなど，農村とはいい切れない面もある。バッサーノは囲壁で囲まれた集落で，そこには農民以外にも文書作成の専門家である公証人や靴屋，鍛冶屋，製粉屋などの様々な職人，学校の教師などが住んでいた。そこで「半都市的集落」と記したのである。じつは，中世のイタリアにはこのような半都市的集落は多く存在し，1980年代以降，研究者の注目を集めてきた。学界では，「農村都市」「準都市」「小都市」などと呼ばれている。バッサーノの自治をみることは，中世ヨーロッパの現実が都市と農村という明確な二項対立でとらえきれないことを知るためにも有効な手がかりを与えてくれるだろう。

---

(2)　とくに人口は12世紀末で約2500人と推定でき，アルプス以北であれば，都市に分類されるくらいの数であった。

181

第Ⅲ部　都市と農村

② 史料と読み解き

　本節では，バッサーノの条例集（1259年[3]）をとりあげ，中世盛期イタリアの半都市的集落の自治とは具体的にどのようなものであったのかを紐解いていく。以下，（1）では一般に条例集とはどのような史料かを説明した後，バッサーノの条例集の冒頭を読み，史料全体の概観を行う。続いて（2）では，バッサーノの条例集からいくつか具体的な条項を抜き出し，そこからどのような自治的活動が読み取れるのかを考えよう。

（1）バッサーノの条例集の概観

　イタリアで条例集（statuti）と呼ばれる史料は，共同体の規則や慣習を成文化した，法的効力をもつ規範の集成で，ドイツやフランスなど他国の都市法・村法にあたる。ただ，イタリアの条例集が基本的にその共同体の住民自らによって制定・発布されたのに対し，都市法・村法は必ずしもそうではなかった。イタリアの共同体，とくに都市は自ら法律を制定する権利さえもっていたが，アルプス以北の諸規定は多くの場合，皇帝，王，領主（司教，伯など）から，その共同体の慣習が承認・確認され成文化されていくこと，あるいは共同体が上記の権力から様々な特権を獲得し承認されることで成立し[4]，そこで自治的内容も取り決められていったのである。この点を両者の違いとすることも可能であり，王権不在に等しい北中部イタリアにおける都市やそれに準じる集落の高度な政治的自立をよく表しているといえるだろう。

　史料の内容としては，条例集によって差はあるものの，共同体の行政・司

---

(3) *Statuti del Comune di Bassano dell'anno 1259 e dell'anno 1295*, a cura di G. Fasoli, Venezia, 1940, pp. 4-144.

(4) このような場合でも，諸規定は一方的に権力の側から与えられるのではなく，王権や領主と共同体の合意の産物，あるいは共同体側からの法の自発的継受としての側面もあり，どの側面が上回るかはケースバイケースであった。

第10章　都市と農村のあいだ

法・経済・生活などを律するための幅広い事柄を含んでいた。たとえば，行政
機関の仕組み，裁判手続き，風紀取締，防衛や財政に関する事柄，共有地の管
理などである。12世紀末〜13世紀前半より各コムーネで編纂されはじめ，役人
の誓約・評議会の決議・文書化することを通じて固定された集落の慣習など，
様々な由来をもった。

　それでは，まずバッサーノの条例集の冒頭を読んでみよう。

【史料1】

　これらはバッサーノのコムーネによって，バッサーノのポデスタであるトッマー
ゾ・ディ・アレーナ殿のポデスタ就任期間の1259年，第2インディクティオ，10月
17日に作られた条例である。この条例本はバッサーノのコムーネのためのものであ
り，4冊の冊子に分かれている。その最初のものは，どのようにポデスタが誓約を
行わねばならないかを含んでいる。そしてポデスタと役人たちの誓約を含んでいる。
2番目は裁判を行うことについて，そして裁判を行うことに関すると思われる他の
事柄についてである。3番目は犯罪と，罰金を科すすべての条例について，詳細に
説明されている。4番目の冊子には他の雑多な条項が含まれている。

　ポデスタというのは，イタリア都市に独特の制度で，他都市から招聘されて
当該都市の司法・軍事・行政を統括する役人である。このとき，バッサーノに
は近隣都市であるパドヴァからポデスタが招かれていた。インディクティオは
第2章でも登場するが，15年周期の年代単位で，15年周期のうちの何年目にあ
たるかが，インディクティオで示される数である。

　さて，**【史料1】**からは，この条例集が1259年にまとめられたこと，4分冊
に分かれていることがわかる。実際，条例集をみてみると，第1分冊には33，
第2分冊には98，第3分冊には64，第4分冊には150の条項が含まれ，それぞ
れに見出しがついている。合計345であるから，かなりの量である。内容を一
瞥すると，たしかに，**【史料1】**で述べられたような大まかな分類は当てはま
るが，必ずしも理路整然と分けられているわけではない。たとえば，第1分冊

---

(5)　4〜5分冊に分かれていることは，条例集一般にみられることである。

183

第Ⅲ部　都市と農村

に，「もし火災が，ある家あるいは複数の家で発生し，その火事にやってきた人々が，それ以上火事が広がらないように，防災のためある家，あるいは複数の家を壊したならば，その損害はバッサーノのコムーネによって回復される」(28条) というような条文，第2分冊に，「バッサーノでは誰でも，毎土曜日には自分のポルティコ（通りや広場に対して開かれた建物の前の柱廊）の前と通路を掃除しなければならない。しない人は，5 ソルディを罰金としてコムーネに支払い，3分の1は通報した人のものとなる」(72条) というような条文が含まれていたりする。法律なので，若干回りくどい言い方になっている部分もあるが，要は，火事に関する規定が第1分冊に，掃除に関する規定が第2分冊に含まれている，ということである。また集落や城塞の見回りに関する条項が，第2分冊と第4分冊に分散して含まれていたりする。このような不整合・整理の不十分さは条例集一般に共通のもので，ときにはお互いに矛盾する異なる時代に起源をもつ条項が条例集全体で散見されたり，一つの分冊に起源や形態の異なる条項が含まれたりしていた。バッサーノの条例もそうであるが，条例は発布のときに何もないところから何らかの青写真をもって整然と作られたものではない。たいていは以前の年月のあいだに仕上げられた規範がそのときにまとめ上げられたものであり，古いものから新しいものまでが層になって形成されているのである。不整合はそのような条例集の作られ方から必然的に生じるものであり，のちの改定によって整備されることもあった。

　なお，内容を先取りすることになってしまうが，火事や掃除に関して定めたこれらの具体例をみただけでも，条例集がいかに当時の住民の生活一般を彷彿させる規定に富んでいるかが推察できるだろう。たしかに規範史料であるので，どこまで守られたか，古い規定がそのまま繰り返されたりしていないか，などの問題はある。しかし自治政府が発布の時点で「これは共同体で守るべきだ」と考えた条項が並んでいるので，全体的な自治の方向を知る上ではやはり基礎的な史料である。それでは，いくつかの条項を選んで紹介していこう。

第10章 都市と農村のあいだ

（2）条項の具体例とその読み解き

【史料2】 第1分冊 2条 ポデスタの誓い

　私は神の聖なる福音書にかけて，憎しみ，恐れ，愛情，私または他人の特別の利益や損害を退けて，諸聖人の日〔11月1日〕から1年間，バッサーノ・コムーネのポデスタ職を務めることを誓う。そして私はバッサーノ・コムーネの財産と名誉に従事し，それらを維持し，守ることに専念するだろう。そしてバッサーノ・コムーネのためになされたあるいはなされるべきすべての条例を，私の統治の終わりまで，友人を引き立てたり敵を圧迫したりすることなく，維持し遵守し遵守させるだろう。もしバッサーノ・コムーネの財産から何かが私の手に渡ったなら，その日もしくは続く別の日にバッサーノ・コムーネの収入役に［それが］与えられ渡されるようにするだろう。もし誰かがバッサーノもしくはその領域の中で犯罪を犯したなら，あるいは私の命令やバッサーノ・コムーネの規則に反して他の何かをしたなら，私の裁判官とバッサーノ・コムーネのコンソレと，条例の規定に従って選出された他の8人の人々の助言とともに，法の命じるところに従って，私はその者を有罪とするであろう。そしてこのことは先述のすべての人々の意志，もしくは過半数の意志とともになされるだろう。…

【史料3】 同 3条 コンソレの誓い

　私は神の聖なる福音書にかけて，憎しみ，愛情，恐れ，私または他人の特別の利益や利害や損害を退けて，誠意をもって欺瞞なしに，バッサーノ・コムーネのコンソレ職を務めることを誓う。そして私はバッサーノ・コムーネとバッサーノの人々の財産と名誉を維持し守ることに専念するだろう。そしてバッサーノとその領域で売られるワインとその他のものの測定器具を，今まで行われてきた慣習に従って監督するであろう。そしてそのときこのコムーネに仕えているポデスタ殿によって私に課されたことは何でも遵守するであろうし，遵守させるであろう。そしてバッサーノの財産を保護し管理するために，良きふさわしい農地管理人を選ぶであろう。そして私が職についているときには，私，私の家の者，あるいは何らかの介在者を通じて何も受け取らないし，いかなる利益もなさないであろう。バッサーノ・コムーネによって私に許されたものでなければ。すなわち〔その許された受領物というのは〕ワインの測定器具と4カ月ごとに各人それぞれ3リブラである。[6]…

185

第Ⅲ部　都市と農村

【史料4】　同　14条　農地管理人の誓い

　私は神の聖なる福音書にかけて，恐れ，愛情，私または他人の特別の利益や損害を退けて，誠意をもって欺瞞なしに，バッサーノ・コムーネの農地管理人職を務めることを誓う。私はバッサーノ・コムーネの条例に含まれているところに従って，ブドウ畑，麦畑，森林，平地，そしてバッサーノの人々とコムーネの他の全財産を熱心に守り，見張り，保護するであろう。そして誠意をもって，バッサーノの領域で悪事や損害をなす男や女や動物を見たり見つけたりしたなら，そのものを発見から3日以内にバッサーノ・コムーネのポデスタ殿，裁判官，あるいはコンソレに対して明らかにするだろう。友人を見逃したり，敵を圧迫したりすることなく，いかなる嘘も報告しないだろう。…

　ここに選んだ3条項はまさにコムーネの役人がその役職に就任する際に行った，誓約について記したものである。したがって，バッサーノの統治の要に関する条項だといえよう。ポデスタは先ほども述べたように都市のトップの役人で，司法・軍事・行政などを統括した。その下にいるのがここではコンソレである。コンソレは一般にはポデスタが定着する前に都市を指揮していた複数の執政官の名称で，⁽⁷⁾ポデスタとは異なりその都市出身の人物で構成された。また農村コムーネの代表者たちもコンソレと呼ばれる場合があった。ここではポデスタの下に位置し，ポデスタを補佐すると同時に，自ら農地管理人を選ぶなど，中間管理職的役割を果たしていることが浮かび上がってきている。他にも，裁判官や，城塞を守る城守，コムーネの会計を担当する収入役など，コムーネを運営して行く上で必要な様々な役職の誓約内容が続くが，ここでは，バッサーノの農村的要素をよく示すものとして，3番目に農地管理人を選んだ。農地管理人は農村条例に一般的にみられる役職で，主として共同体住民の土地や作物が人や動物によって荒らされないように，監視した。

────────────

(6)　1リブラは20ソルディ。

(7)　コンソレはイタリア語名で，ラテン語ではコンスルという。イタリア語複数形はコンソリ。ここでは単複関係なしにコンソレを使う。

第10章　都市と農村のあいだ

【史料5】　第2分冊　7条　殺人について

　同様にもしある男か女かが，バッサーノ，もしくはその領域内において，ある男または女を殺したなら，犯罪を犯した者はすべての財産をコムーネのために奪われる，と我々は定める。もしその者が息子や娘をもっていないのなら。そしてもし死亡者の相続人と和解できなければ，その者は頭を切り落とされる。たとえ，死亡者の相続人と和解したとしても，いかなる場合でもコムーネへの罰金として300リブラ支払わなければ罰から解放されることはない。そしてこのことは犯罪が行われたときから8日以内にポデスタによって遂行されねばならない。

【史料6】　同　8条　傷害について

　誰かがコムーネの館において誰かを短刀あるいは長槍あるいは剣あるいはその他のもので傷つけたならば，罰金としてコムーネに100リブラ支払わなければならない。もしボルゴやカステッロで誰かが誰かを傷つけたならば，罰金として50リブラ支払わなければならない。ボルゴの外であれば，25リブラ支払う。…

【史料7】　同　11条　殴ることについて

　もし誰かが手もしくは拳骨あるいは何らかの他のもので誰かをコムーネの館で，傷つけることなく打撃したならば，罰金としてコムーネに25リブラ支払う。ボルゴかカステッロあるいはボルゴの外で，前述のように誰かを打撃したならば，罰金としてコムーネに15リブラ支払う。

　共同体内における平和の維持，すなわち治安や裁判に関わる事項は，自治活動の中でもとくに政治的自立と関わる重要なものである。先のポデスタの誓いに，「もし誰かがバッサーノもしくはその領域の中で犯罪を犯したなら」「法の命じるところに従って，私はその者を有罪とするであろう」という規定がみられるので，バッサーノの裁判権はポデスタのもとにあったことがわかるが，具体的規定の中に，殺人罪が含まれていることから，少なくとも当時のバッサーノ・コムーネは，殺人者を裁く権利までもっていたことがわかる。またその他の犯罪については，ここで紹介したもの以外にも，平手打ちの場合，言葉で侮

187

第Ⅲ部　都市と農村

辱した場合など，場合分けがされており，相手に与えるダメージや手段によって罰金が分けられていた。さらに史料をみればわかるように犯罪が行われた場所によっても，罰金が分けられている。カステッロは城，砦，城塞などと訳すことができるが，バッサーノのもともとの集落があった場所でバッサーノの防衛の中心であった。ボルゴはその周りに発達した，やはり囲壁で囲まれた集落である。犯罪が起きた場所によって罰金が異なることから，バッサーノの共同体にとって治安を守るべき空間の重要性に差異があったことがわかる。一番重要なのは，コムーネの行政の中心であるコムーネの館であった。なお，第2分冊の冒頭にある条項は，「誰も神やその栄誉ある母（聖母マリアのこと）を冒瀆しないこと」（1条）というもので，先に登場した福音書にかけての宣誓と同じく，共同体の生活にキリスト教が深く刻まれていたことを示している。「女性を犯したり誘惑したりした場合」についても規定がみられ，女性を家長の許可なく連れ出したり，強姦したり強姦目的で乱暴をはたらいたりした場合は，殺人と同じく300リブラの罰が科された（14条）。

　ここまで，共同体の行政の仕組みや司法に関する条項をとりあげたが，条例には他にも住民の経済活動や共同体の生活に関わる規則も多数含まれている。次にそれらに関するものをいくつかとりあげてみよう。

【史料8】　第2分冊　46条　ワインをつくるときにブドウを買うべきではないことについて
　どのような男も女も，ワインをつくるときに他の土地のブドウを買ってはならないと定め，命じる。誰かがこれに反し，ポデスタ殿やその役人に対して，ポデスタ，裁判官，コンソレの判断において良き意見をもつ誰かの言葉によって［反したことが］明らかにされたならば，コムーネに罰金として100ソルディを支払う。通報者は罰金とワインの3分の1をもつ。

───────────────

(8)　コムーネの館は，13世紀初めにはカステッロの中に存在したが，のちにボルゴに移された。カステッロには住民がワインなどを貯蔵しておく貯蔵庫も存在した。

第10章　都市と農村のあいだ

【史料9】　同　47条　誰もブドウをバッサーノの領域の外に持ち出さないことについて
　誰もバッサーノの領域の外や，バッサーノの田舎や森のほうに，いかなる方法によってもブドウをもっていくことはできないし，またもっていってはならないことを定め命じる。反した者は，日中であれば，20ソルディ，夜であれば40ソルディをその度ごとに支払う。誰でも良き評判と意見をもつ人は，それを明らかにすることができ，〔罰金の〕半分をもつ。…

【史料10】　第3分冊　20条　馬の運賃の支払いについて
　運送のために馬を貸す人は，ヴィチェンツァまでなら6ソルディ，パドヴァまでなら9ソルディ，トレヴィーゾまでなら9ソルディ，フェルトレまでなら9ソルディだけしか受け取ってはならず，それ以上は受け取ってはならない。反した者は，その度ごとに，20ソルディを罰金として支払う。良き評判をもつ人は誰でも明らかにすることができ，半分をもつ。

【史料11】　同　21条　流通税を支払うことについて
　男性でも女性でも麦類，豆類，動物，皮革，木材，亜麻・トウの布地，糸，亜麻，干草，籾殻を売る人はすべて誰でも，その日または流通税を集めるためにバッサーノのコムーネによって定められた別の日に，それらのものに対する流通税を支払わなければならない。反した者は，その度ごとに，20ソルディをコムーネの罰金として失い，2倍の流通税〔を支払う〕。そして良き評判と意見をもった誰もが誓約において，バッサーノのポデスタとコンソレの裁定において通報することができ，罰金のうち3分の2がバッサーノ・コムーネのもので，3分の1が通報者のものである。

　バッサーノの経済は，主に農業と農業生産物の取引にもとづいていた。多くの規定が農村を守り，それに損害を与える人々を厳しく取り締まっている。取り締まりの対象は，人に限らず，動物にも及んだ。そのことは農地管理人の宣誓にもうかがえるし，第3分冊の多くの規定が証明している。たとえば「もし誰かの雄豚か雌豚がコムーネの農地管理人によって他人のブドウ畑や放牧地，麦畑，菜園，草地で見つかったなら豚1頭につき，コムーネに罰金として5ソ

189

第Ⅲ部　都市と農村

ルディ支払う。そして上述のように損害を受けた人に償う」という規定が第3分冊39条にみられる。他にも羊，山羊，牛などがそれぞれ別個に規定されており，バッサーノで多様な家畜が飼われていたこと，これらが他人の農地を荒らさないように注意が払われていたことがわかる。

　またワインはバッサーノの主要な輸出品であった。【史料8】【史料9】が明らかにするように，バッサーノ産のブドウでワインをつくること，そのためにバッサーノのブドウを外へ持ち出すことを厳しく取り締まっていることがわかる。【史料11】も農産物がバッサーノで広く取引されていたことを示している。なお，ここには肉や魚は含まれていないが，それらについては別に規定が存在し，とくに生肉は肉屋でのみ販売が許されていた（第2分冊30条）。また【史料11】からは，男性だけでなく女性もこのような取引に関わっていたことが読み取れるだろう。

　ところで，農業がバッサーノ経済の基礎だからといって，バッサーノが閉じられた農村であったわけではない。先にも述べたように，バッサーノには公証人や職人なども居住していた。【史料10】はバッサーノと近隣都市の交通を示しているし，第3分冊58条には，バッサーノではポデスタと評議会によって選ばれた教師が学校を開催することを定めた規定がみられる。一般に教科書が与える農村のイメージとはかなり異なる生活環境であったことがうかがえるであろう。

（3）バッサーノの自治をめぐって

　以上，バッサーノの条例の内容をいくつかとりあげてみてきた。バッサーノのコムーネがポデスタやコンソレといった共同体の代表を備え，農地を見張るための農地管理人を選んでいたこと，自ら裁判を行い集落の治安維持に努め，共同体生活が円滑に行えるよう様々な規定を定めていたことがわかったのではないだろうか。なお2の（2）ではとりあげられなかったが，第4分冊にはバッサーノの自治についてさらに幅広い活動の存在を示す雑多な条項が集められている。たとえば，コムーネの役人は評議会によって選ばれることや城守は城

第10章 都市と農村のあいだ

塞に住まなければならないこと（第1条）。バッサーノに住んでいるすべての男女は見張りを行わなければならないこと（第13条）。すべてのバッサーノの住人は財産税と間接税を支払わなければならず，軍役に就かねばならないこと（第14条）。コンソレのうち2人あるいは少なくとも1人と見張り管理人は毎夕刻，見張りをみるためにカステッロやボルゴに行かなければならないこと（第17条），バッサーノのボルゴの門を開け閉めする人に与えられる給与について（第21条）。ブレンタ川にかかる橋の通行料についての取り決め（第36条，第37条）[9]。鐘の音で評議会に集まること（第45条）。農地管理人は5年経った後でないと職務に再び就くことはできないこと（第77条）。ボルゴやカステッロの囲壁の周りに植えるべき棘のある低木について（第113条）などである。棘のある低木は，囲壁のそばに人が近づけないようにして防御力を増すために植えられたのであろう。他都市や封建領主から攻め込まれないように集落を防御することは，この時代では普通に重要なことであった。

　こうして，教科書で「自治」の一言で片づけられる事柄の背景には，非常に多様な活動があった。では，本節でみてきたバッサーノの条例集は，同時代のイタリアの都市や農村のそれとどのように類似していた，あるいは異なったのであろうか。イタリアの条例集は膨大な数で，安易な比較はできないし，ここで都市条例を実際に紹介することもできない。だが，およそのイメージをつかむためにも，次にこの点についての簡単な見通しを与えておこう。

　一般に13～14世紀頃の都市コムーネはポデスタと評議会を備え，独自の条例集（都市条例）をもち，司法・行政・軍事・インフラ整備など幅広い自治活動を行っていた。一方，イタリアの農村，とくに都市周辺部の農村は，教科書の記述にもあるように，たいていは都市によって支配されていた。農村集落のいくつかは農村条例をもち，また農地の保護管理などは自分たちで行っていた。

---

(9) バッサーノやそのブレンタ川対岸のアンガラノなどの男女からは通行料を取らないことが規定されていることから，この橋は大勢のバッサーノ以外の人々が通行に使っており，そこから通行料を徴収していたことが推察できる。

第Ⅲ部　都市と農村

しかし農村条例をもっていても役人が都市から派遣され，都市から様々な支配を受けている場合は，政治的自立の度合いは少ない，あるいはまったくない，といわざるを得ないであろう。また，都市が農村支配を貫徹したところでは，農村条例の存在すらみて取れず，都市の条例が農村の事柄をも決めてしまう場合もあった。

　バッサーノの場合は，最後でみたような都市の完全支配下の農村集落とは大きく異なったといえる。バッサーノの条例は都市条例と同様，ポデスタや評議会などの組織を規定し，殺人などの重罪まで自分たちで裁く権利を表明していた。ヴェネト州の農村条例を研究した論文でヴァラニーニは，1259年のバッサーノの条例集について，「コムーネの伝統をもつ諸都市で起こったのと同じように，条例を制定しようとする明白で自立的な意志によって作られたものである」と述べている。一方，バッサーノの条例集には，半都市的集落ならではの特徴もあった。まず農村生活を律するための様々な規定が多くみられるが，それは，土地のローカルな事情に適応しつつも，農村条例一般にみられるものであった。この点にはバッサーノの農村的要素が現れているといえるだろう。次に近隣都市，とくにパドヴァの条例集の影響が顕著にみられた。たとえば，ポデスタや役人の命令を公に伝える職務である触れ役の誓約は，パドヴァで1236年以前に定められていたパドヴァの触れ役の誓約を最初からほぼ正確に写している。また先に紹介した火事の規定も，じつはパドヴァの1236年以前に定められた規定を真似たものであった。条例集相互の類似点についてはいろいろ複雑な問題があるが，トスカナ地方の条例集を比較したサルヴェストリの試論的研究によると，このような近隣の特定の覇権的都市の条例の模倣は，半都市的集落の条例集に特徴的だということである。また都市の条例集には，農村支配に関する規定が含まれていることが多いが，バッサーノではそのような項目はみられない。これもバッサーノの条例が都市のそれとは異なることを示す要因の一つだろう。半都市的集落としてのバッサーノの中間的性格は，自治活動を映す鏡である条例にも反映されているというべきかもしれない。

　ところで，条例集をより深く理解するためには，それが発布された時代背景

とその後の運命についても知っておく必要がある。そこで最後になったが，その点にも簡単に触れておこう。①の（**3**）で述べたように，バッサーノは完全に自立していた集落ではなく，1175年に一旦，ヴィチェンツァに忠誠誓約を行っていた。その後，封建領主エッツェリーノ・ダ・ロマーノ（2世と3世）の支配下に共同体が成長する。条例集が制定された1259年は，エッツェリーノ・ダ・ロマーノ（3世）が失脚した年であった。このときバッサーノの人々は，ヴィチェンツァのバッサーノに対する支配権要求を退けるため，パドヴァの保護下に身を委ねることを決定する。彼らはパドヴァからポデスタを招聘し，本節の冒頭にもあるようにそのもとで条例集を発布した。しかし，このような一定程度の自立は長く続かず，バッサーノはこののちヴィチェンツァへの従属を経て，パドヴァの支配下に組み込まれてしまう。そして1295年，パドヴァの支配下で新たに条例集が発布された。ここでは，多くの自治活動を定め整理も進み言葉遣いも洗練されたものになるなど，時代による進歩がみられるものの，重罪を裁く規定が消えてしまった。つまり司法の自立が著しく損なわれたのである。バッサーノで継続した自治活動の内容を知るためには，さらに1295年条例との比較検討が必要であろう。なお，この後バッサーノは1404年に，当時北イタリアに勢力を拡大しつつあったヴェネツィア共和国の支配下に入る。そのとき条例の保持が裁判権とともに承認された。こうしてバッサーノはヴェネツィアの支配下に，近代までその条例集を維持していくことになる。

　教科書ではできるだけ図式的に中世世界が理解できるように，都市と農村についてまったく異なる叙述を与えている。しかし実際には，都市，農村といってもそれぞれ一枚岩ではない上，都市とも農村ともつかないような現実が存在した。本章では，そのような場所で行われた自治活動とは，具体的にどのようなものかをみてきた。半都市的集落は，時期によって都市からの影響が拡大したり縮小したりしたが，都市からの影響が縮小したときには，ここでみたバッサーノのように，独自の自治機関を備え広範な自治を行うことができたのである。

第Ⅲ部　都市と農村

③　ワーク

（1）地図を調べてみよう

〈Google マップ〉などで，バッサーノ，ヴィチェンツァ，パドヴァ，トレヴィーゾ，フェルトレなどの位置を確かめよう。またブレンタ川とバッサーノの位置関係，ブレンタ川の流路から，それがトレントにつながる街道を形成していることを確認し，バッサーノが集落として発展していく背景には，どのような交通上の利点があったのか，考えてみよう。

（2）文献を読んで考えよう

　本文で触れたように，周囲の農村領域を支配下に収め都市国家となったイタリア都市には，コンソレ，ポデスタなど独特の制度が発達した。また14～15世紀にかけては，有力都市が中小都市を支配下に置き，領域国家となった。この間の変遷を次の文献で確認しよう。

> ＊高橋進・村上義和編『イタリアの歴史を知るための50章』明石書店，2017年（高田京比子「コムーネの誕生と展開──11～13世紀ごろの様相」，46～51頁；佐藤公美「都市コムーネから領域国家へ──中世後期中北部イタリア半島の諸国家」，82～87頁）
> ＊齊藤寛海・山辺規子・藤内哲也編『イタリア都市社会史入門』昭和堂，2008年（城戸照子「都市の成立環境」，19～29頁；髙田京比子「支配のかたち」，51～69頁）
> ＊藤内哲也編『はじめて学ぶイタリアの歴史と文化』ミネルヴァ書房，2016年（佐藤公美「都市コムーネから領域国家へ」，39～68頁）

（3）都市の自由と自治について考えてみよう

　都市の自由と自治については，多くの文献がある。佐藤彰一・池上俊一・高山博編『西洋中世史研究入門』（増補改訂版）（名古屋大学出版会，2005年，82～87頁）が研究史を簡潔にまとめているので，まずそれを読み，そこで紹介された文献にもあたってみよう。とくに林毅『ドイツ中世都市法の研究』（創文社，1972年）には，シュトラスブルクの都市法の全文訳が掲載されているので，都

市法の発展の経緯や各時代の都市自治の内容を，具体的に把握してみよう。また本章で紹介したバッサーノの前文・条文と比較して，類似点・相違点などを確認し，自治とは何かを考えてみよう。

（4）条例集の研究に触れて，その意義を考えてみよう

最近は建築史関係の研究者による条例集の研究も行われている。次の文献の指定されたページを読み，条例集でどのような事柄が他にも制定されていたのかを調べよう。そしてなぜ，そのような規定が必要であったのかをまとめたり，自分で考えたりしてみよう。

　＊片山伸也『中世後期シエナにおける都市美の表象』中央公論美術出版，2013年，201〜240頁。
　＊植田暁／陣内秀信／M・ダリオ・パオルッチ／樋渡彩『トスカーナ・オルチャ渓谷のテリトーリオ』古小鳥舎，2022年，308〜321頁。[10]

図10-1　バッサーノ（現在の名称はバッサーノ・デル・グラッパ）とブレンタ川
（著者撮影）

---

[10]　本著の中で「都市条例」という用語があてられている複数の共同体は，本章で説明したいわゆる半都市的集落であり，厳密には「都市」ではない。中世イタリアでは一般に司教座をもつ集落のみが制度的には都市の名に値した。ただ準都市の条例を日本語で「都市条例」と呼ぶのであれば，あながち間違った使用ともいえない。

195

$$\diagup 第11章 \diagdown$$

抑圧された農民？
── 中世ドイツの農村社会 ──

田中俊之

1 概　説

　私たちはヨーロッパ中世の農民について，どのようなイメージを抱いている
だろうか。おそらく一般的には，厳格な封建制[1]（狭義には領主制，荘園制）の枠
組みの中で領主に隷属し，土地に緊縛され，悲惨な状況下で領主権力によって
抑圧され，搾取されているというイメージが濃厚ではないだろうか。本章は，
ヨーロッパ中世の農民をとらえる上で必要な観点や枠組みが何であるのかを考
え，農民はどのような現実を生きていたのか，その一端を示しながら，領主・
農民関係についての固定観念を解きほぐし，それによって中世の農村社会のあ
り方をとらえ返すことを目的としたい。

（1）3つの情景

　まず，教科書記述を一瞥してみよう。農民あるいは農村社会に関して，おお
むね3つの情景に分かれることがみて取れる。

　第一の情景として，「封建的主従関係を取り結ぶこれらの有力者たちは，そ
れぞれが大小の領地を所有し，農民を支配する領主であった。領主の個々の所

---

(1)　封建制とは，基本的には，主君と臣下の間に結ばれる保護・奉仕関係であり，主
　君が臣下を保護（土地の安堵，官職の授与など）する代わりに臣下は主君に奉仕
　（軍事奉仕，貢納など）する。

第11章　抑圧された農民？

有地を荘園という。荘園は村落を中心に領主直営地・農民保有地および牧草地や森などの共同利用地から成り立つ。農民の多くは農奴(2)と呼ばれる不自由身分で，移動の自由がなく，領主直営地で労働する義務（賦役）と，自分の保有地から生産物をおさめる義務（貢納）を領主に負った。…領主は国王の役人が荘園に立ち入ったり課税したりするのを拒む不輸不入権（インムニテート）をもち，農民を領主裁判権によって裁くなど，荘園と農民を自由に支配することができた。」（山川出版社『詳説世界史』，101頁）

　第二の情景として，「西ヨーロッパでは，気候の温暖化にともなって，11世紀頃から農業生産と人口が増大した。こうした変化は，森林の開墾による耕地の拡大に加えて，技術革新にともなう生産力の上昇によるものであった。農作業を容易にする水車や鉄製農具が普及し，とくに牛馬にひかせる重量有輪犂は，アルプス以北の重い土壌を深く耕すことを可能にした。また，三圃制農法(3)が普及して，全体としての生産力が高まった。生産力の上昇は，農村社会のあり方も大きく変化させた。…水車や山林の利用も共同で行われたため，共同体意識も強まった。」（実教出版『世界史探究』，118頁）

　そして第三の情景として，「〔14世紀頃から〕気候が寒冷化し，凶作や飢饉，黒死病（ペスト）の流行，あいつぐ戦乱などで農業人口が減少した。このため領主は荘園での労働力を確保するために農民の待遇を向上させなければならず，農民の身分的束縛はますますゆるめられた。こうして荘園制にもとづく経済体制は崩れはじめた。…やがて経済的に困窮した領主が再び農民への束縛を強めようとすると，農民たちはこれに抵抗し，農奴制の廃止などを要求して各地で大規模な農民一揆をおこした。」（山川出版社『詳説世界史』，126頁）

----

(2)　農奴は自由農民とは区別され，領主に隷属して賦役・貢納を行い，領主に結婚税や死亡税などを納める義務があり，領主裁判権に服した。

(3)　三圃制農法とは，農地を春耕地，秋耕地，休耕地の３つに分け，ローテーションで耕作する農法のことであり，それまでの二圃制から格段に農業生産力を高めた。

第Ⅲ部　都市と農村

（2）農民をどのようにイメージしてきたか

　これら3つの情景の記述は，上記の教科書に限らず他の教科書でも大同小異である。いわばこのお決まりの情景は一つのプロセスとしてとらえられ，かつての「暗黒の中世」像[4]を想起するまでもなく，農民や農村社会を中世の「崩壊」を裏づける要素として帰結させてしまう。たしかに一方で，第一の情景から第二の情景への移行にみられるように，中世盛期以降の村落共同体の発展とともに，農民が領主によって様々な権利を認められ，旧来の諸義務を軽減されたことは認識されている。しかし他方で，第二の情景から第三の情景への移行にみられるように，中世の「崩壊」を象徴する一連のできごとが，反動のように農民を「暗黒」の世界へと引き戻してしまうのである。

　一連のできごととは以下のようなものであろう。大小様々な戦争の頻発，天候不順によって引き起こされる凶作と飢饉，ペスト（黒死病）の大流行に代表される疫病の蔓延などの惨禍——，とりわけ14世紀のちょうど半ばにヨーロッパ全体を震撼させたペストの大流行は，大規模な人口喪失，地力・生産力の低下，穀物価格の下落，耕地の放棄，廃村などをともなって農村社会を崩壊に導く。収入減，労働力不足など領主制の危機に直面した領主による支配の再編によって，一部の農民は人格的支配を強化され[5]，領主への強い隷属を余儀なくされる（封建反動）。15世紀のドイツ西南部を中心とした体僕制（再版農奴制）の導入，エルベ川以東における農場領主制（グーツヘルシャフト）の形成が，農民を以前にもまして劣悪な環境におくことになった。このように強調されるのである。

　3つの情景をつなげて中世を俯瞰した際，農民あるいは農村社会に関するこ

---

(4)　時代を古代・中世・近代の3つに区分するなら，ギリシアやローマの高い文明を誇った古代，進歩・発展の近代のはざまに位置し，封建制下，キリスト教（カトリック）の支配に人々は束縛され，「暗黒」の闇にうごめいていたとするイメージ。イタリア・ルネサンス期にこのイメージが普及したとされる。

(5)　結婚税や死亡税に加え，移動の自由の制限の強化，初夜権の掌握など，人格を抑圧するかのような支配が領主の権限となったとされる。

第11章　抑圧された農民？

うした理解は概説的には妥当なところかもしれない。とくに，体僕制下の農民のイメージは，各地で農民の様々な抵抗・反乱を誘発しながら16世紀前半のドイツ農民戦争に結実するまでの，また農場領主制下の農民のイメージは，19世紀に進む農奴解放にたどりつくまでの，それぞれ苦難の過程に結びつく。

　他方，中世都市論を契機に定着して久しい中世史一般における領主制説の優位，すなわち中世都市を象徴する概念としてかつての学界でも一世を風靡した「自由」と「自治」に関して，「自由」を権威への従属，「自治」を領主側から領域住民に付与された特権とする理解が，「自由」・「自治」の牙城としての中世都市像(6)を相対化した。このことは同時に，農民，農村社会に関しては逆説的に認識され，たとえ農村における村落共同体の発展がみられたとしても，それは14世紀半ば以降の様々な災禍に至るまでの一時的なもの，総じてみれば，中世を通して領主権力の圧倒的な強さと圧政を甘受する農民の弱さを頑なにイメージすることに資してしまったことも否定できない。都市ですら領主制の影響力が強かったのであれば，農村においてはなおさらだと理解してしまうのである。こうして学界では広く受け入れられた中世都市像の相対化は，本来の意義とは反対に，農村に対する固定観念を覆せなかったともいえるだろう。

　本章が目指すのは，中世史研究の動向への曲解を是正し，しみついた固定観念を払うことである。とくに第二の情景がもつ意義を領主・農民関係を主軸にとらえることに努めたい。

②　史料と読み解き

（1）踊る農民たち
エルンスト・シューバート(7)が描き出した農民像は躍動感にあふれている。

---

(6)　19世紀末以来，1970年代頃まで，「中世都市」といえば，封建制社会の中の孤島として登場した「自由」・「自治」の空間と理解されてきた。

(7)　ドイツの歴史家（1941～2006年）。翻訳書のタイトルには「シューベルト」と記

199

第Ⅲ部　都市と農村

1990年代末にドイツで一般向けの放送テキストとして編まれた3部作の一つを
シューバートが担当し，そこで「名もなき人々」の一つとして農民をとりあげ
た。ここでは，シューバートが挙げるいくつかの史料からみえてくる農民像を
整理しておこう。

【史料1】『フランケン地方の農民判告録』[(8)]

旧来そうしてきたように，修道院長代理は全12人〔の従者〕で馬13頭，美女1人，
鷹1羽，猟犬2匹をともなって来るべきである。そこで農民たちは，旧来そうして
きたように，彼と従者たちのために夕餉，朝餉のすべての費用を支払い，接待すべ
きである。しかし修道院長代理自身が予告だけで姿をみせず，その際に農民たちが
準備のために支度をととのえてしまっていたら，その際には領主館の役人が支払い
を行い，その代価をしょいこむのが当然である。

この史料は，1465年，フランケン地方の村落マルケルスハイムの農民たちが
公証人[(9)]の前で，一つの「判告」[(10)]，すなわち村落領主たるヴュルツブルクのノイ
ミュンスター修道院長代理および農民たち双方の権利と義務について，一つの
証明を行ったことを示すものである。

されているが，「シューバート」のほうが日本の歴史研究者には馴染み深いので本
文ではこちらを採用する。

(8)　Gerd Althoff / Hans-Werner Goetz / Ernst Schubert, *Menschen im Schatten der
Kathedrale*, Darmstadt, 1998, S.233. エルンスト・シューベルト（藤代幸一訳）『名
もなき中世人の日常——娯楽と刑罰のはざまで』八坂書房，2005年，23頁。ここで
の邦訳はドイツ語版から筆者が訳出したもの。

(9)　公証人とは，事実の存在や，契約などの法行為の正当性を証明，認証する者。

(10)　ドイツ語でヴァイストゥム（Weistum）あるいはヴァイズング（Weisung），それ
を集めた判告録をヴァイステューマー（Weistümer）という。農村社会を知る手が
かりとなる有力な史料として編纂されている。19世紀にヤーコプ・グリム（グリム
兄弟）によって編纂されたヴァイステューマーが包括的なものとして知られる。そ
の後，ドイツやオーストリアの各地域でそれぞれ独自に編纂，刊行された。日本に
おけるヴァイステューマー研究者として橡川一朗氏，山本健氏，服部良久氏らを挙
げることができる。

第11章 抑圧された農民？

　ここから読み取れるのは，さしあたり以下の2点であろう。一つは，村落領主の視察時に，領主とその従者のために農民たちが負担して接待をしなければならないことが旧来の慣習であったが，もしも領主が予告に反して来訪を取りやめた場合には，接待の準備にかかった費用を領主役人が支払うのが当然であるということ。2つ目は，従者，馬，美女（娼婦），鷹，猟犬の数まで定め，それだけ余分にかかる農民負担を最小限にとどめるのが当然であろうということ。そしてそれらの点を領主側に通告することによって，行き過ぎた領主支配が農民の権利を侵害してしまうことを農民側から抑制しようとしていることが読み取れる。「旧来そうしてきたように」とは，「旧来の慣習に従って」と読み替えてもいいだろう。農民たちは場合によっては領主側の行動にクレームをつけ，慣習に従うべきだと主張することによって，最終的に領主を農民たちの慣習に従わせ，あるべき正当な保護・奉仕関係の枠内に収めてしまうことをもくろむのである。

　「判告」が基本的には農民側によって定められ，領主側がそれを受諾する形で（領主側から）公布されるものであったとすれば，それは領主・農民間の合意文書である。農民は領主の押しつける要求に無条件に服従したのではないことが，この史料からわかるのである。

【史料2】『ツィンメルン年代記』[11]

　しかしカラスムギ〔燕麦〕は，麦わらが1本も外套にくっつかないように，混じりけがなく純粋なものでなければならない。なぜなら，もしもそういう〔カラスムギが外套にくっつくような〕ことが起こったなら，外套に何もくっつかないくらい外套がきれいになるまで，人々は他のカラスムギを差し出すことになるからである。

　この史料は，ドイツ西南部のシュヴァーベン地方の領主ツィンメルン伯家の家系年代記の一コマである。ツィンメルン伯家の所領の一つであった小村落ベ

---

[11]　Gerd Althoff et al., *op. cit.*, S.237. シューベルト，前掲書，30頁。ここでの邦訳はドイツ語版から筆者が訳出したもの。

201

第Ⅲ部　都市と農村

ッテンドルフの農民が年貢としてカラスムギを領主に納める際，黒い外套をま
とった領主（あるいは収税吏であろうか）にめがけて，納めるべきすべてのカラ
スムギを次々と投げつける。もしも投げつけられたカラスムギが外套にくっつ
けば，それは混じりけのある粗悪なカラスムギであって，したがって外套に何
もくっつかなくなるまで，農民はカラスムギを投げ続けることになる。すなわ
ち純粋な混じりけのないカラスムギであれば，外套にくっつくことはないはず
であるから，そうした品質のよいカラスムギを年貢として差し出さなければな
らないというわけである。

　これが一つの儀式であることはいうまでもない。シューバートによれば，農
民が現物貢租を納める際には概して，しばしば品質の悪いものが混ぜられるこ
とがあり，領主はこれに不満を唱えていたという。この儀式は，そうした領主
側の不満も農民側への疑いも解消してくれるものであっただろう。農民がこう
した儀式に領主側を巻き込む形で年貢の品質検査が行われることにより——こ
こには当然ながら，農民のストレス発散という意味合いもうかがえるだろう
——，領主・農民間の余計なトラブルが回避されたのである。その際，領主側
は農民側のもくろみを承知の上でこの儀式にあえて巻き込まれていたとみるの
が妥当だろう。

　以上の2つの史料から読み取れるように，シューバートが描き出した農民た
ちは，きわめて主体的である。みずからの主張を領主にぶつけ，ときには儀式
に領主を巻き込んでしまう。旧来の固定観念にもとづく領主・農民関係をシ
ューバートは新たな視点でとらえ直した。農民独自の生活様式の一部を浮き彫
りにしてみせたのである。では領主への「抵抗」の場において，【史料2】が
描く農民たちはなぜ儀式を重視したのか。シューバートによれば，当時の農民
はそのほとんどが無文字文化の中で生きていたという。【史料1】のように，
「判告」を作成する場に関与できた農民の中には，ある程度の文字能力をもっ
ていた者もいたかもしれないが，大半の農民は文字能力を欠いていた。そこで
彼らは文字を要しない慣れ親しんだ遊びを儀式化して領主に「抵抗」したと考
えることもできるだろう。

202

第11章 抑圧された農民？

　もう1点，シューバートが重視するのは，農民たちの「規制」が領主に対してのみならず共同体内部の結束に対しても重要な役割を果たしたとする点である。次の史料をみてみよう。

【史料3】『オーストリア判告録[12]』

　他の［色の］羽をもたない白い雌鶏を1羽［が領主に納められるべきである］。そして貧しき臣民たちは，橇の上に乗せたその雌鶏を全員で城館へ引っ張っていくべきである。しかし［橇を］引かずに家にとどまる者はいずれも，村落共同体当局［執行部］に罰金を支払うことになる。…そして雌鶏が城館に連れてこられたら，彼らは中庭で雌鶏の周りでダンスを踊るべきである。そしてシュティクセンシュタインの領主は，彼らに1杯の飲み物を振る舞い，さらにパンを与えるべきである。

　この史料は，低地オーストリアの村落共同体ジードリングにおける「判告」である。共同体は領主への貢納を"貧しい"臣民，すなわち農民たち全員が力を合わせて行うことを原則とし，それに加わらない者には罰金を科したのである。共同体秩序を維持するために皆が守るべき掟を義務として課していたことが読み取れる。もちろん農民たちは，貢納の代価として領主に飲み物とパンを振る舞うよう要求することを忘れてはいない。このことが領主・農民間で合意されていたとすれば，農民の「規制」は，領主に対してのみならず共同体内部に対しても規律化の役割を果たしていたということができるだろう。

　このように，【史料1】【史料2】【史料3】の事例はいずれも，農民の行動基盤は村落共同体にあり，農民は主体的かつ積極的にみずからの権利を主張し，あるべき領主・農民関係とは何かを示すことによって，領主の合意を引き出したのである。同時に，【史料3】に明示されているように，農民は権利を主張して領主に「抵抗」するばかりでなく，みずからに対しても掟を定め，規律化を進めることによって，領主・農民間のまっとうな保護・奉仕関係の構築に寄

────────────

(12) Gerd Althoff et al., *op. cit.*, S.238. シューベルト，前掲書，32頁。ここでの邦訳はドイツ語版から筆者が訳出したもの。

第Ⅲ部　都市と農村

与したといえるだろう。

　では領主に積極的に権利を主張し，領主に「抵抗」する農民はなぜ生まれた
のだろうか。教科書記述にみられた3つの情景のうち，ここでは第二の情景か
ら第三の情景への移行をもたらした要因の一つとして挙げられているペスト大
流行が，都市および農村にどのような影響を与えたのかを考えてみよう。

（2）時代背景を探る

①　農業危機

　第三の情景の基礎になっているのは，中世後期の危機について論じた1930年
代のヴィルヘルム・アーベルの研究である。アーベルの見解を簡約すれば次の
ようになる。中世後期にみられる急激かつ大規模な人口喪失は14世紀半ばのペ
ストの襲来によってもたらされたが，その結果，食糧需要は後退し，穀物価格
は下落，長期にわたる農業経済の不景気が到来した。農村において農業生産物
の価格が下落するのに対して，都市では手工業製品の価格が上昇し，労働賃金
も上昇傾向を示した。人口減少と「農業危機」は，農村社会を中心に多くの荒
廃を招き，農民は活路を見出すべく，農村から都市へと殺到したのである。

　アーベルが提起した「農業危機」というテーゼには，その後，数多くの研究
者が批判を寄せた。シューバートもその一人である。シューバートの論点は多
岐にわたるが，都市や農村にペストが与えた影響については，以下の点に集約
される。すなわち，ペストの被害は農村よりも都市において甚大であったとい
う点である。家屋が密集し，道路には汚物塵芥があふれ返る都市こそが，人々
の健康に危険をもたらしやすかったはずだというのである。17世紀末にペスト
襲来の波が緩和傾向を示しはじめたとすれば，そのときこそ，都市衛生への関
心が社会に広まり，当局による対策が徐々にでも本格化していったであろう。

　シューバートはその上で「農業危機」を俎上に載せ，「農業危機」は農民を
都市へと駆り立てたのか，という点に疑問を投げかける。ペストによって起こ
った農民の都市への大規模な流入——，これはこれまで強調されてきた論点だ
った。たしかに中世盛期以来の都市人口の膨張カーブは，ペスト大流行によっ

204

て深い切れ目を刻んだだろう。しかしシューバートによれば，それは一時的な停滞であり，遅れて再び人口膨張ははじまったという。それは農村から都市への大規模な人口流入があったからである。そこで，なぜ農民は都市へと流入したのかがあらためて問題になる。アーベルの考えに従えば，「農業危機」にその理由が求められるだろう。しかしシューバートは，農民の農村離脱がしばしば村落領主による圧政の結果であったことを認めつつも，それ以上に，都市が農村手工業を誘致した結果であったと指摘する。中世盛期にすでに盛んになっていた農村手工業を生業とする農民が，中世後期に需要に応えて都市に流入することによって都市人口の回復の土壌となり，その結果，農村出身者による大量の新市民が誕生したというのである。

② 市外市民

なぜ農民は都市に流入したのかという問題は，領主に積極的に権利を主張して「抵抗」する農民がなぜ生まれたのか，という問題に通じる。この問題に関しては，ペーター・ブリックレ[13]の見解がより示唆的である。ブリックレは，農民を市民として受け入れるどのような理由が都市にあったのかという問いを立て，中世後期における市外市民制度に着目してそれを俎上に載せたのである。

市外市民制度とは，都市が周辺農村に居住する貴族や農民に市民権を与え，市外市民契約を結ぶことによって，都市と個々の貴族や農民との間に保護・奉仕関係を構築するという政策である。しかし農民の場合，多くは都市ではなく農村に居住しながら市民特権を享受しつつ，農村の共同地，耕地，牧草地，森林等を用益して旧来の領主の権利を侵害したため，領主経営を破綻させ，領主支配を骨抜きにする危険があった。そのため，領主は様々な措置を講じて都市に対抗したのである。このように都市・農村関係に大きな影響を与えた市外市民制度は，都市が領域支配への関心を強めて支配領域を拡大する手段の一つだ

---

(13) ドイツの歴史家（1938～2017年）。農村社会やドイツ農民戦争の研究などでとくに1980年代以降，日本における研究にも強い影響を与えた。

第Ⅲ部　都市と農村

と理解されてきた。都市の人口減少を農村人口によって補塡するとは，農民が直接に都市の市壁内に流入した人口以外に，市外市民契約を交わした農村人口を含んでいると考えていいだろう。

　さてブリックレは，都市が農民を「市民」として受け入れる理由として，都市の領域政策的利害だけでは説明できないとする。なぜなら，諸都市が次第に各「市民」に都市内に家を確保して1年のうちの大半を都市で過ごすよう要求してきている事実があるからだという。したがって，市外市民制度が発展するには，別の理由づけが必要ということになる。そこでブリックレが指摘するのは，都市における労働力の欠如という点である。ペストによって急激な人口喪失に見舞われた都市が直面したのは，何よりも労働力の欠如であった。都市にとっては，いかに労働力を確保するかが急務となったのである。その結果，労働賃金の高騰は農村住民に新たな可能性を開いた。都市は多くの農民を「市民」として都市人口に組み入れることによって，納税負担者数の増大，農村経済の産物（農業手工業製品）の供給，あるいは傭兵の確保といったさらなる利益を期待できたし，農民は旧来の領主から様々な妥協を引き出す切り札を手にしたのである。

　以上のようなシューバートやブリックレの見解からも明らかなように，農民の動向は都市の動向と不即不離の関係にある。【史料1】【史料2】【史料3】が示す農民の積極的な権利の主張の背景にあるものを考える上で，ペストが都市と農村の双方に及ぼした影響とその相互関係を看過するわけにはいかないのである。甚大な被害を被ったのは農村よりも都市であったこと，都市における労働力の欠如こそが農民を都市へ引き寄せたこと，さらにそうした都市との関係によって，農民が旧来の領主との間に新たな関係を築くチャンスを手に入れたこと――，中世後期の農民の主体的な行動の背景をとらえようとする際に以

---

(14)　都市による支配領域拡大政策。騎士（領主）化した富裕市民が都市の市壁外に支配領域を有したり，都市が農村地域の諸々の裁判権を掌握したりすることにより，中世後期の大都市はしばしば土着の村落領主と紛争状態に陥った。

第11章　抑圧された農民？

上の点を押さえておくことは，史料の読み解きにとって重要だと思われる。

③　貴族の経済的危機

　しかし他方で，シューバートが領主・農民関係から新しい農民像の素材を導き出したとすれば，中世後期の貴族（領主）の動向についても，ここであわせて押さえておく必要があるだろう。そこで最後に，中世後期において貴族はどのような経済的状況にあったのかという点について考察を加えておくことにしたい。

　中世後期の貴族の経済状況に関する評価は地域によって様々である。ヴェルナー・レーゼナー[15]によると，中世末期の同時代人による証言も様々であって，贅沢に興ずる貴族に関する証言もあれば，貴族による盗賊行為の多発は当該地域の多くの貴族家系の貧困に原因があるとする証言もあったという。こうした点で，中世後期の貴族の富や貧困を論じる際には，時期，地域，個々の家系の階層等を区別して，中世後期のどのような現象がそれらに作用したのか，あるいはしなかったのかを考慮する必要があるだろう。

　レーゼナーによれば，ドイツ西南部の貴族家系の一般的傾向として経済的危機が深刻であった。いくつかの貴族家系は経済・財政政策において成功し，高い収入を獲得しえたのに対し，大抵の下級貴族家系や小土地領主層は深刻な経済状況に直面していたという。ここでの問題は，もしそうであったとすれば，そうした経済的危機に直面して貴族はどのように対処したのか，そして貴族の経済的危機は中世後期におけるどのような現象と相互関係にあったのかという点であろう。

　ドイツ西南部において貴族が経済的危機を克服するために導入した対農民政策は，主に体僕制であった。農民を体僕身分に落とし，移動の自由の制限，結婚の制限，新たな税負担などを強制し，土地に緊縛することによって，領主経営の立て直しを図ろうとした領主主導の政策である。この政策は，第三の情景

---

　[15]　ドイツの歴史家（1944年～）。中世の農業史・社会史・制度史を主な専門とする。

207

第Ⅲ部　都市と農村

にも記されているように，しばしば領主反動として領主制再編のプロセスに位置づけられてきた。それと同時に，抑圧され，悲惨な生活を強いられた農民像をイメージするのにも一役買った。しかしこの政策の導入は各地で農民側の激しい抵抗を招き，長期にわたって領主・農民間の紛争の原因となったため，貴族の経済的危機の克服を成功に導いたとは必ずしもいえない。それよりはむしろ，貴族自身によるある特定の現象への対応に目を向けるべきである。それは，一つには都市との関係，もう一つは進行していた領邦化[16]への対応である。

④　貴族にとっての都市と領邦化

　都市との関係では，レーゼナーも指摘しているが，多くの下級貴族はしばしば財政的に潤う都市への軍事奉仕や，名声を誇る傭兵隊長の中隊での活躍によって高い収入を得ることができた。それらが，生計を切り詰められた多くの下級貴族にとっては苦境から逃れるチャンスだったのである。とくにイタリアの都市コムーネ[17]への軍事奉仕は，ドイツ西南部の貴族にとっては比較的近隣での奉仕だったという点で都合がよく，経済的に大きな役割を担ったであろう。

　他方，13世紀半ばにシュタウフェン王朝が断絶して以降，大空位時代を経て，ドイツでは領邦化がますます進行し，14・15世紀には大々的に展開したと考えられる。領邦化のプロセスにおいて貴族に影響を及ぼしたのは，領邦君主の権力であった。領邦の拡大，領邦君主の権力強化は同時に小領主（下級貴族）の支配基盤を縮小し，しばしば小領主層は大領主層への依存を余儀なくされたのである。多くの貴族は大領主層でもあった領邦君主への奉仕という点にも新たな活動の可能性を見出し，軍事，行政などの官職を担うことによって，収入の確保に努めた。またしかし，こうした官職をめぐっては，都市の領域拡大政策

---

(16)　領邦とは，中世ヨーロッパにおいて1人の君主によって包括的に支配された王権から自立的に支配される支配圏を指す。ドイツではとくに領邦が自立化傾向を強め，国家の体裁を整えていった。これを領邦国家と呼ぶ。

(17)　商業による有力市民層の富裕化のもとで，周辺の封建領主層から自治を獲得し，主に北イタリアで自治都市から発達した都市共和国のことをいう。

第11章　抑圧された農民？

にともない，市民層との競争に直面することになるであろう。

　むろん，領邦化のプロセスにおいて貴族の再編・統合がスムーズに進行したかというと，そうでもなかったと考えられる。とりわけドイツ西南部では一領主について細分化された領地が各地に散在している場合が多く，また領地が領邦をまたいで存在していた場合もあり，複数の裁判権をめぐってさらに複雑な権利関係をともない，領邦の拡大は領邦君主・貴族間にしばしば激しい紛争を引き起こした。また領邦君主への依存を拒んだ貴族家系の多くは，同様の家系同士でしばしば同盟を結び，領邦君主や都市と戦ったのである。

　以上のような中世後期における貴族のありようを踏まえれば，様々な危機の影響を受けて深刻な局面に直面したのは，農民よりもむしろ貴族（領主層）のほうであったとも考えられる。都市や領邦のはざまでそれぞれの動向に左右されつつ，貴族は経済危機をはじめとして様々な困難に立ち向かっていかなければならなかった。その意味でも，領主にとって領主・農民間の良好な関係は自身の苦境を脱するためにも維持し続けなければならないものであり，だからこそ領主は農民の要求に対して多くの譲歩をしたのだと考えることができる。

③　ワーク

　史料を読んで各問に取り組んでみよう。

（1）太い鞭

　レーゼナーはその著書の中で，現ドイツのメクレンブルク＝フォアポンメルン州のメクレンブルクに滞在したある旅行者の手記を紹介している。

【史料4】[18]

　1日でもメクレンブルクの地所に滞在した者は誰でも，非道な事態を目の当たりにして，きっと胸がつぶれるほどの戦慄を覚えるであろう。たとえ領主がたまたままともな人物だったとしてもである。忌まわしい習慣が，まともな人間的な感情を抑えつけるのに慣れてしまっているだけのことなのだ。私がそこへ出かけて行き，

209

第Ⅲ部　都市と農村

> 屋敷に足を踏み入れたときに最初にみたものは，壁にかかった大きくて太い鞭だった。管理人は過失があれば何であれ，みせしめにそれで打ち，畑を耕している農奴を監視するために馬に乗って畑まで行く際には，必ず鞭を携え，軛馬であれ人であれ，何かまちがったことをしたならば，激しく打ち据えたのである。なんと恐ろしい光景であろうか！

① 下線部の「メクレンブルク＝フォアポンメルン州」とは現在のドイツのどの地域に存在するだろうか。
② 下線部の「領主」「管理人」「農奴」の３者はどのような相互関係にあると読み取れるだろうか。
③ この史料は，いつの時代の情景を描いたものだろうか。

（2）働けど働けど

次の史料は，同じくレーゼナーがその著書の中で挙げる，ブランデンブルク辺境伯領での悲惨な農民の現状を示す事例である。

【史料5】[19]

> よく知られているように，田舎の人々はその日暮らしをしており，もしも領主による，そして公的な義務をきちんと果たすことができれば，幸運である。最良の環境においても，彼ら自身の農地は彼らがどうにか生き残るだけのものしか産み出さない。農民にとって，次の年に向けて何かを別に取っておくなど不可能である。もし少しでも不運なことがあれば――不十分な収穫あるいは不作，家畜１頭が失われたり，疫病がたくさんの家畜の死をもたらしたり，火事や雹またはその類のものによって引き起こされた損失――，そのような際には地所の持ち主も政府も，農民

⒅　Werner Rösener, *The Peasantry of Europe*, Oxford, 1994, p.105. ここでの邦訳は英語版から筆者が訳出したもの。ドイツ語版からの邦訳は，ヴェルナー・レーゼナー（藤田幸一郎訳）『農民のヨーロッパ』平凡社，1995年，150頁。

⒆　Werner Rösener, *The Peasantry of Europe*, Oxford, 1994, p.115. ここでの邦訳は英語版から筆者が訳出したもの。ドイツ語版からの邦訳は，ヴェルナー・レーゼナー（藤田幸一郎訳）『農民のヨーロッパ』平凡社，1995年，163頁。

の義務を免じてやらねばならない。

① 下線部の「ブランデンブルク辺境伯領」とは，現在のどの地域を指しているだろうか。
② この史料は，いつの時代の情景を描いたものだろうか。
③ ②について，なぜそう考えるかを説明できるだろうか。

（3）法の原則

次の史料は，『シュヴァーベン・シュピーゲル』からの一節である。

【史料6】[20]

　領主が我々を保護するがゆえに，我々は領主に奉仕すべし。したがって領主が我々を保護せざるならば，我々は法に照らして領主に奉仕せずともよし。

① 下線部の『シュヴァーベン・シュピーゲル』とは何だろうか。
② 有名な『ザクセン・シュピーゲル』と，この『シュヴァーベン・シュピーゲル』とは，何が同じで何が異なるだろうか。
③ この史料は，いつの時代について述べているだろうか。
④ 下線部の「我々」とは誰のことだろうか。
⑤ 下線部の「法に照らして」とはどのような意味だと解釈できるだろうか。
⑥ この史料は何をいおうとしたものだろうか。

（4）修道院襲撃

　次の史料は，現スイスのアインジーデルン修道院の修道院長ならびに修道士たちが，近隣の農村シュヴィーツおよびシュタイネンの農民たちから被った

---

(20) ハンス・K・シュルツェ（千葉徳夫・浅野啓子・五十嵐修・小倉欣一・佐久間弘展訳）『西欧中世史事典』ミネルヴァ書房，1997年，80頁。

第Ⅲ部　都市と農村

数々の損害について，仲裁裁判官たちに提出した訴状（1311年）の一部である。

【史料7】 [21]

　上述の人々，すなわち…〔アインジーデルンの〕修道院長と修道士たちは，上に同じく告訴し，手続きを行う。すなわち，シュヴィーツならびにシュタイネンの農民たちは200人でもって，修道院に帰属してきた，そして今も帰属している土地のあるフィンスターゼーへやって来て，そこで不法に襲撃を試み，旗を掲げ，合法でもなく権利もないのに，そこで彼ら〔修道院〕の雌牛，彼らの牛を奪い取った。そこで，彼ら〔農民たち〕が彼ら〔修道院〕に対し，〔事態を〕改善し，償うべきか，上に同じく法的手続きを取った。損害は200ポンドほどに上ったのだ。

① この史料で描かれている農民たちの行動は，**【史料1】**から**【史料3】**までで描かれている農民たちとどのように違っているだろうか。

② アインジーデルン修道院の修道士たちが仲裁裁判官たちに訴状を提出したのは，どのような理由からだったのだろうか。

③ 下線部の「200人でもって……襲撃を試み……〔雌牛，牛を〕奪い取った」行為を，農民たち，修道士たちはそれぞれどのように考えているだろうか。

④ ③について，史料の文言のどの箇所から導くことができるだろうか。

---

(21) *Quellenwerk zur Entstehung der Schweizerischen Eidgenossenschaft*, Bd.2, bearb. von Traugott Schieß ua., Aarau, 1937, Nr.579, S.284. ここでの邦訳は筆者が訳出したもの。

第11章 抑圧された農民？

図11-1　スイス随一の世界遺産，アインジーデルン修道院
　　　　（著者撮影）

213

```
史料への扉 4
```

公証人記録——名もなき人々の生きた痕跡を探る

　「公証」とは証人の立ち会いのもとに当事者同士の間でなされた契約が，公証人
によって記録されることを指す。こうして残された記録は，西欧中世の社会を理解
する上で重要な史料の一つとなる。ここでは，公証人記録と呼ばれる史料がどのよ
うな経緯のもとで残されるようになったのか，また史料からどのような情報を読み
取れるのかをみてみたい。

公証と記録　　公証の起源は古代に遡り，ローマ法において規定がある。西ローマ帝
　　　　　　　　国の滅亡後も，イタリア半島を中心に公証の法慣習は継承され，12世
紀頃の「ローマ法学の復活」の中で公証術もまた盛んに学ばれるようになった。中
世の大学に在籍した多くの学生にとって法学学位よりは取得のハードルが低かった
資格である公証術は盛んに学ばれた。公証人は携わった契約についての記録を帳簿
につけて保有する。まず，公証人は依頼人の話を整理して，契約書のひな形に落と
し込んでいく。そして，その契約の内容が，第三者である証人の立ち会いのもとに
読み上げられて確認される。この，第三者は契約当事者と利害関係のない他人であ
るべきであったが，地域と事情によっては，契約当事者の親族などが指名されてい
る場合もある。この読み上げの記録が，公証人の帳簿に筆記されて残される。この
ように，当事者間での合意を，公的に記録により保証するという点において，公証
は世俗や教会の権威による証書発給のプロセスとも地続きである。ただし，公証に
おいて特筆されるべきは，契約書面の原本の作成がともなわなかったと考えられる
場合が非常に多いことだ。これは，記録素材の問題と公証を依頼する人々の記録に
対する意識の反映である。他の多くの史料がそうであるように，主な記録素材は中
世後期まではもっぱら獣皮紙である。素材として高価であることに加え，文書庫を
もたない人々にとって記録の現物の保管にも困難がともなった。したがって，契約
書の原本を所有することよりも，合意したという当事者間の記憶をかたちに残し，
何かがあったときに記録を参照できる仕組みである公証には大きな需要があった。
　公証内容の真正性が担保されるには，大きくは3つのプロセスがあった。一つは
中間団体の介在である。たとえばイタリアでは都市ごとに公証人組合が結成された。
組合に所属することは公証人の身分のみならず，契約文書の書式の正確さや文章自
体の真正性の担保を保証することにもつながった。また，都市政府が自らの文書庫
において公証人記録の保管を行う場合もあった。典型となるのは，13世紀頃から組

史料への扉 4　公証人記録

織されはじめたヴェネツィアの小尚書局である。また，中世の法廷訴訟記録をみて
いると，しばしば契約をめぐる民事裁判であるにもかかわらず，原告と被告の双方
でほとんど争った形跡のない案件に出合うことがある。紛争を擬することによって
ある契約に関わった当事者たちが，その内容を司法上の記録に残すこともまた意図
されていた。

史料としての　公証の結果残された記録の内容は多岐にわたる。様々な商品の取引
公証人記録　記録のほか，結婚契約書や遺言書など人々の生活に関わる記録も含
まれている。とくに，遺言を残すことは中世の人々にとって重要な意味をもった。
遺言を残す目的の一つは，遺言人がもつ財産，とりわけ動産の配分における遺言人
の意思を明確にして，相続財産に関する紛争を未然に防ぐことにあった。遺言者の
死後，教会への寄進や，救貧行為など善行を依頼することも頻繁になされる。かつ
て，フランスの中世史家ジャック＝ル＝ゴフが遺言記録を「天国へのパスポート」
と呼んだように，依頼者の贖罪行為を記録にとどめておく意味合いがあった。この
ように公証と救霊がわかちがたく結びついたからこそ，所有財産の比較的少ない市
民であっても遺言しようと考える十分な動機があった。依頼人がたとえ文字を自分
で書くことができなかったとしても，公証人が聞き取りして書式に情報を落とし込
んで，記録を作成することが可能であった。ただし，落とし込みの過程では，死を
前にした依頼人の恐れや希望，親族に対する愛憎，自分の人生の振り返り，こうし
た文言が直接に記録されることはない。遺言に限らず，公証人記録を研究の対象と
することは，こうした無味乾燥とした同じような文言が羅列された大量の情報を読
んでいくということになる。しかし，丹念に読んでいると，契約の当事者に関わる
意外な情報を提供してくれることがある。遺言書の例でいえば，依頼人がある教会
を遺贈先に指定している理由として，そこで読み書きを学んだことが記されていた
り，対異教徒への巡礼に寄進する旨を記載することで，依頼者の十字軍熱が強調さ
れていたりする。契約書面としてフォーマットを遵守しつつ，そこにせめぎあうよ
うにして，依頼人の経歴や心情が差し挟まれていることがある。

　公証術を踏まえた文書作成は，公証人が活動していた南欧や低地地方以外の，ア
ルプス以北にも次第に普及していくことになる。一例を挙げれば，ドイツ語圏の都
市において，都市参事会において遺言書をはじめとした私文書の登記が行われるよ
うになった。こうした登記は，公証人書体と呼ばれる共通の略字法と字形で書かれ
た。そのため，研究者はひとたびこの書体を学べば，原理的には同時代の西欧で書
かれた様々な文書を読むことができる。公証人の書く文字は非常に細かく紙面を埋

215

第Ⅲ部　都市と農村

めるように書かれる。公証人の移動にともなう持ち運びや，日々の業務の中で紙の端が摩耗してしまうこともあっただろう。紙の希少性を考慮しつつ記録にとって重要な冒頭部の日付や依頼人名，末尾の証人欄が読み取れなくならないようにするための工夫として，公証人の中には，紙の余白を十分にとって記録を書き始め，一つの項目が書き終わると，それを罫線で囲み，続けて別の項目を書き始める者もいた。

　ともあれ，公証術の普及により，ヨーロッパ全体で標準的なフォーマットにもとづく，生活に関わる記録が残されるようになったことは，数量の検討や地域間の比較研究を容易にする。たとえば，イギリス，フランス，イタリアで残された遺言記録を蒐集したサミュエル゠コーンは，史料の作成年代をグラフにまとめることで，14世紀の黒死病流行による死亡者数の地域的差異を推計した。

他者そして変容　　公証人記録はまた，西欧キリスト教世界とその外側との接触について知る上でも有益な史料となる。たとえば，ユダヤ人は通常はヘブライ文字で契約文書を作成したが，その記録の多くはエジプトで発見されたゲニザ文書などの例外を除いては失われている。しかし，ユダヤ人はしばしば依頼者となってラテン語の公証人記録の中にその足跡を残すことがあり，こうした史料を用いて中世における彼らの生活や心性を考えることができる。同様のことはギリシア人についてもいえる。ビザンツ帝国など東方キリスト教世界においても古くから公証人が存在していた。十字軍運動にともなって西欧キリスト教世界が東地中海へと拡大する中で，2つの公証の伝統が交錯することになる。たとえば，13世紀初頭以降にヴェネツィアが支配したクレタ島では，イタリア半島出身のラテン語で業務を行う公証人の記録において，しばしばギリシア人による依頼の事例がみられる。また，地中海で作成された公証人記録の中にしばしばあらわれる奴隷の中には，その出自が黒海沿岸の南ロシアだと推定される者たちもおり，労働人口がしばしば遠距離を移動していたことが明らかとなる。

　14世紀後半からの，紙の本格的な普及は，公証のあり方にも影響を与えた。たとえば，同時期に技術が確立した透かし入りの紙の供給によって，獣皮紙よりも安価に，公証内容の真正性を契約書原本のかたちで保証することが可能となっていく。さらには，公証の前提となる交渉や合意が，口頭でのやりとりではなく，紙に書かれた文字でなされていることがわかる事例もある。イタリアのトスカーナ地方を中心に活躍した商人であるフランチェスコ・ダティーニの例をみてみよう。彼は，14世紀末に彼が遺贈先の教会を安易に選定したことについて，自身の遺言記録の作成を担当した知己の公証人に書簡でとがめられ，後に，遺言の書き換えを決意した。

史料への扉4　公証人記録

図1　クレタ島イラクリオンの波止場
正面にはヴェネツィア統治時代に築かれた艤装用ドックが見える（著者撮影）。

こうした紙製の書簡やメモは，定型的な公証人記録ではそぎ落とされる依頼人の経歴や意識について，私たちに多くのことを教えてくれる。　　　　　（高田良太）

付録　中世ヨーロッパに関する史料の和訳図書リスト

　以下のリストは，中世ヨーロッパで書かれた史料の日本語訳を収める図書の一覧である。中世研究に利用できるものを可能な限り掲載したが，リストは主に以下の点で網羅的とはいえないため，注意の上で利用してもらいたい。

　第一に，中世の時期設定に関して，原則として6～15世紀に書かれたものに限定しているが，この区分は便宜的なものに過ぎない。5世紀以前あるいは16世紀以降の史料でも，中世の理解に資するものは少なくないため，研究テーマに応じて，時期の幅を広げて史料を探す必要があることを覚えておこう。

　第二に，選出した図書の性質に関して，原則として史料の翻訳が書物の主要部を占めているものに限定している。例外的に，書物の巻末などにある程度まとまったかたちで史料訳が掲載されているものも少数含めており，該当文献の末尾に〔　〕で補足説明を加えているが，リストに挙げたのはごく一部に過ぎない。専門書の中には，史料訳を含むものが他にも数多くあることを頭に入れておこう。一例として，創元社の「知の再発見」双書のシリーズでは，各書巻末の資料編に史料訳が含まれることが多い。また，図書以上に，実は論文のかたちで，史料の翻訳が様々な学術雑誌に掲載されている。その数は文字どおり桁違いで，1000点を優に超える。ぜひ CiNii Research などで探してみよう。

　第三に，とくに著名な史料に関して，同一史料に多数の訳書があるものについては，出版年の古いものを省いたり，改版や改訂の情報を部分的に省略したりしている。リストにある図書自体が身近な図書館にない場合でも，他の版が利用できる可能性もあるため，CiNii Books などで確認してみよう。

　最後に，ただしきわめて重要な点として，長年にわたって無数の研究者たちによって積み重ねられてきた翻訳の偉業について，一網打尽に全貌を把握できる手段があるわけではない。残念ながら，編者がかけた網から抜け落ちてしまったものも少なからずあるはずである。このリストにないからといってすぐに諦めず，ぜひ自分でも探してみてもらいたい。

　なお，このリストの作成にあたっては，神戸海星女子学院大学の尾﨑秀夫教授に多くを負っている。氏が継続的に更新されている「西洋中世史邦語文献リスト」がその土台となっており，旅に譬えるならば，目指す山の五合目あたりまで一気に車で運んでいただいたようなものである。力及ばず山頂にはたどり着けていないものの，読者がそれなりの眺望を得られるものと期待したい。快く情報を提供してくださった氏のご厚意に，心より感謝申し上げる次第である。

付録　中世ヨーロッパに関する史料の和訳図書リスト

＊リストの順に関して，原則として五十音順に並べてある。ただし，各図書の書誌情報にお
　いて，中世の書き手が著者となっている場合のみ「著者名」の順に，それ以外の場合はすべ
　て「書名」の順となっている。後者においては，著者名や訳者名などを便宜的に（　）で囲
　っている。同一著者による図書が複数ある場合には，出版年が古い順に並べている。
＊リストから図書を探す場合にとくに注意すべき点として，同一著者であっても，名前の表
　記法が図書によって異なる場合が珍しくなく，書名についても同様である。したがって，同
　一ないし類似の図書が必ずしもリストの中で連続しているとは限らない。特定の対象を探す
　場合にも，リスト全体に目を通すように心がけてもらいたい。

＊　　＊　　＊

（大塚光子訳）『アイスランド　サガ——スールの子ギースリの物語』三省堂，1987年。

（菅原邦城・早野勝巳・清水育男訳）『アイスランドのサガ——中篇集』東海大学出版会，2001
　年。

（小佐井伸二訳）『愛と歌の中世——トゥルバドゥールの世界』白水社，1989年。

（山元正憲訳）『赤毛のエイリークのサガ（他）』（1000点世界文学大系）プレスポート，2017年。

（山室静訳）『赤毛のエリク記——古代北欧サガ集』冬樹社，1974年。

（瀬谷幸男訳）『アーサーの甥ガウェインの成長記——中世ラテン騎士物語』論創社，2016年。

（清水阿や訳）『アーサーの死——頭韻詩』ドルフィンプレス，1986年。

（清水阿や訳）『アーサーの死——八行連詩』ドルフィンプレス，1985年。

（小さき兄弟団著，石井健吾訳，三邊マリ子解説）『アシジの聖フランシスコ　完全の鑑』あか
　し書房，2005年。

（フランシスコ会日本管区訳・監修）『アシジの聖フランシスコ・聖クララ著作集』（キリスト
　教古典叢書）教文館，2021年。

（フランシスコ会日本管区訳・監修）『アシジの聖フランシスコ伝記資料集』（キリスト教古典
　叢書）教文館，2015年。

（庄司篤訳）『アシジの聖フランシスコの小品集』（聖母文庫）聖母の騎士社，1988年（庄司
　篤・浜村富哉訳，フランシスコ会叢書，中央出版社，1974年）。

（石井健吾訳）『アシジの聖フランシスコの小さき花』（全2巻，聖母文庫）聖母の騎士社，
　1994〜95年（中央出版社，1981年）。

（大沢章訳）『アシジの聖フランチェスコ——イ・フィオレッティ（小さき花）』（キリスト教古
　典文庫）エンデルレ書店，1948年。

アッサー（小田卓爾訳）『アルフレッド大王伝』（中公文庫）中央公論社，1995年。

アドネ・ル・ロワ原作，ジャン・マルシャン再話（森本英夫訳）『王子クレオマデスの冒険

――ヨーロッパ中世ロマン』（現代教養文庫）社会思想社，1989年（文元社，2004年）。

アベラール／エロイーズ（佐藤輝夫訳）『愛の往復書簡――アベラールとエロイーズ』（角川文庫）角川書店，1966年。

（畠中尚志訳）『アベラールとエロイーズ――愛と修道の手紙』（改訳版，岩波文庫）岩波文庫店，1964年（初版：1939年）。

（沓掛良彦・横山安由美訳）『アベラールとエロイーズ――愛の往復書簡』（岩波文庫）岩波書店，2009年。

（栗田和彦著）『アマルフィ海法研究史論』関西大学出版部，2003年。

アルフォンソ十世賢王編纂（青砥清一・相澤正雄訳）『七部法典』（全3巻）日比谷出版社，2019年。

アルベルティ他（前之園幸一郎・田辺敬子訳）『イタリア・ルネッサンス期教育論』（世界教育学選集）明治図書出版，1975年。

アルベルトゥス・マグヌス（戸塚文卿訳）『神との一致について』ソフィア書院，1951年。

アルベルトゥス・マグヌス（立木鷹志訳）『大アルベルトゥスの秘法――中世ヨーロッパの大魔術書』河出書房新社，1999年。

（沓掛俊夫編訳）『アルベルトゥス・マグヌス　鉱物論』（科学史ライブラリー）朝倉書店，2004年。

（小島謙一著）『アングロサクソン聖者伝』大学書林，1992年。

（大沢一雄著）『アングロ・サクソン年代記』朝日出版社，2012年。

（大沢一雄著）『アングロ・サクソン（＝古英）法典――法文の言語（古英語，一部ラテン語）の邦訳と注解』朝日出版社，2010年。

アンジェロ・ポリツィアーノ（沓掛良彦訳）『シルウァエ』月曜社，2023年。

アンセルムス（長沢信寿訳）『プロスロギオン』（岩波文庫）岩波書店，1942年。

アンセルムス（長沢信寿訳）『モノロギオン』（岩波文庫）岩波書店，1946年。

アンセルムス（長沢信寿訳）『クール・デウス・ホモ――神は何故に人間になりたまひしか』（岩波文庫）岩波書店，1948年。

アンセルムス（古田暁訳）『アンセルムス全集』（改訂増補版）聖文舎，1987年（初版：1980年）。

アンドレーアース・カペルラーヌス（瀬谷幸男訳）『宮廷風恋愛について――ヨーロッパ中世の恋愛指南書』南雲堂，1993年（『宮廷風恋愛について――ヨーロッパ中世の恋愛術指南の書』1997年）。

アンナ・コムニニ（相野洋三訳）『アレクシアス』悠書館，2019年。

（石井美樹子訳）『イギリス中世劇集――コーパス・クリスティ祝祭劇』（改訂版）篠崎書林，

付録　中世ヨーロッパに関する史料の和訳図書リスト

1988年（初版：1983年）。

（木村彰一訳）『イーゴリ遠征物語』（岩波文庫）岩波書店，1983年。

（石坂尚武編訳）『イタリアの黒死病関係史料集』刀水書房，2017年。

（黒須徹訳）『イネ法典の社会経済史的研究——ウェセックス王国の経済的・社会的・政治的構
　　造』宝文堂，1975年。〔「付　イネ法典訳」（327〜370頁）〕

（丑田弘忍訳）『ヴァルターの歌——中世ラテン語叙事詩』朝日出版社，1999年。

ヴァルター・フォン・デア・フォーゲルヴァイデ（山田泰完訳）『愛の歌』大学書林，1986年。

H・ヴィッテンヴァイラー（田中泰三訳）『指輪』（スイス文学叢書）早稲田大学出版部，1977
　　年。

（天沢退二郎訳）『ヴィヨン詩集成』白水社，2000年。

（鈴木信太郎訳）『ヴィヨン全詩集』（岩波文庫）岩波書店，1965年（初版：1949年）。

（堀越孝一訳注）『ヴィヨン遺言詩集——形見分けの歌　遺言の歌』悠書館，2016年。

ウィリアム・オヴ・レンヌ（瀬谷幸男訳）『ブリタニア列王の事績——中世ラテン叙事詩』論
　　創社，2020年。

ウィリアム・ラングランド（生地竹郎訳）『ウィリアムの見た農夫ピァズの夢』篠崎書林，
　　1974年（『農夫ピアズの夢』全2巻，1968〜69年）。

ウィリアム・ラングランド（柴田忠作訳註）『農夫ピアースの夢』（東海大学古典叢書）東海大
　　学出版会，1981年。

ヴェスパシアーノ・ダ・ビスティッチ（岩倉具忠・岩倉翔子・天野恵訳）『ルネサンスを彩っ
　　た人びと——ある書籍商の残した『列伝』』臨川書店，2000年。

（森野聡子編訳）『ウェールズ語原典訳　マビノギオン』原書房，2019年。

ヴェルンヘル・デル・ガルテネーレ（浜崎長寿訳）『ヘルムブレヒト物語』三修社，1970年。

ウォルター・マップ（瀬谷幸男訳）『宮廷人の閑話——中世ラテン綺譚集』論創社，2014年。

ウォルターマップ／テオフラストゥス／聖ヒエロニムス（瀬谷幸男訳）『ジャンキンの悪妻の
　　書——中世のアンティフェミニズム文学伝統』南雲堂フェニックス，2006年。

ヴォルフラム・フォン・エッシェンバハ（須沢通訳）『パルツィヴァール——抜粋・訳注』大
　　学書林，1987年。

ヴォルフラム・フォン・エッシェンバハ（加倉井粛之・伊東泰治・馬場勝弥・小栗友一訳）
　　『パルチヴァール』（改訂第5刷）郁文堂，1998年（初版：1974年）。

ヴォルフラム・フォン・エッシェンバハ（小栗友一監修・訳）『ヴィレハルム　ティトゥレル
　　叙情詩』鳥影社，2024年。

（大槻博訳）『英国中世ロマンス』旺史社，1988年。

（清水阿や訳注）『英和対訳　中世韻文アーサー物語　三篇』ドルフィンプレス，1994年。

221

エインハルドゥス／ノトケルス（国原吉之助訳・註）『カロルス大帝伝』筑摩書房，1988年。

エックハルト（中山善樹訳註）『ラテン語説教集——研究と翻訳』創文社，1999年。

エックハルト（中山善樹訳）『エックハルト　ラテン語著作集』（全5巻）知泉書館，2004〜12年。

（田島照久編訳）『エックハルト説教集』（岩波文庫）岩波書店，1990年。

（谷口幸男訳）『エッダ——古代北欧歌謡集』新潮社，1973年。

（原野昇・村上勝也・太古隆治・中川正弘・前田弘隆・今田良信訳）『エネアス物語』渓水社，2000年。

（長南実訳）『エル・シードの歌』（岩波文庫）岩波書店，1998年。

（宮田武志訳）『王子ガウェインと緑の騎士——イギリス中世ロマンス』大手前女子学園アングロノルマン研究所，1979年。

（古賀允洋訳）『王女クードルーン』（講談社学術文庫）講談社，1996年。

（川本茂雄訳）『オーカッサンとニコレット——歌物語』岩波書店，1952年。

オッカム（渋谷克美訳註）『オッカム『大論理学』註解』（全5巻）創文社，1999〜2005年。

オッカム（渋谷克美訳註）『スコトゥス『個体化理論』への批判——『センテンチア註解』L.1, D.2, Q.6より』知泉書館，2004年。

オッカム（渋谷克美訳註）『『七巻本自由討論集』註解』（全3巻）知泉書館，2007〜08年。

オドリコ（家入敏光訳）『東洋旅行記——カタイ（中国）への道』（東西交渉旅行記全集）桃源社，1966年（光風社選書，1990年）。

（菊池清明訳）『ガウェイン卿と緑の騎士——中世イギリスロマンス』（中世英語英文学）春風社，2018年。

「ガウェイン」詩人（池上忠弘訳）『サー・ガウェインと緑の騎士』（言語・文化研究センター叢書）専修大学出版局，2009年。

（境田進訳）『ガウェイン詩人全訳詩集』小川図書，1992年。

（瀬谷廣一訳）『ガウェーンと緑の騎士——ガーター勲位譚』木魂社，1990年。

カエサリウス編（永野藤夫訳）『奇跡とは』天使館，1999年。

（澤田昭夫ほか訳）『カトリック改革』（宗教改革著作集）教文館，1994年。

（H・デンツィンガー編，A・シェーンメッツァー増補改訂，浜寛五郎訳）『カトリック教会文書資料集——信経および信仰と道徳に関する定義集』（改訂版）エンデルレ書店，1982年（初版：1974年）。

（ヴィト・フマカッリ解説，樺山紘一・辻佐保子日本語版監修）『カノッサのマティルダ伝（Vita Mathildis, Vat. lat. 4922）』岩波書店，1986年。

ガルテールス・デ・カステリオーネ（瀬谷幸男訳）『アレクサンドロス大王の歌——中世ラテ

付録　中世ヨーロッパに関する史料の和訳図書リスト

ン叙事詩』南雲堂フェニックス，2005年。

カルピニ／ルブルク（護雅夫訳）『中央アジア・蒙古旅行記』（東西交渉旅行記全集）桃源社，
　　1965年（光風社選書，1989年／講談社学術文庫，2016年）。

ガルベール・ド・ブルージュ（守山記生訳）『ガルベールの日記──中世の領域君主と都市民』
　　渓水社，1998年。

カンタベリーのアンセルムス（古田暁訳）『祈りと瞑想』教文館，2007年。

（浅香武和編訳）『カンティーガス・デ・サンタ・マリアへの誘い──聖母マリア頌歌集』論創
　　社，2023年。

（不詳，瀬谷幸男訳）『カンブリア王メリアドクスの物語──中世ラテン騎士物語』論創社，
　　2019年。

（瀬谷幸男訳）『完訳　ケンブリッジ歌謡集──中世ラテン詞華集』南雲堂フェニックス，1997
　　年。

（瀬谷幸男・狩野晃一訳）『完訳　中世イタリア民間説話集』論創社，2016年。

（三浦清美訳・解説）『キエフ洞窟修道院聖者列伝』松籟社，2021年。

（レオン・ゴーティエ著，武田秀太郎訳）『騎士道』中央公論新社，2020年。〔「第二部　騎士道
　　の書──ラモン・リュイ著『Llibre de L'Orde de Cavalleria』（一二七五年頃）全訳」（247
　　〜300頁）〕

（渡辺洋美訳）『ギスリのサガ』（1000点世界文学大系）ブレスポート，2008年。

（鈴木覺・福本直之・原野昇訳）『狐物語』白水社，1994年。

（鈴木覺・福本直之・原野昇訳）『狐物語』（岩波文庫）岩波書店，2002年。

（鈴木覺・福本直之・原野昇訳）『狐物語2』渓水社，2003年。

（水谷謙三訳）『狐物語──フランス中世古典』（角川文庫）角川書店，1953年（三学書房，
　　1941年／大和書房，1948年）。

（藤代幸一訳）『狐ラインケ』法政大学出版局，1985年。

ギヨーム・ド・ロリス／ジャン・ド・マン（見目誠訳）『薔薇物語』未知谷，1995年。

ギヨーム・ド・ロリス／ジャン・ド・マン（篠田勝英訳）『薔薇物語』平凡社，1996年（ちく
　　ま文庫，上下巻，2007年）。

ギラルドゥス・カンブレンシス（有光秀行訳）『アイルランド地誌』（西洋中世綺譚集成）青土
　　社，1996年。

（印具徹編訳）『キリスト教教育宝典Ⅲ──アンセルムス　トマス・アクイナス　ボナベェント
　　ゥラ他』（世界教育宝典，キリスト教教育編）玉川大学出版部，1969年。

（金子晴勇ほか訳）『キリスト教神秘主義著作集』教文館，1989年〜（刊行中，15巻分既刊）。

（ジョン・ボズウェル著，大越愛子・下田立行訳）『キリスト教と同性愛──1〜14世紀西欧の

ゲイ・ピープル』国土社，1990年。〔「付録Ⅱ　原典翻訳」（354〜420頁）〕

（ヘンリー・ベッテンソン編，聖書図書刊行会編集部訳）『キリスト教文書資料集』聖書図書刊行会，1962年。

（由木康訳）『キリストにならいて——イミタチオ・クリスチ』教文館，2002年（初版：キリスト教古典叢書，1973年）。

（フェデリコ・バルバロ訳）『キリストにならう』（三訂版）ドン・ボスコ社，2022年（初版：1992年）。

（荻原晃訳）『キリストにならって』中央出版社，1959年。

（浅香武和編訳）『吟遊詩人マルティン・コダックス——7つのカンティーガス』論創社，2015年。

グイド・ダレッツォ（中世ルネサンス音楽史研究会訳）『ミクロログス（音楽小論）——全訳と解説』春秋社，2018年。

グイド・デッレ・コロンネ（岡三郎訳・解説）『トロイア滅亡史』（トロイア叢書）国文社，2003年。

クザーヌス（八巻和彦訳）『神を観ることについて——他二篇』（岩波文庫）岩波書店，2001年。

クードレット（森本英夫・傳田久仁子訳）『妖精メリュジーヌ伝説』（現代教養文庫）社会思想社，1995年。

クードレット（松村剛訳）『メリュジーヌ物語——母と開拓者としてのメリュジーヌ』（西洋中世綺譚集成）青土社，1996年（『西洋中世奇譚集成　妖精メリュジーヌ物語』講談社学術文庫，2010年）。

クリスティーヌ・ド・ピザン（沓掛良彦・横山安由美編訳）『詩人クリスティーヌ・ド・ピザン』思潮社，2018年。

グレゴリウス一世（熊谷賢二訳）『福音書講話』（キリスト教古典叢書）創文社，1995年。

クレティアン・ド・トロワ（佐佐木茂美訳注）『聖杯の物語，またはペルスヴァルの物語』大学書林，1983年。

（菊池淑子著）『クレティアン・ド・トロワ『獅子の騎士』——フランスのアーサー王物語』平凡社，1994年。

（三佐川亮宏訳注）『クレモナのリウトプランド『報復の書』／ヴァイセンブルクのアーダルベルト『レーギノ年代記続編』』知泉書館，2023年。

（野村良雄訳）『クレールヴォーの聖ベルナルド著作選集』中央出版社，1964年。

（伊藤正義訳）『ゲスタ・ロマノールム』篠崎書林，1988年。

（佐藤輝夫訳）『結婚十五の愉しみ——フランス中世結婚譚』（現代教養文庫）社会思想社，1985年（新樹社，1948年／白水社，1950年）。

付録　中世ヨーロッパに関する史料の和訳図書リスト

（新倉俊一訳）『結婚十五の歓び』（岩波文庫）岩波書店，1979年。

（松岡利次編訳）『ケルトの聖書物語』岩波書店，1999年。

（菅原邦城訳・解説）『ゲルマン北欧の英雄伝説——ヴォルスンガ・サガ』（北欧文化シリーズ）
　　東海大学出版会，1979年。

（ヴェンサン・マリー・プリオット／大鹿一正訳）『原因論——聖トマス・デ・アクィノ　原因
　　論註解』トマス学院，1967年。

（池上俊一監修）『原典　イタリア・ルネサンス芸術論』（上下巻）名古屋大学出版会，2021年。

（池上俊一監修）『原典　イタリア・ルネサンス人文主義』名古屋大学出版会，2010年。

（長谷川寛訳）『原典対照　『ベーオウルフ』読解』春風社，2010年。

（高田英樹編訳）『原典　中世ヨーロッパ東方記』名古屋大学出版会，2019年。

（林健太郎・沢田昭夫編）『原典による歴史学の歩み』講談社，1974年（『原典による歴史学入
　　門』講談社学術文庫，1982年）。

（吉見昭徳訳）『古英語叙事詩　『ベーオウルフ』——クレーバー第4版対訳』春風社，2018年。

（苅部恒徳・小山良一編訳）『古英語叙事詩　ベーオウルフ　対訳版』研究社，2007年。

（山口秀夫編・註解・対訳）『古英詩　ベーオウルフ』泉屋書店，1995年。

（渡辺節夫著）『国王証書とフランス中世』（知泉学術叢書）知泉書館，2022年。

（浦井康男訳）『コスマス年代記——プラハ教会・聖堂参事会長によるチェコ人たちの年代記』
　　成文社，2023年。

（鈴木重威・鈴木もと子共訳）『古代英詩——哀歌・ベオウルフ・宗教詩』（第3版）グロリヤ
　　出版，1979年（初版：1978年）。

（鈴木重威編訳）『古代英詩　ベオウルフ』研究社，1969年。

ゴットフリート修道士／テオーデリヒ修道士（井村宏次監訳・解説，久保博嗣訳）『聖女ヒル
　　デガルトの生涯』荒地出版社，1998年。

ゴットフリート・フォン・シュトラースブルク（石川敬三訳）『トリスタンとイゾルデ』（改訂
　　第5版）郁文堂，1992年（初版：1976年）。

ゴットフリート・フォン・シュトラースブルク（佐藤牧夫・佐々木克夫・池田光則・田村久
　　男・丹治道彦訳）『リヴァリーンとブランシェフルール——『トリスタン』から』大学書
　　林，1992年。

コムパーニ（杉浦明平訳）『白黒年代記』日本評論社，1948年。

コルヴァイのヴィドゥキント（三佐川亮宏訳）『ザクセン人の事績』知泉書館，2017年。

ゴンザーロ・デ・ベルセオ（橋本一郎訳）『聖母の奇蹟』大学書林，1986年。

コンラート・フォン・ヴュルツブルク（平尾浩三訳）『コンラート作品選』郁文堂，1984年。

（平尾浩三訳）『ザイフリート・ヘルブリング——中世ウィーンの覇者と騎士たち』郁文堂，

1990年。

（道行助弘訳）『サー・ガーウェインと緑の騎士［他一編］——中世英国騎士物語』桐原書店，
　　1986年。

（日本アイスランド学会編訳）『サガ選集』東海大学出版会，1991年。

（金澤理康訳）『ザクセンシュピーゲル』（正・続，早稲田法学，別冊第8〜9巻）巌松堂書店，
　　1937〜39年。

（久保正幡・石川武・直居淳訳）『ザクセンシュピーゲル・ラント法』（西洋法制史料叢書）創
　　文社，1977年。

サクソ・グラマティクス（谷口幸男訳）『デンマーク人の事績』東海大学出版会，1993年。

サケッティほか（杉浦明平訳）『ルネサンス小説集』十一組出版部，1946年。

サケッティほか（杉浦明平訳）『イタリア浮世草紙』若草書房，1948年。

サー・トマス・マロリー（中島邦夫・小川睦子・遠藤幸子訳）『完訳　アーサー王物語』（上下
　　巻）青山社，1995年。

（久保正幡訳）『サリカ法典』（西洋法制史料叢書）創文社，1977年（弘文堂，1949年）。

（佐々木巖訳）『サレルノ養生訓』柴田書店，2001年。

（大槻真一郎著）『『サレルノ養生訓』とヒポクラテス——医療の原点』星雲社，2017年。

サン・チェリのギョーム（高橋正行訳）『黄金の書——観想生活について』あかし書房，1988
　　年。

（森洋訳・編）『サン・ドニ修道院長シュジェール——ルイ6世伝，ルイ7世伝，定め書，献堂
　　記，統治記』中央公論美術出版，2002年。

（八巻顕男訳）『三人の伴侶の著はせる聖フランチェスコの伝』警醒社書店，1925年。

（長埜盛訳）『散文全訳　ベーオウルフ——附　フィンネスブルグ争乱断章』吾妻書房，1966年。

シエナの聖カタリナ（岳野慶作訳）『対話』中央出版社，1988年。

シエナの聖カタリナ（岳野慶作訳）『手紙』中央出版社，1989年。

シエナの聖カタリナ（竹島幸一編訳）『愛のはなびら——シエナの聖カタリナのことば』聖カ
　　タリナ女子大学・短期大学，1997年。

ジェフリー・オヴ・モンマス（瀬谷幸男訳）『ブリタニア列王史——アーサー王ロマンス原拠
　　の書』南雲堂フェニックス，2007年。

ジェフリー・オヴ・モンマス（瀬谷幸男訳）『マーリンの生涯——中世ラテン叙事詩』南雲堂
　　フェニックス，2009年。

ジェフリー・チョーサー（塩見知之訳）『チョーサーの夢物語詩』高文堂出版社，1981年。

ジェフリー・チョーサー（宮田武志訳）『善女よもやま話』大手前女子学園アングロノルマン
　　研究所，1982年。

付録　中世ヨーロッパに関する史料の和訳図書リスト

ジェフリー・チョーサー（塩見知之訳注）『公爵夫人の書』大学書林，1986年。

ジェフリー・チョーサー（笹本長敬訳）『初期夢物語詩と教訓詩』大阪教育図書，1998年。

ジェフリー・チョーサー（瀬谷幸男訳）『中世英語版　薔薇物語』南雲堂フェニックス，2001
　　年。

ジェフリー・チョーサー（笹本長敬訳）『カンタベリー物語（全訳）』英宝社，2002年。

ジェフリー・チョーサー（岡三郎訳）『トロイルス』（トロイア叢書）国文社，2005年。

ジェフリー・チョーサー（笹本長敬訳）『トロイルスとクリセイデ──付・アネリダとアル
　　シーテ』英宝社，2012年。

ジェフリー・チョーサー（松下知紀訳）『トロイルスとクリセイデ』彩流社，2019年。

ジェフリー・チョーサー（地村彰之・笹本長敬訳）『善女列伝・短詩集』溪水社，2020年。

ジェフリー・チョーサー（池上忠弘監訳）『カンタベリ物語』悠書館，2021年。

ジェフリー・チョーサー（笹本長敬・地村彰之訳）『アストロラーベに関する論文』溪水社，
　　2023年。

（石坂尚武著）『地獄と煉獄のはざまで──中世イタリアの例話から心性を読む』知泉書館，
　　2016年。

（藤代幸一編訳）『司祭アーミス──付・カーレンベルクの司祭』法政大学出版局，1987年。

シシル（伊藤亜紀・徳井淑子訳・解説）『色彩の紋章』悠書館，2009年。

（西村正身訳）『七賢人物語』未知谷，1999年。

（瀬谷幸男・狩野晃一編訳）『シチリア派恋愛抒情詩選』論創社，2015年。

（ルイス・J・レッカイ著，朝倉文市訳）『シトー会修道院』平凡社，1989年。〔「シトー修道院
　　創立関係文書抄訳」（514〜528頁）〕

（灯台の聖母トラピスト大修道院編）『シトー修道会初期文書集』中央出版社，1989年。

ジャン・ド・ジョワンヴィル（伊藤敏樹訳）『聖王ルイ──西欧十字軍とモンゴル帝国』（ちく
　　ま学芸文庫）筑摩書房，2006年。

（高山一彦編・訳）『ジャンヌ・ダルク処刑裁判』白水社，1984年（現代思潮社，1971年）。

（レジーヌ・ペルヌー編，高山一彦訳）『ジャンヌ・ダルク復権裁判』白水社，2002年。

（出村彰・池谷文夫・中村賢二郎訳）『宗教改革の先駆者たち──オッカム　ウィクリフ　フ
　　ス』（宗教改革著作集）教文館，2001年。

（エリザベス・ハラム著，川成洋・太田直也・太田美智訳）『十字軍大全──年代記で読むキリ
　　スト教とイスラームの対立』東洋書林，2006年。

（J・リシャール著，宮松浩憲訳）『十字軍の精神』法政大学出版局，2004年。

（月村辰雄訳）『十二の恋の物語──マリー・ド・フランスのレー』（岩波文庫）岩波書店，
　　1988年。

（谷隆一郎訳）『証聖者マクシモス『難問集』――東方教父の伝統の精華』知泉書館，2015年。

ジョヴァンニ・ピコ・デッラ・ミランドラ（大出哲・阿部包・伊藤博明訳）『人間の尊厳について』国文社，1985年。

ジョヴァンニ・ピーコ・デッラ・ミランドラ（伊藤博明編訳，大出哲訳）『存在者と一者について』埼玉大学教養学部，2015年。

ジョヴァンニ・ボッカッチョ（岡三郎訳・解説）『フィローストラト』（トロイア叢書）国文社，2004年。

ジョヴァンニ・ボッカッチョ（瀬谷幸男訳）『名婦列伝』論創社，2017年。

ジョヴァンニ・ボッカッチョ（日向太郎訳）『名婦伝［ラテン語原文付］』（知泉学術叢書）知泉書館，2024年。

ジョフロワ・ド・ヴィルアルドゥワン（伊藤敏樹訳・註）『コンスタンチノープル征服記――第四回十字軍』筑摩書房，1988年（講談社学術文庫，2003年）。

ジョン・ガワー（伊藤正義訳）『恋する男の告解』篠崎書林，1980年。

（宮田武志訳）『白珠――いぎりす中世詩』大手前女子学園アングロノルマン研究所，1980年。

（和田廣著）『史料が語るビザンツ世界』山川出版社，2006年。

ジローラモ・サヴォナローラ（須藤祐孝編訳・解説）『ルネサンス・フィレンツェ統治論――説教と論文』無限社，1998年。

（大場啓蔵訳）『新口語訳　ベオウルフ』（改訳版）篠崎書林，1985年（初版：1978年）。

（谷口幸男訳，松本涼監修）『新版　アイスランド・サガ』新潮社，2024年（初版：1979年）。

（森信嘉訳）『スカルド詩人のサガ――コルマクのサガ／ハルフレズのサガ』（東海大学文学部叢書）東海大学出版会，2005年。

スコットランド王ジェイムス一世（鍋島能正訳）『王の書』鷹書房，1976年。

スノッリ・ストゥルルソン（谷口幸男訳）『ヘイムスクリングラ――北欧王朝史』（全4巻，1000点世界文学大系）プレスポート，2008～10年。

（渡辺節夫著）『西欧中世社会経済史関係資料集』（改訂新版）杉山書店，1998年（初版：1987年）。

（大槻真一郎著，澤元亙編）『西欧中世宝石誌の世界――アルベルトゥス・マグヌス『鉱物書』を読む』八坂書房，2018年。

（三浦麻美）『「聖女」の誕生――テューリンゲンの聖女エリーザベトの列聖と崇敬』八坂書房，2020年。〔「付録　アポルダのディートリヒ『聖女エリーザベト伝』全訳」（253～350頁）〕

聖トマス（高桑純夫訳）『形而上學敍説――有と本質とに就て』（岩波文庫）岩波書店，1935年。

聖トーマス・アクィナス（酒井瞭吉訳）『神在す』中央出版社，1944年（ルーベルト・エンデルレ書店，1944年）。

付録　中世ヨーロッパに関する史料の和訳図書リスト

聖トマス・アクイナス（国分敬治訳）『キリスト教の信仰』甲鳥書林，1955年。

（天沢退二郎訳）『聖杯の探索――作者不詳・中世フランス語散文物語』人文書院，1994年。

（尾崎明夫／ビンセント・バイダル訳・解説）『征服王ジャウメ一世勲功録――レコンキスタ軍
　　記を読む』京都大学学術出版会，2010年。

（光明社訳編）『聖フランシスコの小さき花』（第3版）光明社，1964年（『聖フランシスの小さ
　　き花』日本天主公教出版社，1942年）。

（フランシスコ会ヴェニス管区編，石井健吾編訳）『聖フランシスコの小さき花』あかし書房，
　　1982年。

（永野藤夫訳）『聖フランシスコの小さき花』講談社，1986年（サンパウロ，2001年）。

（久保正夫訳）『聖フランシスの完全の鏡』新潮社，1919年。

（久保正夫訳）『聖フランシスの小さき花』（新潮文庫）新潮社，1933年（初版：1916年）。

（藤代幸一訳著）『聖ブランダン航海譚――中世のベストセラーを読む』法政大学出版局，1999
　　年。

（吉本一良訳）『聖フランチェスコ傳及「完全の鏡」』新生堂，1930年。

（田辺保訳）『聖フランチェスコの小さな花』教文館，1987年。

聖ベルナルド（山下房三郎訳）『われ神を愛す』あかし書房，1976年。

聖ベルナルド（古川勲訳）『謙遜と傲慢の段階について』あかし書房，1981年。

聖ベルナルド（古川勲訳）『神への愛について』あかし書房，1982年。

聖ベルナルド（古川勲訳）『おとめなる母をたたえる』あかし書房，1983年。

聖ベルナルド（古川勲訳）『熟慮について――教皇福者エウゼニオ三世あての書簡』中央出版
　　社，1984年。

聖ベルナルド（古川勲訳）『聖母の歌手』あかし書房，1988年。

聖ベルナルド（古川勲訳）『雅歌について』（全4巻，改正版）あかし書房，1988〜96年（初
　　版：1977年）。

聖ボナヴェンツウラ（関根豊明訳）『神学綱要』エンデルレ書店，1991年。

聖ボナヴェンツラ（笹谷道雄訳）『完徳への道』ドン・ボスコ社，1940年。

聖ボナヴェントゥラ（長谷川武敏訳）『神秘神学全要――三様の道について』（キリスト教古典
　　文庫）エンデルレ書店，1950年。

聖ボナヴェントゥラ（関根豊明訳）『ソリロクィウム　観想録――「霊魂」と「内なる人」と
　　の対話』エンデルレ書店，1991年。

聖ボナヴェントゥラ（関根豊明訳）『マリア神学綱要――聖母祝日説教集』エンデルレ書店，
　　1993年。

（聖フランシスコ会監修，宮沢邦子訳）『聖ボナヴェントゥラによるアシジの聖フランシスコ大

伝記』あかし書房，1981年。

『西洋史料集成』平凡社，1956年（新装復刊，1985年）。

（逸名作家，池上俊一訳）『西洋中世奇譚集成　東方の驚異』（講談社学術文庫）講談社，2009年。

（ヨーロッパ中世史研究会編）『西洋中世史料集』東京大学出版会，2000年。

（久保正幡先生還暦記念出版準備会編）『西洋法制史料選　II――中世』創文社，1978年。

（歴史学研究会編）『世界史史料5　ヨーロッパ世界の成立と膨張――17世紀まで』岩波書店，2006年。

（永野藤夫訳）『全訳　カルミナ・ブラーナ――ベネディクトボイエルン歌集』筑摩書房，1990年。

（青木一夫訳）『全訳　マルコ・ポーロ東方見聞録』校倉書房，1960年。

僧レオ（黒田正利訳）『フランチェスコ聖者の完全の鑑』日本評論社，1948年。

（オイゲン・ルカ編，橋本裕明訳）『タウラー全説教集――中世ドイツ神秘主義』（全4巻，南山大学学術叢書）行路社，1989～99年。

ダンテ（中山昌樹訳）『ダンテ全集』（全10巻）新生堂，1924～25年（日本図書センター，1995年）。

ダンテ（山川丙三郎訳）『新生』（岩波文庫）岩波書店，1948年。

ダンテ（竹友藻風訳）『新生』垂水書房，1961年。

ダンテ（三浦逸雄訳）『新生』（角川文庫）角川書店，1967年。

ダンテ（三浦逸雄訳）『神曲』（全3巻：地獄篇・煉獄篇・天国篇，角川文庫）角川書店，1970年（改版，角川ソフィア文庫，2013年）。

ダンテ（岩倉具忠訳註）『ダンテ俗語詩論』（東海大学古典叢書）東海大学出版会，1984年。

ダンテ（平川祐弘訳，ギュスターヴ・ドレ画）『神曲【完全版】』河出書房新社，2010年（『神曲』（全3巻：地獄篇・煉獄篇・天国篇，河出文庫）河出書房新社，2008～09年，『世界文学全集（第3集第3巻）』河出書房新社，1966年）。

ダンテ（平川祐弘訳）『新生』（河出文庫）河出書房新社，2015年。

ダンテ・アリギエーリ（寿岳文章訳）『神曲（新版）』集英社，1987年（集英社文庫，2003年）。

ダンテ・アリギエリ（原基晶訳）『神曲』（全3巻：地獄篇・煉獄篇・天国篇，講談社学術文庫）講談社，2014年。

ダンテ・アリギエーリ（小林公訳）『帝政論』（中公文庫）中央公論新社，2018年。

ヂェフリー・チョーサー（刈田元司訳）『トロイルスとクリセイデ』弘文堂書房，1942年（『戀のとりこ――トロイルスとクリセイデ』新月社，1948年／伸光社，1983年／本の友社，1998年）。

付録　中世ヨーロッパに関する史料の和訳図書リスト

チェラノのトマス（八巻顕男訳）『アッシジの聖フランシスコ伝――第一伝記』（聖フランシスコの友叢書）聖パウロ会，1941年。

チェラーノのトマス（石井建吾訳）『聖フランシスコの第一伝記』あかし書房，1989年。

チェラノのトマス（小平正寿／フランソア・ゲング訳）『アシジの聖フランシスコの第二伝記』あかし書房，1992年。

（社本時子著）『中世イギリスに生きたパストン家の女性たち――同家書簡集から』創元社，1999年。

（松村勝二郎訳）『中世イングランド王国の法と慣習――グランヴィル』明石書房，1993年。

（中世英国ロマンス研究会訳）『中世英国ロマンス集』（全4巻）篠崎書林，1983～2001年。

（成瀬正幾著）『中世英詩「真珠」の研究』（神戸商科大学研究叢書）神戸商科大学学術研究会，1981年。

（枡矢好弘訳）『中世英雄叙事詩　ベーオウルフ　韻文訳』開拓社，2015年。

（桧枝陽一郎編訳）『中世オランダ語　狐の叙事詩――『ライナールト物語』『狐ライナールト物語』』言叢社，2012年。

（青木靖三・横山雅彦編訳）『中世科学論集』（科学の名著）朝日出版社，1981年。

（上智大学中世思想研究所編訳・監修）『中世思想原典集成』（第Ⅰ期全21巻，第Ⅱ期刊行中）平凡社，1992～2002, 2018年～。

（上智大学中世思想研究所編訳・監修）『中世思想原典集成　精選』（全7巻）平凡社，2018～19年。

（マリー・アンベール・ヴィケール著，朝倉文市監訳，渡辺隆司・梅津教孝訳）『中世修道院の世界――使徒の模倣者たち』八坂書房，2004年。〔（梅津教孝訳）「付録　メッス司教クロデガングによる司教座聖堂参事会会則 ― Regula Canonicorum 試訳―」（171～242頁）〕

（高柳俊一著）『中世の説教』（世界の説教）教文館，2012年。

（藤代幸一編訳）『中世の笑い――謝肉祭劇十三番』法政大学出版局，1983年。

『中世文学集』（全2巻，世界文学大系）筑摩書房，1962～66年。

『中世文学集』（筑摩世界文學大系）筑摩書房，1974年。

『中世文学集』（全3巻，ちくま文庫）筑摩書房，1986年。

（M・ダッラピアッツァ編，永野藤夫訳）『中世ヨーロッパ結婚譚』白水社，1987年。

（野口洋二著）『中世ヨーロッパの教会と民衆の世界――ブルカルドゥスの贖罪規定をつうじて』早稲田総研クリエイティブ，2009年。〔「【試訳】ブルカルドゥス『教令集』第19巻『償いについて』第1～5章」（109～172頁）〕

（丑田弘忍訳）『中世ラテン語動物叙事詩　イセングリムス――狼と狐の物語』鳥影社，2014年。

（三浦清美著）『中世ロシアのキリスト教雄弁文学（説教と書簡）』松籟社，2022年。

231

（宮松浩憲訳）『中世，ロワール川のほとりで聖者たちと。』九州大学出版会，2017年。

チョーサー（西脇順三郎訳）『カンタベリ物語』（ちくま文庫）筑摩書房，1987年。

チョーサー（桝井迪夫訳）『完訳　カンタベリー物語』（上中下巻，岩波文庫）岩波書店，1995
年。

（田中幸穂訳）『G・チョーサー　《鳥たちの議会》──付録　D・S・ブルーワ《鳥たちの議会》
解説』英宝社，2004年。

（岡三郎訳・解説）『ディクテュスとダーレスのトロイア戦争物語──『トロイア戦争日誌』と
『トロイア滅亡の歴史物語』』（トロイア叢書）国文社，2001年。

（藤代幸一訳）『ティル・オイレンシュピーゲルの愉快ないたずら』法政大学出版局，1979年。

（阿部謹也訳）『ティル・オイレンシュピーゲルの愉快ないたずら』（岩波文庫）岩波書店，
1990年。

ティルベリのゲルウァシウス（池上俊一訳）『皇帝の閑暇』（西洋中世綺譚集成）青土社，1997
年（『西洋中世奇譚集成　皇帝の閑暇』講談社，2008年）。

伝ネンニウス（瀬谷幸男訳）『ブリトン人の歴史──中世ラテン年代記』論創社，2019年。

『ドイツ神秘主義叢書』（全12巻）創文社，1991〜2006年。

ドゥオダ（岩村清太訳）『母が子に与うる遺訓の書──ドゥオダの『手引書』』知泉書館，2010
年。

（アローン・Ya・グレーヴィチ著，中沢敦夫訳）『同時代人の見た中世ヨーロッパ──十三世
紀の例話』平凡社，1995年。

トゥールのグレゴリウス（兼岩正夫・臺幸夫訳註）『歴史十巻（フランク史）（Ⅰ・Ⅱ）』（東海
大学古典叢書）東海大学出版会，1975,77年。

トゥールのグレゴリウス（杉本正俊訳）『フランク史──一〇巻の歴史』（新訂版）新評論，
2019年（初版：2007年）。

ドゥンス・スコトゥス（八木雄二訳）『存在の一義性──ヨーロッパ中世の形而上学』（知泉学
術叢書）知泉書館，2019年。

トマス・アクィナス（ヴェンサン・マリー・プリオット／日下昭夫訳）『有と本質について』
聖トマス学院，1955年。

トマス・アクィナス（ヨゼフ・ピーパー編，フリードリヒ・ビールブセ訳）『言葉の鎖──ト
マス・アクィナス』エンデルレ書店，1960年。

トマス・アクィナス（高田三郎ほか訳）『神学大全』（1〜45，全39巻）創文社，1960〜2012年。

トマス・アクィナス（服部英次郎訳）『神学大全』（世界大思想全集，社会・宗教・科学思想
篇）河出書房新社，1965年。

トマス・アクィナス（花井一典訳）『真理論』（中世哲学叢書）哲学書房，1990年。

付録　中世ヨーロッパに関する史料の和訳図書リスト

トマス・アクィナス（津崎幸子訳）『言と光――ヨハネ福音書註解』新地書房，1991年。

トマス・アクィナス（長倉久子訳）『神秘と学知――『ボエティウス「三位一体論」に寄せて』翻訳と研究』創文社，1996年。

トマス・アクィナス（柴田平三郎訳）『君主の統治について――謹んでキプロス王に捧げる』慶應義塾大学出版会，2005年（岩波文庫，2009年）。

トマス・アクィナス（ボナツィ・アンドレア訳）『存在者と本質について』聖トマス大学，2007年。

トマス・アクィナス（長倉久子・松村良祐訳）『自然の諸原理について――兄弟シルヴェストゥルに』（ラテン語対訳）知泉書館，2008年。

トマス・アクィナス（川添伸介訳）『トマス・アクィナスの心身問題――『対異教徒大全』第2巻より』（ラテン語対訳）知泉書館，2009年。

トマス・アクィナス（稲垣良典訳）『在るものと本質について』（ラテン語対訳）知泉書館，2012年。

トマス・アクィナス（山田晶訳）『神学大全』（中公クラシックス）中央公論新社，2014年（『世界の名著　続5　トマス・アクィナス』中央公論社，1975年）。

トマス・アクィナス（山口隆介訳）『神学提要』（知泉学術叢書）知泉書館，2018年。

トマス・アクィナス（磯部昭子訳）『『ガラテア書』註解』（知泉学術叢書）知泉書館，2021年。

トマス・アクィナス（保井亮人訳）『カテナ・アウレア　マタイ福音書註解』（上下巻，知泉学術叢書）知泉書館，2023年。

トマス・アクィナス（稲垣良典・山本芳久編，稲垣良典訳）『精選　神学大全』（全4巻，1〜2既刊）岩波書店，2023年〜。

（保井亮人訳）『トマス・アクィナス『ヨブ記註解』』知泉書館，2016年。

トマス・ア・ケンピス（アルバン・デ・チガラ編，木船重昭訳）『マリアにならう――イミタチオ・マリエ』エンデルレ書店，1954年（『マリアに倣いて』1954年）。

トマス・ア・ケンピス（大沢章・呉茂一訳）『キリストにならいて』（岩波文庫）岩波書店，1960年。

トマス・ア・ケンピス（呉茂一・永野藤夫訳）『イミタチオ・クリスティ――キリストにならいて』講談社，1975年（講談社学術文庫，2019年）。

トマス・ア・ケンピス（池谷敏雄訳）『キリストにならいて』（改訂版）新教出版社，1984年（初版：1955年）。

トマス・ア・ケンピス（永野藤夫訳）『イミタチオ・クリスティ――キリストにならいて』（エルサレム文庫）エルサレム宗教文化研究所，1986年。

トマス・ア・ケンピス（浅井太郎訳）『涙の谷における薔薇の園――キリストに魂の癒しを求

めて』アドスリー，2010年。

トマス・マロリー（オーブリー・ビアズリー挿絵，井村君江訳）『アーサー王物語』（全6巻）
筑摩書房，2004〜07年。

（ベディエ編，佐藤輝夫訳）『トリスタン・イズー物語』（岩波文庫）岩波書店，1953年（改版，
1985年）。

（瀬戸直彦編）『トルバドゥール詞華集』大学書林，2003年。

（沓掛良彦編訳）『トルバドゥール恋愛詩選』平凡社，1996年。

ドン・ファン・マヌエル（牛島信明・上田博人訳）『ルカノール伯爵』（スペイン中世・黄金世
紀文学選集）国書刊行会，1994年。

ナポリの首席司祭レオ訳（芳賀重徳訳）『アレクサンデル大王の誕生と勝利』近代文藝社，
1996年。

ニコラウス・クザーヌス（岩崎允胤・大出哲訳）『知ある無知』創文社，1966年。

ニコラウス・クザーヌス（大出哲・八巻和彦訳）『可能現実存在』（アウロラ叢書）国土社，
1987年。

ニコラウス・クザーヌス（大出哲・高岡尚訳）『光の父の贈りもの』（アウロラ叢書）国文社，
1993年。

ニコラウス・クザーヌス（山田桂三訳）『学識ある無知について』（平凡社ライブラリー）平凡
社，1994年。

ニコラウス・クザーヌス（大出哲・野沢建彦訳）『神学綱要』（アウロラ叢書）国文社，2002年。

ニコラス・クザーヌス（大出哲・坂本堯訳）『隠れたる神』創文社，1972年。

ニタルト（岩村清太訳）『カロリング帝国の統一と分割──『ニタルトの歴史四巻』』知泉書館，
2016年。

（岡﨑忠弘訳）『ニーベルンゲンの哀歌』鳥影社，2021年。

（相良守峯訳）『ニーベルンゲンの歌』（前後編，改訳版）（岩波文庫）岩波書店，1975年（初
版：1955年）。

（石川栄作訳）『ニーベルンゲンの歌』（ちくま文庫）筑摩書房，2011年。

（岡﨑忠弘訳）『ニーベルンゲンの歌』鳥影社，2017年。

（岡﨑忠弘訳）『ニーベルンゲンの歌──前編（1 -1142）』渓水社，1989年。

（服部正己訳）『ニーベルンゲンの歌──全訳叙事詩』東洋出版，1977年。

（浜崎長寿・松村国隆・大澤慶子編）『ニーベルンゲンの歌──抜粋・訳注』大学書林，1981年。

（植田兼義訳）『ニャールのサガ』朝日出版社，1978年。

（辻康哲訳）『農夫ピアズの夢（完訳）──ケンブリッジ大学トリニティ・コレッジ写本B・
15・17版』デザインエッグ，2018年。

付録　中世ヨーロッパに関する史料の和訳図書リスト

（世良晃志郎訳）『バイエルン部族法典』（西洋法制史料叢書）創文社，1977年（弘文堂，1951
　　年）。

（鶴島博和）『バイユーの綴織（タペストリ）を読む──中世のイングランドと環海峡世界』山
　　川出版社，2015年。

パウルス・ディアコヌス（日向太郎訳）『ランゴバルドの歴史』知泉書館，2016年。

パオロ・サントニーノ（舟田詠子訳）『中世東アルプス旅日記──1485・1486・1487』筑摩書房，
　　1987年。

（小高毅監修，伊能哲大訳）『パドヴァの聖アントニオ　伝記と説教』聖アントニオ神学院，
　　1995年。

（森本英夫訳）『バビロニアの幽閉塔──ヨーロッパ中世ロマン』（現代教養文庫）社会思想社，
　　1989年（文元社，2004年）。

Ｇ・パラマス（大森正樹訳）『東方教会の精髄　人間の神化論攷──聖なるヘシュカストたち
　　のための弁護』（知泉学術叢書）知泉書館，2018年。

（堀越孝一訳・校注）『パリの住人の日記』（全3巻，Ⅰ：1405-1418／Ⅱ：1419-1429／Ⅲ：
　　1430-1434）八坂書房，2013～19年。

ハルトマン・フォン・アウエ（平尾浩三・中島悠爾・相良守峯・リンケ珠子訳）『ハルトマン
　　作品集』郁文堂，1982年。

ハルトマン・フォン・アウエ（戸澤明・佐藤牧夫・佐々木克夫・楠田格・副島博彦訳）『哀れ
　　なハインリヒ』大学書林，1985年。

ハルトマン・フォン・アウエ（赤井慧爾・斎藤芙美子・武市修・尾野照治訳）『イーヴァイン』
　　大学書林，1988年。

ハンポールのリチャード・ロル（奥田平八郎訳）『愛の歌』水府出版，1982年。

（渡辺一夫訳）『ピエール・パトラン先生』（岩波文庫）岩波書店，1963年。

（大橋喜之訳）『ピカトリクス──中世星辰魔術集成』八坂書房，2017年。

ピコ・デラ・ミランドラ（植田敏郎訳）『人間の尊厳について』創元社，1950年。

（山口正美著）『ヒッポの司教聖アウグスチノの会則──今日の修道共同体の霊性を求めて』サ
　　ンパウロ，2002年。

ヒルデガルト・フォン・ビンゲン（プリシラ・トループ英語版翻訳，井村宏次監訳，聖ヒルデ
　　ガルト研究会訳）『聖ヒルデガルトの医学と自然学』ビイング・ネット・プレス，2002年。

ヒルデガルト・フォン・ビンゲン（プリシラ・トゥループ英語版翻訳，臼田夜半編訳）『聖ヒ
　　ルデガルトの病因と治療』ポット出版，2014年。

（川那部和恵著）『ファルスの世界──五～一六世紀フランスにおける「陽気な組合」の世俗
　　劇』渓水社，2011年。

フアン・ルイス（牛島信明・冨田育子訳）『よき愛の書』（スペイン中世・黄金世紀文学選集）国書刊行会，1995年。

『フィロカリア──東方キリスト教霊性の精華』（全9巻）新世社，2007年。

（橋本一郎訳）『フェルナン・ゴンザレスの歌──中世スペイン語対訳』大学書林，1988年。

フェルナンド・デ・ロハス（岡村一訳）『セレスティーナ──欲望の悲喜劇』中川書店，1990年。

フェルナンド・デ・ロハス（橋本一郎訳注）『ラ・セレスティナ』大学書林，1990年。

フェルナンド・デ・ローハス（杉浦勉訳）『ラ・セレスティーナ』国書刊行会，1996年。

フェルナンド・デ・ロハス（岩根圀和訳）『ラ・セレスティーナ──カリストとメリベアの悲喜劇』アルファベータ，2015年。

フェルナンド・デ・ロハス（岡村一訳）『セレスティーナ──カリストとメリベーアの悲喜劇』水声社，2020年。

（奥田平八郎訳）『不可知の雲』（古典文庫）現代思潮社，1969年。

（ウイリアム・ジョンストン序論・原文校訂，斎田靖子訳）『不可知の雲──キリスト教神秘体験の不朽の古典』（ヘーシベック文庫）エンデルレ書店，1995年。

（見目誠訳）『フラメンカ物語』未知谷，1997年。

（中内克昌訳）『フラメンカ物語』九州大学出版会，2011年。

フランコ・サケッティ（杉浦明平訳）『ルネッサンス巷談集』（岩波文庫）岩波書店，1981年（『フィレンツェの人々』（上中巻）世界古典文庫，日本評論社，1949年）。

（小さき兄弟会監修，佐藤翔子・渡辺義行訳）『フランシスコと共にいた　わたしたちは──レオネ，ルフィーノ，アンジェロ兄弟たちの報告記』あかし書房，1985年。

（森本英夫編訳）『フランス中世艶笑譚』（現代教養文庫）社会思想社，1984年。

（森本英夫・西澤文昭訳編）『フランス中世滑稽譚』（現代教養文庫）社会思想社，1988年。

（森本英夫編訳）『フランス中世処世譚』（現代教養文庫）社会思想社，1985年。

（新倉俊一・神沢栄三・天沢退二郎訳）『フランス中世文学集』（全4巻）白水社，1990〜96年。

（松原秀一・天沢退二郎・原野昇編訳）『フランス中世文学名作選』白水社，2013年。

フランソア・ヴィヨン（佐藤輝夫訳）『フランソア・ヴィヨン全詩集』河出書房新社，1976年。

フランソワ・ヴィヨン（宮下志朗訳）『ヴィヨン全詩集』国書刊行会，2023年。

ブラント（尾崎盛景訳）『阿呆船』（古典文庫）現代思潮社，1968年（現代思潮新社，2002年）。

フリードリッヒ二世（吉越英之訳）『鷹狩りの書──鳥の本性と猛禽の馴らし』文一総合出版，2016年。

プロコピオス（和田廣訳）『秘史』（西洋古典叢書）京都大学学術出版会，2015年。

（小川和彦訳）『ベーオウルフ』武蔵野書房，1993年。

付録　中世ヨーロッパに関する史料の和訳図書リスト

（忍足欣四郎訳）『ベーオウルフ——中世イギリス英雄叙事詩』（岩波文庫）岩波書店，1990年。

（厨川文夫訳）『ベーオウルフ——附　フィンズブルフの戦』（岩波文庫）岩波書店，1941年。

ベーダ（長友栄三郎訳）『イギリス教会史』創文社，1965年。

（高橋博訳）『ベーダ英国民教会史』（講談社学術文庫）講談社，2008年。

（ヘルマン・ヘッセ編，林部圭一訳）『ヘッセの中世説話集』白水社，1994年。

ペトラルカ（近藤恒一編訳）『ルネサンス書簡集』（岩波文庫）岩波書店，1989年。

ペトラルカ（近藤恒一訳）『わが秘密』（岩波文庫）岩波書店，1996年。

ペトラルカ／ボッカッチョ（近藤恒一編訳）『ペトラルカ＝ボッカッチョ往復書簡』（岩波文庫）岩波書店，2006年。

ペトルス・アルフォンシ（伊藤正義訳）『賢者の教え——中世スペイン説話集』岩波ブックサービスセンター，1993年。

ペトルス・アルフォンシ（西村正身訳）『知恵の教え』渓水社，1994年。

（山下正男著）『ペトルス・ヒスパーヌス　論理学綱要——その研究と翻訳』京都大学人文科学研究所，1981年。

ベネディクト（古田暁訳）『聖ベネディクトの戒律』すえもりブックス，2000年（ドン・ボスコ社，2006年）。

（瀬谷幸男訳）『放浪学僧の歌——中世ラテン俗謡集』南雲堂フェニックス，2009年。

ボエティウス（畠中尚志訳）『哲学の慰め』（岩波文庫）岩波書店，1938年。

ボエティウス（渡辺義雄訳）『哲学の慰め』（筑摩叢書）筑摩書房，1969年。

ボエティウス（松﨑一平訳）『哲学のなぐさめ』（西洋古典叢書）京都大学学術出版会，2023年。

ボエティウス（伊藤友計訳）『音楽教程』（講談社学術文庫）講談社，2023年。

（林邦彦訳）『北欧のアーサー王物語——イーヴェンのサガ／エレクスのサガ』麻生出版，2013年。

ボッカチオ（柏熊達生訳）『デカメロン』（全2巻）日本評論社，1948〜49年（河出書房，1953年／新潮文庫，1954〜57年／ノーベル書房，1981年／ちくま文庫，1987〜88年）。

ボッカチオ（野上素一訳）『デカメロン（十日物語）』（全6巻，岩波文庫）岩波書店，1948〜59年（現代教養文庫，社会思想社，1969年／文元社，2004年）。

ボッカチォ（高橋久訳）『新訳　デカメロン』（全5巻，新潮文庫）新潮社，1965〜66年。

ボッカッチョ（河島英昭訳）『デカメロン』（上下巻，講談社文芸文庫）講談社，1999年。

ボッカッチョ（平川祐弘訳）『デカメロン』河出書房新社，2012年（河出文庫，2017年）。

ポッジョ（大塚幸男訳）『風流道化譚』鹿鳴社，1951年。

ボナヴェントゥラ（長倉久子訳註）『魂の神への道程——註解』創文社，1993年。

ボナヴェントゥラ（小高毅訳）『愛の観想——生命の樹・神秘の葡萄の樹』あかし書房，2002

237

年。

ボナヴェントゥラ（小高毅訳）『観想の道――三様の道・生命の完成』（キリスト教古典選書）サンパウロ，2004年。

ボーマノアール（塙浩訳）『ボヴェジ慣習法書』（塙浩著作集〔西洋法史研究〕）信山社，1992年。

マイスター・エックハルト（相原信作訳）『神の慰めの書』筑摩書房，1949年（講談社学術文庫，1985年）。

マイスター・エックハルト（オイゲン・ルカ訳）『神の誕生』エンデルレ書店，1977年。

（G・R・C・デーヴィス著，城戸毅訳）『マグナ・カルタ』ほるぷ教育開発研究所，1990年。

（J・C・ホゥルト著，森岡敬一郎訳）『マグナ・カルタ』慶應義塾大学出版会，2000年。〔「付録1～14」（483～636頁）〕

（W・S・マッケクニ著，禿氏好文訳）『マグナ・カルタ――イギリス封建制度の法と歴史』ミネルヴァ書房，1993年。

（田中秀央著）『マーグナ・カルタ――羅和対訳』東京大学出版会，1973年（京都女子大学出版部，1960年）。

（石井美樹子・久木田直江訳）『マージェリー・ケンプの書――イギリス最古の自伝』慶應義塾大学出版会，2009年。

（中野節子訳）『マビノギオン――中世ウェールズ幻想物語集』JULA出版局，2000年。

マリ・ド・フランス（本田忠雄・森本英夫訳）『レ――中世フランス恋愛譚』（メルヘン文庫）東洋文化社，1980年（世界民話童話翻訳シリーズ，1981年）。

マルクス／ヘンリクス（千葉敏之訳）『西洋中世奇譚集成　聖パトリックの煉獄』（講談社学術文庫）講談社，2010年。

マルコ・ポーロ（青木富太郎訳）『東方見聞録』（現代教養文庫）社会思想社，1969年。

マルコ・ポーロ（愛宕松男訳注）『東方見聞録』（全2巻，東洋文庫）平凡社，1970～71年（平凡社ライブラリー，2000年）。

マルコ・ポーロ（青木富太郎訳）『東方見聞録』（世界探検全集）河出書房新社，1978年（『マルコポーロ旅行記』1954年）。

マルコ・ポーロ（村辰雄・久保田勝一訳）『東方見聞録』岩波書店，2012年（『全訳　マルコ・ポーロ東方見聞録――『驚異の書』fr. 2810写本』2002年）。

マルコ・ポーロ／ルスティケッロ・ダ・ピーサ（高田英樹訳）『世界の記――「東方見聞録」対校訳』名古屋大学出版会，2013年。

マルシーリオ・フィチーノ（左近司祥子訳）『恋の形而上学――フィレンツェの人マルシーリオ・フィチーノによるプラトーン『饗宴』注釈』国文社，1985年。

付録　中世ヨーロッパに関する史料の和訳図書リスト

マルシリオ・フィチーノ（左近司祥子・木村茂訳）『『ピレボス』注解——人間の最高善について』国文社，1995年。

J・マンデヴィル（大場正史訳）『東方旅行記』（東洋文庫）平凡社，1964年。

（大手前女子大学英文学研究会訳）『マンデヴィルの旅』英宝社，1997年。

ミカエール・アンドレオポーロス（西村正身訳）『賢人シュンティパスの書』未知谷，2000年。

（シーグルズル・ノルダル著，菅原邦城訳）『巫女の予言——エッダ詩校訂本』東海大学出版会，1993年。

（佐藤輝夫訳）『水鏡の歌——フランス中世物語集』全国書房，1947年。

（佐藤輝夫訳）『水影の歌——フランス中世恋物語集』カルチャー出版社，1975年。

（高津春久編訳）『ミンネザング——ドイツ中世叙情詩集』郁文堂，1978年。

（ヴェルナー・ホフマン／岸谷敞子／石井道子／柳井尚子訳）『ミンネザング——ドイツ中世恋愛抒情詩撰集』大学書林，2001年。

メールゼブルクのティートマル（三佐川亮宏訳注）『オットー朝年代記』知泉書館，2021年。

ヤコブス・ア・ウォラギネ（藤代幸一訳）『黄金伝説抄』新泉社，1983年（新版：1994年）。

ヤコブス・デ・ウォラギネ（前田敬作・今村孝訳）『黄金伝説』（全4巻）人文書院，1979〜87年（平凡社ライブラリー，2006年）。

ヨハネス・デ・テプラ（青木三陽・石川光庸訳）『死神裁判——妻を奪われたボヘミア農夫の裁判闘争』現代書館，2018年。

ヨハネス・ドゥンス・スコトゥス（花井一典・山内志朗訳）『存在の一義性——定本 - ペトルス・ロンバルドゥス命題註解』哲学書房，1989年。

ヨハネス・ハルトリープ（藤井明彦訳・註解・解説，安齋利沙註解補佐）『禁術全書——すべての禁じられた術と邪信と魔術の書』国書刊行会，2023年。

ヨハネス・フォン・テープル（石井誠士・池本美和子訳・解説）『ボヘミアの農夫——死との対決の書』人文書院，1996年。

ヨハンネス・デ・アルタ・シルウァ（西村正身訳）『ドロパトスあるいは王と七賢人の物語』未知谷，2000年。

ライモンド・ダ・カプア（岳野慶作訳）『シエナの聖カタリナ』中央出版社，1991年。

ラヤモン（大槻博訳）『ブルート——13世紀初頭に書かれた英国史』大阪教育図書，1997年。

W・ラングランド（池上忠弘訳）『農夫ピアズの幻想』新泉社，1975年（中公文庫，1993年）。

（塙浩訳）『ランゴバルド部族法典』（塙浩著作集〔西洋法史研究〕）信山社，1992年。

（中森義宗・安保大有訳）『ランドゥッチの日記——ルネサンス一商人の覚書』近藤出版社，1988年。

リウトプランド（大月康弘訳）『コンスタンティノープル使節記』（知泉学術叢書）知泉書館，

2019年。

リチャード・ド・ベリー（古田暁訳）『フィロビブロン——書物への愛』（講談社学術文庫）講談社，1989年（大阪フォルム画廊出版部，1972年／北洋選書，北洋社，1978年／タングラム，1985年）。

（久保正幡訳）『リブアリア法典』（西洋法制史料叢書）創文社，1977年（弘文堂，1940年）。

ルードルフ・フォン・エムス（平尾浩三編訳）『善人ゲールハルト——王侯・騎士たち・市民たち』慶應義塾大学出版会，2005年。

（佐藤三夫訳編）『ルネサンスの人間論——原典翻訳集』有信堂高文社，1984年。

レオン・バッティスタ・アルベルティ（三輪福松訳）『絵画論』中央公論美術出版，1971年（改訂新版，2011年）。

レオン・バッティスタ・アルベルティ『建築論』中央公論美術出版，1982年。

レオン・バッティスタ・アルベルティ（森雅彦訳）『芸術論』中央公論美術出版，1992年（新装普及版，2011年）。

レオン・バッティスタ・アルベルティ（池上俊一・德橋曜訳）『家族論』講談社，2010年。

レオン・バッティスタ・アルベルティ（福田晴虔訳）『モムス——あるいは君主論』建築史塾あるきすと，2018年。

レーモン・ダジール／フーシェ・ド・シャルトル他（丑田弘忍訳）『フランク人の事績——第一回十字軍年代記』鳥影社，2008年。

（國本哲男・山口巌・中條直樹訳）『ロシア原初年代記』名古屋大学出版会，1987年（新装版：2022年）。

（中村喜和編訳）『ロシア中世物語集』（筑摩叢書）筑摩書房，1970年。

（レーベヂェフ編，除村吉太郎訳）『ロシヤ年代記』（ユーラシア叢書）原書房，1979年（弘文堂書房，1943年）。

（伊東俊太郎編，高橋憲一訳）『ロジャー・ベイコン　大著作』（科学の名著）朝日出版社，1980年。

ロタリオ・デイ・セニ（瀬谷幸男訳）『人間の悲惨な境遇について』南雲堂フェニックス，1999年。

ロベール・ド・クラリ（伊藤敏樹訳・解説）『コンスタンチノープル遠征記——第4回十字軍』筑摩書房，1995年。

ロベール・ド・ボロン（横山安由美訳）『西洋中世奇譚集成　魔術師マーリン』（講談社学術文庫）講談社，2015年。

（橋本一郎訳）『ロマンセーロ——スペインの伝承歌謡集』大学書林，1976年。

（有永弘人訳）『ロランの歌』（岩波文庫）岩波書店，1965年。

付録　中世ヨーロッパに関する史料の和訳図書リスト

ロレンツォ・ヴァッラ（近藤恒一訳）『快楽について』（岩波文庫）岩波書店，2014年。

ロレンツォ・ヴァッラ（高橋薫訳）『「コンスタンティヌスの寄進状」を論ず』水声社，2014年。

（橋本一郎訳注）『わがシッドの歌』大学書林，1979年。

（牛島信明・福井千春訳）『わがシッドの歌』（スペイン中世・黄金世紀文学選集）国書刊行会，
　　1994年。

（岡村一訳）『わがシッドの歌──スペイン武勲詩』近代文芸社，1996年。

（村尾喜夫訳注）『ワルターの歌』三修社，1989年。

（村尾喜夫訳注）『ワルターの詩』三修社，1969年。

索　引

【あ 行】

アイスランド　62-65

アイユーブ朝　121, 123

アイルランド　47

　　──人　145

アヴィニョン　92

アウグスティヌス　94

　　──戒律　82

アキテーヌ　151

　　──公　11

悪魔　4, 106, 108-112, 114, 116, 117

　　──学　105, 111

　　──崇拝　105

アタナシウス　89

　　──派　46

アナクレトゥス2世（対立教皇）　126, 127

アナーニ事件　116

アナール学派　64, 92

アルビジョワ十字軍　90, 91, 99, 103, 120, 123

アレクサンデル3世（教皇）　127

アレッサンドリア　169, 173

アンダルス　120

イエス／キリスト　17, 29, 31, 36, 37, 41, 46, 48,
　　52-54, 56, 67, 68, 76, 77, 89, 92, 94-96, 100,
　　101, 106, 112, 114-116, 120, 128, 134, 164, 167

イェルサレム　120-123, 125-127, 130, 134

　　──王国　121-123

イギリス　12, 13, 24, 89, 141-143, 216

　　──国王　143

イコノクラスム　28-31, 36-38, 40-44

イコン（聖像，聖画）　28-32, 34-42, 44

イスラーム（教）　28-31, 41, 43, 88, 90, 121, 122

　　──教徒　32, 34, 120

イタリア　12, 33, 36, 37, 41, 54, 71, 98, 102, 121,
　　126, 130, 140, 141, 153, 156, 158-164, 166, 167,
　　173, 179-183, 191, 193-195, 198, 208, 214, 216

　　──語　156, 186

　　──人　159

異端　4, 88-99, 101-104, 108, 110-113, 117, 120,
　　123, 131, 132

　　──者　36, 88, 91, 95-103, 110-113, 116, 117,
　　128

　　──審問　4, 88, 91, 92, 95, 97, 99, 103, 132

　　──審問官　91, 92, 94, 95, 97-103

　　──審問記録　91, 92-95, 97-100, 102-104

イベリア半島　90, 102, 122, 130, 178

イングランド　11-16, 18, 21-24, 26, 47, 63, 79,
　　83, 84, 89, 123, 145, 151, 152

　　──王／王位／王家　11-13, 15, 17, 23, 80,
　　83, 143, 145, 150, 151

　　──王国　161

　　──人　16, 17, 145

印璽／印章　17, 19, 27, 96, 97, 134

インディクティオ　33, 34, 37, 175, 183

インノケンティウス2世（教皇）　126

インノケンティウス3世（教皇）　70, 72, 73,
　　75, 86, 114, 123, 131

ヴァルド派　100, 103, 113

ヴァロワ朝　143

ウィリアム1世（スコットランド王）　78, 80

ウィリアム1世（征服王，イングランド王）／
　　ギヨーム2世（ノルマンディ公）　9,
　　11-24, 26, 27, 83

242

索　引

ヴェネツィア　121, 123, 125, 141, 164, 193, 215-217

ウェールズ人　145

ヴォルムス協約　125

ウマイヤ朝　30, 32, 38, 42

ウルバヌス 2 世（教皇）　121, 122, 124-126

エウゲニウス 3 世（教皇）　127

エデッサ　127

エドワード 1 世（イングランド王）　145

エドワード 3 世（イングランド王）　143

エドワード証聖王（イングランド王）　11, 14, 16-18, 20-22, 24

エノー伯　145

──領　149, 179

王権　13, 14, 20, 23, 56, 83, 89, 90, 143-145, 150, 151, 155, 179, 180, 182, 208

王領地　23, 150, 151

オーストリア　158, 200, 203

オランダ　141, 142

──王国　141, 142

──語　141-143, 148, 155, 156

【か　行】

カエサリウス，ハイスターバッハの　107, 112-114, 116

火刑　101

化体説　115, 118

カタリ派（アルビジョワ派）　88-91, 94, 95, 98, 100, 103, 113, 127

カーチュラリ　73, 78, 79, 87

カペー朝／王権　89, 90, 143, 144

カリクストゥス 2 世（教皇）　125

カリフ　32

カルケ門　34, 41, 42

カール大帝　49, 50, 58, 59, 83

慣習法文書　179

カンタベリ大司教　25

完徳者　99, 100

『簡約歴史』　31, 38, 40-42, 45

ギィ・ド・ダンピエール（フランドル伯）　145, 146, 150

騎士　47, 49, 61, 63, 72-74, 78, 80, 81, 85, 121-123, 146, 147, 149, 152, 155, 206

──叙任　47, 49, 61

──道　61, 150

奇蹟（奇跡）　46, 67, 68, 108, 109, 111, 113, 114, 117

『奇蹟の対話』　107, 108, 113, 114, 119

貴族　10, 11, 13, 20-23, 57, 59, 84, 145, 149, 150, 152-155, 163, 180, 181, 205, 207-209

ギベリン党　164

教会裁判　4

教皇　22, 33, 41, 48, 55, 59, 70-73, 75-78, 81-83, 85, 86, 90-92, 94, 101, 113-116, 120-130, 134, 135, 160, 163

──庁　91, 131, 132, 135

供述／供述記録　91, 92, 98, 99, 101, 102, 104

ギリシア　29, 34, 66, 67, 198

──語　31-33, 36, 38, 39, 45, 75

──人　216

キリスト　→イエス

キリスト教　4, 17, 20, 28, 29, 32, 46-49, 53, 54, 56, 57, 63, 64, 67, 70, 71, 76, 81, 83, 88-91, 94, 103, 107, 114, 121, 122, 125, 129, 130, 188, 198, 216

──徒　29-32, 35, 36, 41, 47, 49, 52, 53, 55, 77, 83, 116, 120, 126, 128

ギルド　136, 140, 180

金印勅書　49

グェルファ党　163, 164

グレゴリウス 1 世（教皇）　76

グレゴリウス 2 世／ 3 世（教皇）　32, 36, 37

グレゴリウス 7 世（教皇）　75, 76

グレゴリウス 8 世（教皇）　128

243

グレゴリウス9世（教皇）　130

クレマ　169, 173

クレモナ　162, 169, 173, 174

クレルモン教会会議　121, 122, 124, 126

クローヴィス（フランク王）　46-48

契約／契約書　96, 100, 109, 110, 116, 117, 200, 205, 206, 214-216

毛織物　142-144, 152, 153

ゲルマノス（コンスタンティノーブル総主教）　32, 35-40, 42, 43, 45

ゲルマン人　12, 29, 64

古アイスランド語　63

拘禁　99, 102

公証人　80, 96, 181, 190, 200, 214-217

高等法院　151

拷問　3, 48, 99, 102

降霊術　109, 114, 115

古英語　16

黒死病（ペスト）　136, 137, 197, 198, 204, 206, 216

国家　17, 28, 30, 32, 161, 166, 174, 181, 208

　近代——　173

　国民——　159

　十字軍——　122, 123, 127

　都市——　140, 154, 181, 194

　封建——　13, 14

　領邦——　208

告解（懺悔）　114, 115, 118

コムーネ　159, 168-170, 181, 183-192

「コリントの信徒への手紙一」　100

コルトレイク（クルトレ）の戦い　149, 151, 152, 154-156

コンシアンス，ヘンドリク　156

コンスタンツの和約　167, 169, 171-173

コンスタンティノーブル　29-32, 34, 35, 37, 38, 40, 43, 44, 121, 123, 125

コンソレ　164-166, 168, 170-172, 175, 185, 186,

188-191, 194

コンタード　159, 173

【さ 行】

裁判　4, 10, 18, 72, 74, 76, 80-82, 88, 118, 168, 177, 179, 180, 183, 187, 190, 215

　——官　72, 74-76, 78, 81-85, 116, 175, 185, 186, 188, 212

　——権　16-18, 71, 80, 81, 152, 166, 168, 170, 171, 175, 179, 180, 187, 193, 197, 206, 209

サガ　62-65

サタン　31, 106

参審人（団）　146, 148, 149, 153-155, 179, 180

サンティアゴ・デ・コンポステラ　122, 130

市外市民　205, 206

司教　15, 22, 48, 50, 52-55, 59, 60, 63, 70, 73-77, 92, 94-97, 103, 107-114, 116, 117, 128, 131, 134, 140, 159, 169, 171, 175, 177, 182

　——区　73, 78, 168-171, 173, 175

　——座　59, 76, 96, 135, 195

　——座都市　112, 177

獅子爪党　154

自治　140, 141, 152, 153, 159, 162, 166, 167, 172, 174, 177-182, 184, 187, 190-195, 199, 208

　——権　140, 159, 172, 177, 178

　——都市　140, 159, 161-163, 174, 177, 181, 208

シチリア　12, 126, 130, 158, 163

使徒　36, 48, 51-54, 56, 73-77, 96, 113, 114, 126, 128

　——的生活　112, 118

シトー（修道）会／派　71, 73, 82-84, 107, 113, 114, 118

司牧　115, 117

　——革命　108, 115, 118

ジャック・フルニエ　92, 95-98, 100, 102-104

宗教改革　79, 105, 136

244

索　引

十字軍　4, 28, 90, 114, 120-135, 215, 216
　第1回──　121, 122, 130
　第2回──　127
　第3回──　123, 128
　第4回──　28, 121, 123
　第6回──　123
　第7回──　123
修道士　4, 15, 16, 18, 31, 36-38, 41, 71, 73, 74, 77, 78, 80-84, 91, 92, 95, 101, 102, 107, 108, 112-114, 144, 211, 212
自由都市（帝国都市）　140, 159
手工業者　140, 152-154, 180
シュタウフェン家／王朝　163, 208
準都市　181, 195
小アジア　30, 33, 35, 39, 121
ジョヴァンニ・ヴィッラーニ　156
荘園　16, 25, 71, 78, 159, 175, 196, 197
証言　64, 73, 81, 92, 93, 95, 97, 98, 100, 102, 104, 144, 175, 207
　──者　91, 95, 102
証書／証書史料　14-16, 18-27, 72-75, 77-82, 84, 85, 87, 97, 133, 135, 169, 175, 214
上訴　73, 165, 166, 175
　──裁判権　168
　──裁判所　166
　──審　176
象徴物　47, 48, 55, 57
商人　122, 123, 140, 152, 153, 156, 180, 181, 216
証人　19, 57, 73, 74, 77, 81, 92, 93, 96, 214
証人リスト／証人欄／副署人リスト　19, 25, 77, 82, 135, 216
条例／条例集　182-186, 188, 190-193, 195
書簡　32, 33, 36, 37, 67, 96, 137, 217
贖罪（罪の償い）　109, 110, 114, 128-131, 215
ジョン（イングランド王）　89
シリア　32, 36, 38, 41, 42, 121
人口　5, 63, 178, 181, 197, 198, 204-206, 216

臣従　106, 145, 150
　──礼　47, 49
神聖ローマ皇帝　49-52, 54-56, 60, 127, 130, 140, 159, 160, 162-164, 166-174, 177, 182
神聖ローマ帝国　49, 50, 142, 155, 158, 159, 161, 162, 164, 166, 167
神判（神明裁判）　117, 118
尋問　81, 91, 92, 94, 97-100, 102
スイス　105, 161, 211, 213
スカンディナヴィア　12, 46, 64
スコットランド　70, 72, 73, 78, 82-84, 87
　──王　78, 83, 84
　──人　145
周布公平　142
スペイン　125, 127, 179
税（租税／納税／課税／徴税／収税）　17, 33, 41, 71, 81, 123, 134, 146, 152, 168, 175, 177, 179, 197, 202, 206, 207
　間接──　191
　結婚──　197, 198
　財産──　191
　死亡──　197, 198
　十分の一──　69, 71, 84
　消費──　153
　通行──　17, 171, 172
　流通──　189
聖遺物　35, 114, 118
聖餐式　115, 118
聖書　8, 28, 37, 76, 77, 85, 95, 100, 101, 106, 107, 112, 114
　旧約──　28, 37
　新約──　95, 100, 101, 112, 114
聖人　29, 31, 35, 36, 39, 46-48, 53, 54, 56-58, 83, 114, 185
　──崇敬　46, 48, 57, 58
　──伝　41
聖体（聖なるパン）　94-96, 98, 100, 101, 115,

245

116

――崇拝　115

――拝領　94, 100

正統（正統信仰／正統教義）　46, 88-91, 101-
104, 111, 112, 114, 115, 120, 131

聖年　130

聖別　50-52, 56, 61, 94, 115

――式　49

聖変化　94, 100

誓約　50, 54, 56, 61, 74, 81, 95, 97, 127, 164-166,
168, 169, 183, 186, 189, 192, 193

世界史　1, 6, 8, 12, 13, 28, 29, 47-49, 70, 71, 75,
77-81, 84-86, 88-91, 105, 120-123, 129, 140,
142-144, 153, 156, 159, 160, 177, 178, 180, 181,
197

説教　50, 101, 107, 108, 112, 115, 118

――師／者　107, 112, 113

セルジューク朝　121, 122

選帝侯　49

【た　行】

戴冠　11, 34, 47, 49, 50, 52, 56, 57, 59, 60

――式　11, 49, 50, 54, 57-61

――式次第　49, 50, 58-61

大航海時代　105

大司教　15, 17, 24, 25, 50-57, 59, 60, 70, 71, 77,
131

托鉢修道会　71, 91

托鉢修道士　92, 95

ダマスクス（ダマスコス）　36, 38, 44

チェコ　49, 50, 54, 56-59, 61

――王／国王　49, 54

――王国　50, 60

「血の平原」の戦い（サルマダの戦い）　125

中央集権化　151, 152

仲裁　165, 166

――裁判官　212

――者　147

中世主義　157

長官　164-166, 168, 175

『ツィンメルン年代記』　201

通過儀礼　49

デイヴィッド1世（スコットランド王）　84

ティロン会　82, 84

テオファネス　31, 32, 38, 41-43

『テオファネス年代記』　30, 31, 33, 36, 40-42,
45

テラ島　33, 39, 40, 43, 44

ドイツ　105, 107, 112, 123, 137, 140, 142, 145,
159, 160, 167, 178, 180, 182, 198-201, 205,
207-210

――王国　112, 123

――語　140, 200, 201, 203, 210, 215

――国王　126

ドイツ騎士団　123

ドゥームズデー・ブック　13, 18, 24

都市　140, 199, 204-206, 208

――貴族　152-155

――同盟　159-163

ドミニコ（修道）会　71, 91, 101-103

トルコ人　28

【な　行】

ナショナリズム　155, 156

ニカイア　35, 36, 39-42, 44

ニケフォロス1世（コンスタンティノープル総
主教）　31, 38, 42

二元論　94

ノヴァラ　171, 173, 174

農業危機　204, 205

農奴　178, 197-199, 210

農民　5, 18, 23, 71, 178, 179, 181, 196-212

ノルウェー　57, 62-64

――王　62, 64

索 引

---人　63

ノルマン人　12, 13, 16, 17, 23

ノルマン征服／ノルマン＝コンクェスト　9,
11-13, 21-23, 26, 83

ノルマンディ　11, 13, 15, 16, 21-24, 27, 89, 149

---公　11-13, 15, 20, 83

---公国　12

【は 行】

ハインリヒ7世（神聖ローマ皇帝）　49, 52,
60

迫害　34, 88, 90, 91, 105, 106, 123

罰金　18, 34, 183, 184, 187-189, 203

バッサーノ　180-195

ハプスブルク家　50

パミエ　92, 95, 96, 103, 104

破門　37, 38, 71, 81, 125-128, 131, 134

パリ　89, 136, 149, 151

パレスティナ　31, 32, 41, 121

判告／判告録（ヴァイステューマー）　200-
203

ハンザ同盟　159, 160, 163, 176

ハンザ貿易　137

ピサ教会会議　125, 130

ビザンツ皇帝　28-30, 32-35, 37, 39, 40, 43, 68,
121-123

ビザンツ帝国　28-30, 32, 36-38, 41, 66, 67, 216

秘蹟（秘跡）　47, 48, 55, 71, 80, 81, 92-95, 98,
100, 101, 115

ピーテル・デ・コーニンク　146, 147, 149, 156,
157

百年戦争　143, 144

フィリップ2世（フランス王）　89

フィリップ4世（フランス王）　116, 145, 146,
150

フェカン　16-19, 21, 22, 24

フェカン修道院／フェカンの聖三位一体教会
15-18, 20-22

フォドゥルム　168, 171, 172, 175

福音書　54, 74, 81, 95, 164, 185, 186, 188

「マタイによる---」　50, 77, 85, 95, 101

「マルコによる---」　76, 86, 101

「ヨハネによる---」　53

「ルカによる---」　101

ブザンソン　108, 111-113, 116, 117

フッガー家　140, 160

プラハ　57, 59, 60, 137

フランク　57

---王／国王　46, 47, 50

---王国　83

フランシスコ会／フランチェスコ（修道）会
71, 91, 144

フランス　11-14, 21, 23, 55, 58, 63, 83, 84, 89, 90,
92, 94, 98, 102, 113, 123, 142-146, 148, 151,
155, 158, 178-180, 182, 215, 216

---王／国王／王家／王権　11, 55, 116,
143-147, 150-152, 154

---王国　50, 142, 144, 150, 161

---語　141, 143, 148, 151, 155

---人　148-150, 155

プランタジネット家／朝　13, 143

フラーンデレン　141, 142

フラーンデレン（フラームス）運動　156

『フラーンデレンの獅子』　156

フランドル　140-147, 149-156, 170

---人　148-150, 155

フランドル伯　142, 144, 146, 147, 149-155

---領　144, 151, 155

フリードリヒ1世（神聖ローマ皇帝）　127,
159, 163, 166-168

フリードリヒ2世（神聖ローマ皇帝）　130,
163

ブルガリア　29, 94, 170

ブルッヘ（ブリュージュ）　140, 143, 145-149,

247

151-153, 156

プレモントレ会　82-84

プレモントレ教会　134

ヘイスティングズ　11, 16-18, 24

　──の戦い　11

ペスト　→黒死病

ペトロ（ペテロ）　36, 48, 50, 70, 71, 76, 77, 85,
　　125, 126, 128

ベネディクトゥス，ヌルシアの　51, 54, 71, 82

ベネディクトゥス12世（教皇）　92

ベネディクト修道会／派　71, 82, 83

ヘラス　34, 36, 39, 40, 43

ベルガモ　170, 171, 173, 174

ベルギー　142, 155, 156, 179

　──王国　141

『白耳義国志』　142

ベルナール・ギー　95, 97, 98, 100, 102

ベルナール・ド・クレルヴォー　113

ヘント（ガン）　140, 142-149, 152-154

『ヘント編年誌』　144

封建　13, 14, 47, 140, 150, 151, 163, 177, 178, 191,
　　193, 196, 198, 199, 208

　──家臣　150

　──関係／的主従関係　150, 151, 196

　──貴族　163

　──国家　13, 14

　──社会／制社会　47, 178, 199

　──制　196, 198

　──反動　198

　──領主　140, 177, 191, 193, 194

北方十字軍　90

ポデスタ　168, 175, 183, 185-194

ボニファティウス8世（教皇）　116, 118, 130

ポーランド　50

【ま　行】

マーガレット（スコットランド王妃）　83

魔術　106, 110, 111, 116, 117

　──師／使い　31, 32, 106, 110, 111

魔女　5, 105-107, 110, 111, 116, 117

　──狩り　105, 110, 111, 116

　──裁判　105, 106, 110, 111, 114, 116-118

マニ教　94

マリア／聖母　29, 35, 36, 41, 47, 50, 54, 60, 67,
　　80, 188

ミラノ　139, 159, 162-164, 170, 171, 173-175,
　　181

メイル・コルム3世（スコットランド王）　83

メディチ家　140, 160

メルローズ修道院　72-74, 78, 79, 82-84, 86, 87

モンタイユー　92, 98, 103, 104

【や　行】

ヤン・ブレイデル　156, 157

遺言／遺言書　80, 215-217

ユスティニアヌス1世（ビザンツ皇帝）　28,
　　37

ユダヤ教　88

ユダヤ人／教徒　31, 32, 90, 116, 123, 216

百合党　147, 149, 154

ヨハネス，ダマスクスの（ヨハネス＝クリュソ
　　ロアス）　36, 38

【ら　行】

ラテラノ公会議　86, 114, 124-127, 131

　第1──　124

　第2──　125, 126

　第3──　127, 131

　第4──　86, 114, 131

ラテン語　8, 16, 63, 72, 73, 75, 93, 107, 108, 119,
　　128, 144, 152, 186, 216

ラテン帝国　121, 123

領主　5, 18, 60, 71, 78-80, 84, 86, 137, 140, 141,
　　146, 152-154, 177-180, 182, 191, 193, 196-211

索　引

領邦君主　　49, 208, 209
リル　　142, 155
ルイ9世（フランス王）　　89, 123
ルッジェーロ2世（シチリア王）　　126
ルネサンス　　160, 198
ル・ロワ・ラデュリ，エマニュエル　　92, 98
例話／例話集　　107, 108, 111, 112, 114, 118
レオン3世（ビザンツ皇帝）　　28-38, 40-44
レガリア（国王大権）　　55, 168-172
歴史叙述　　1, 2, 7, 144, 155, 159, 163
レコンキスタ　　90, 120, 123, 130
レニャーノ　　158, 159
ローディ　　171, 173-175

ローマ　　33, 36, 37, 70, 72, 73, 76, 86, 93, 122, 127,
　　130, 135, 198
ローマ教会　　29, 46, 70, 125
ローマ人　　32, 39
ローマ帝国（古代）　　16, 20, 46, 89
　　西——　　49, 214
ローマ法　　166, 214
ロシア　　29, 216
ロタール3世（ドイツ王）　　126
ロマン主義　　155
ロマンス　　67, 68
ロンバルディア　　164, 168, 170, 171, 175
　　——同盟　　159-164, 166-168, 171-176

249

執筆者紹介（執筆順，＊は編著者）

＊図師宣忠（ずし・のぶただ）序章，第5章

2004年　京都大学大学院文学研究科博士後期課程歴史文化学専攻研究指導認定退学，博士（文学）

現　在　甲南大学文学部教授

主　著　"Negotiations and the Use of Documents in 13th Century Toulouse", in Yoshihisa Hattori (ed.), *Political Order and Forms of Communication in Medieval and Early Modern Europe*, Rome, 2014

「彷徨える異端者たちの足跡を辿る——中世南フランスにおける異端審問と「カタリ派」迫害」服部良久編『コミュニケーションから読む中近世ヨーロッパ史——紛争と秩序のタペストリー』ミネルヴァ書房，2015年

「異端者の情報にアクセスする——中世南フランスにおける異端審問記録の作成・保管・利用」髙田京比子・田中俊之・轟木広太郎・中村敦子・小林功編『中近世ヨーロッパ史のフロンティア』昭和堂，2021年

＊中村敦子（なかむら・あつこ）序章，第1章

1998年　京都大学大学院文学研究科博士後期課程西洋史学専攻研究指導認定退学，博士（文学）

現　在　愛知学院大学文学部教授

主　著　「ウィリアム征服王と息子たち——宮廷集会と証書発給にうかぶ家族の秩序」服部良久編『コミュニケーションから読む中近世ヨーロッパ史——紛争と秩序のタペストリー』ミネルヴァ書房，2015年

「11世紀前半のノルマンディ公と地方貴族——西部を中心に」朝治啓三・渡辺節夫・加藤玄編『〈帝国〉で読み解く中世ヨーロッパ——英独仏関係史から考える』ミネルヴァ書房，2017年

「スティーヴン王期のチェスター伯と北部ウェールズ——境界をまたぐネットワーク形成」髙田京比子・田中俊之・轟木広太郎・中村敦子・小林功編『中近世ヨーロッパ史のフロンティア』昭和堂，2021年

＊西岡健司（にしおか・けんじ）**序章，第4章**

2007年　京都大学大学院文学研究科博士後期課程西洋史学専修研究指導認定退学

現　在　京都女子大学文学部准教授

主　著　「巡る王，集う人々——スクーン宮廷からみた中世盛期スコットランド王国」服部良久編『コミュニケーションから読む中近世ヨーロッパ史——紛争と秩序のタペストリー』ミネルヴァ書房，2015年

「「古き同盟」とスコットランド王国共同体——13〜14世紀フランスとの同盟関連文書の分析から」朝治啓三・渡辺節夫・加藤玄編『〈帝国〉で読み解く中世ヨーロッパ——英独仏関係史から考える』ミネルヴァ書房，2017年

「中世盛期スコットランドにおける教皇特任裁判官による紛争解決——人的交流の観点から」髙田京比子・田中俊之・轟木広太郎・中村敦子・小林功編『中近世ヨーロッパ史のフロンティア』昭和堂，2021年

小林　功（こばやし・いさお）**第2章**

1997年　京都大学大学院文学研究科博士後期課程修了，博士（文学）

現　在　立命館大学文学部教授

主　著　『生まれくる文明と対峙すること——7世紀地中海世界の新たな歴史像』ミネルヴァ書房，2020年

『地中海世界の中世史』（共編）ミネルヴァ書房，2021年

「「ユスティニアヌスのペスト」をめぐる議論——「最大化主義者」対「修正主義者」？」『立命館文学』681，2023年

藤井真生（ふじい・まさお）**第3章**

2004年　京都大学大学院文学研究科博士後期課程歴史文化学専攻研究指導認定退学，博士（文学）

現　在　静岡大学人文社会科学部教授

主　著　『中世チェコ国家の誕生』昭和堂，2014年

「聖人に囲まれた国王——ルクセンブルク朝カレル四世と聖十字架礼拝堂の聖人画群」髙田京比子・田中俊之・轟木広太郎・中村敦子・小林功編『中近世ヨーロッパ史のフロンティア』昭和堂，2021年

「帝国領チェコにみる中世「民族」の形成と変容」大黒俊二・林佳世子編『岩波講座　世界歴史9　ヨーロッパと西アジアの変容　11〜15世紀』岩波書店，2022年

松本　涼（まつもと・さやか）**史料への扉 1**
　　2012年　京都大学大学院文学研究科博士後期課程歴史文化学専攻研究指導認定退学，修士（文学）
　　現　在　東海大学文化社会学部北欧学科准教授
　　主　著　「最果ての島の貴族──13世紀アイスランドにおける階層分化」髙田京比子・田中俊之・
　　　　　　轟木広太郎・中村敦子・小林功編『中近世ヨーロッパ史のフロンティア』昭和堂，2021年
　　　　　　谷口幸男訳，松本涼監修『新版アイスランド サガ』新潮社，2024年

上柿智生（うえがき・ともお）**史料への扉 2**
　　2016年　京都大学大学院文学研究科博士後期課程歴史文化学専攻研究指導認定退学，修士（文学）
　　現　在　近畿大学非常勤講師
　　主　著　「コンスタンティノープル陥落後の総主教──ゲナディオス 2 世のヘレニズム」『史林』
　　　　　　第95巻第 2 号，2012年
　　　　　　「一五世紀ビザンツ知識人の「西方」との出会いと別れ──ゲオルギオス・スホラリオス
　　　　　　の教会合同問題への関与を例に」髙田京比子・田中俊之・轟木広太郎・中村敦子・小林
　　　　　　功編『中近世ヨーロッパ史のフロンティア』昭和堂，2021年

轟木広太郎（とどろき・こうたろう）**第 6 章**
　　1996年　京都大学大学院文学研究科博士後期課程西洋史学専攻研究指導認定退学，博士（文学）
　　現　在　ノートルダム清心女子大学文学部教授
　　主　著　『戦うことと裁くこと──中世フランスの紛争・権力・真理』昭和堂，2011年
　　　　　　「悪評を通じて魂を統治する──13世紀のルーアン大司教ウード・リゴーによる巡察」服
　　　　　　部良久編『コミュニケーションから読む中近世ヨーロッパ史──紛争と秩序のタペスト
　　　　　　リー』ミネルヴァ書房，2015年
　　　　　　"Modes of Tribunal Proof and Bonds of Friendship or Fidelity in Western France in the
　　　　　　11th and 12th Centuries", in Yoshihisa Hattori (ed.), *Political Order and Forms of Com-
　　　　　　munication in Medieval and Early Modern Europe*, Rome, 2014

櫻井康人（さくらい・やすと）**第 7 章**
　　2000年　京都大学大学院文学研究科博士後期課程歴史文化学専攻研究指導認定退学，博士（文学）
　　現　在　東北学院大学文学部教授
　　主　著　『図説　十字軍（ふくろうの本／ヨーロッパの歴史）』河出書房新社，2019年
　　　　　　『十字軍国家の研究──エルサレム王国の構造』名古屋大学出版会，2020年
　　　　　　『十字軍国家』筑摩書房，2023年

中田恵理子（なかだ・えりこ）**史料への扉 3**
2016年　京都大学大学院文学研究科博士後期課程歴史文化学専攻満期退学，修士（文学）
現　在　フランクフルト大学歴史学科修士課程在学中
主　著　「中世後期の北ドイツ・ハンザにおける外交と学問——学識参事会員および都市役職者の活動と大学の機能」『洛北史学』第15号，2013年
　　　　「ネットワーク上の学識者たち——ヴォルムス帝国議会とその周辺」髙田京比子・田中俊之・轟木広太郎・中村敦子・小林功編『中近世ヨーロッパ史のフロンティア』昭和堂，2021年

青谷秀紀（あおたに・ひでき）**第 8 章**
2000年　京都大学大学院文学研究科博士後期課程歴史文化学専攻研究指導認定退学，博士（文学）
現　在　明治大学文学部教授
主　著　『記憶のなかのベルギー中世——歴史叙述にみる領邦アイデンティティの生成』京都大学学術出版会，2011年
　　　　"The Papal Indulgence as a Medium of Communication in the Conflict between Charles the Bold and Ghent", 1467-69, in Yoshihisa Hattori (ed.), *Political Order and Forms of Communication in Medieval and Early Modern Europe*, Rome, 2014
　　　　「都市反乱と暴力の諸形態——15世紀後半リエージュの内紛を手がかりに」髙田京比子・田中俊之・轟木広太郎・中村敦子・小林功編『中近世ヨーロッパ史のフロンティア』昭和堂，2021年

佐藤公美（さとう・ひとみ）**第 9 章**
2012年　ミラノ大学大学院修了，Ph. D (dottore di ricerca)
現　在　京都大学大学院人間・環境学研究科教授
主　著　『中世イタリアの地域と国家——紛争と平和の政治社会史』京都大学学術出版会，2012年
　　　　Marco Bellabarba, Hannes Obermair, Hitomi Sato (eds.), *Communities and Conflicts in the Alps from the Late Middle Ages to Early Modernity*, Bologna-Berlin, Società editrice il Mulino/Duncker & Humblot, 2015
　　　　「地域を超える「争い」と「平和」——中世後期アルプスとイタリア半島における「間地域性」（インターローカリティ）」『洛北史学』第18号，2016年

髙田京比子（たかだ・けいこ）**第10章**
1995年　京都大学大学院文学研究科博士後期課程研究指導認定退学，博士（文学）
現　在　神戸大学大学院人文学研究科教授
主　著　"«Commissarii mei Procuratores Sancti Marci». Ricerche sulle competenze dell'ufficio della Procuratia di San Marco (1204-1270)", *Archivio Veneto*. V serie. vol.CLXVI. N.201, 2006.
　　　　『中世ヴェネツィアの家族と権力』京都大学学術出版会，2017年
　　　　「マルコ・クェリーニの裁定とバッサーノ——13世紀後半のヴェネト（イタリア北東部）の小都市をめぐる地域秩序」『フェネストラ——京大西洋史学報』第7号，2023年

田中俊之（たなか・としゆき）**第11章**
1995年　京都大学大学院文学研究科博士後期課程研究指導認定退学，博士（文学）
現　在　金沢大学人間社会研究域人文学系教授
主　著　「15世紀北西スイスの都市・領主・農民——バーゼルの領域形成をめぐる権力関係」踊共二・岩井隆夫編『スイス史研究の新地平——都市・農村・国家』昭和堂，2011年
　　　　「裁く農民，抗う領主——1460年代バーゼル農村部の農民裁判より」服部良久編『コミュニケーションから読む中近世ヨーロッパ史——紛争と秩序のタペストリー』ミネルヴァ書房，2015年
　　　　「現下の悪だくみ，それはハプスブルクか——1291年のスイスの中央山岳地域」髙田京比子・田中俊之・轟木広太郎・中村敦子・小林功編『中近世ヨーロッパ史のフロンティア』昭和堂，2021年

高田良太（たかだ・りょうた）**史料への扉 4**
2008年　京都大学大学院文学研究科博士後期課程歴史文化学専攻研究指導認定退学，博士（文学）
現　在　駒澤大学文学部教授
主　著　「ガレー船が戻ってくるまでに——14世紀中葉，コンスタンティノープルのヴェネツィア人共同体」髙田京比子・田中俊之・轟木広太郎・中村敦子・小林功編『中近世ヨーロッパ史のフロンティア』昭和堂，2021年
　　　　「文明のはざまで——クレタ島からみた9～16世紀の東地中海」小林功・馬場多聞編『地中海世界の中世史』ミネルヴァ書房，2021年
　　　　"Internal or External Crisis? The Venetians and Greeks in the Councils of Venetian Crete in the 14th Century", *The Korean Society for Western Medieval History*, 53, 2024

史料と旅する中世ヨーロッパ

2025年4月1日　初版第1刷発行　　　　　　　　〈検印省略〉

定価はカバーに
表示しています

編著者	図	師	宣	忠
	中	村	敦	子
	西	岡	健	司
発行者	杉	田	啓	三
印刷者	中	村	勝	弘

発行所　株式会社　ミネルヴァ書房
607-8494　京都市山科区日ノ岡堤谷町1
電話代表　(075)581-5191
振替口座　01020-0-8076

©図師宣忠ほか, 2025　　　　　中村印刷・吉田三誠堂製本

ISBN978-4-623-09797-5

Printed in Japan

図師宣忠 編著　　　　　　　　　　　　　　A 5 判・324頁
映画で味わう中世ヨーロッパ　　　　　本 体 3000円

堀越宏一・甚野尚志 編著　　　　　　　　A 5 判・376頁
15のテーマで学ぶ中世ヨーロッパ史　　本 体 3500円

金澤周作 監修　　　　　　　　　　　　　B 5 判・340頁
論点・西洋史学　　　　　　　　　　　本 体 3200円

山口みどり・弓削尚子 他編著　　　　　　B 5 判・320頁
論点・ジェンダー史学　　　　　　　　本 体 3200円

南塚信吾・秋田　茂 他編　　　　　　　　A 5 判・450頁
新しく学ぶ西洋の歴史　　　　　　　　本 体 3200円

服部良久・南川高志 他編　　　　　　　　A 5 判・376頁
大学で学ぶ西洋史〔古代・中世〕　　　本 体 2800円

山本　茂・藤縄謙三 他編　　　　　　　　A 5 判・368頁
西洋の歴史〔古代・中世編〕　　　　　本 体 2400円

朝治啓三 編　　　　　　　　　　　　　　四六判・304頁
西洋の歴史 基本用語集〔古代・中世編〕　本 体 2200円

指　昭博 編著　　　　　　　　　　　　　A 5 判・264頁
はじめて学ぶイギリスの歴史と文化　　本 体 2800円

上垣　豊 編著　　　　　　　　　　　　　A 5 判・346頁
はじめて学ぶフランスの歴史と文化　　本 体 3200円

南　直人 他編著　　　　　　　　　　　　A 5 判・346頁
はじめて学ぶドイツの歴史と文化　　　本 体 3200円

藤内哲也 編著　　　　　　　　　　　　　A 5 判・384頁
はじめて学ぶイタリアの歴史と文化　　本 体 3200円

遠藤泰生・小田悠生 編著　　　　　　　　A 5 判・416頁
はじめて学ぶアメリカの歴史と文化　　本 体 3500円

———————————— ミネルヴァ書房 ————————————
https://www.minervashobo.co.jp/